改变，从阅读开始

漢唐陽光 · HTYG

董鼎山 口述 / 王海龙 撰写

# 董鼎山口述历史

江苏凤凰文艺出版社
JIANGSU PHOENIX LITERATURE AND
ART PUBLISHING, LTD

# 自　序

去年，海外华人文坛最重要的事件之一是年底董鼎山先生的驾鹤西行。

因为应邀为董先生编文集，我跟他那段时间交往很频繁。其实，在他大行的前一晚亦即他生命结束前几个小时我还跟他通电话，他兴奋地告诉我，他给自己文集的序言写好了。那时他在住院，病得很突然，是跌了一跤。电话上他抢着告诉我，在住院前他已经把我要求他给自己文集的序写出来了。他的声音依然很大，甚至有些欣喜。他告诉我他唯一的亲人女儿不认识中文，担心她把这篇序言当废纸扔掉，并给我详细讲他把序放在了什么地方。并嘱咐我，万一他出不了院我一定要想着替他取出这篇序用上。我觉得此言不吉，就打断他说我要等他出院回家后再去他家拿——谁能料到这就是董先生跟我最后的交代呢！董先生一语成谶，没有熬到回家，甚至没有熬过当夜。

次日，纽约报社一位常年约董先生写专栏的编辑来电话说董先生走了。我当然不信，这位编辑哭出声来。她的消息是董先生女儿碧雅通知的，不容怀疑。她知道我跟董先生这两天联系较多甚至刚刚通过电话，想问问董先生的临终状况。我把昨晚跟董先生的对话跟她复述，她一直难掩啜泣。这位编辑告诉我，董先生女儿希望先给她家人留点时间，不要对外宣布此事；我们相约保密。但是没想到旋即国内外和香港报纸突然都刊登了消息。

更让我吃惊的是国内外媒体朋友居然能第一时间找到我。到了这时候，说说董先生的心愿，我以为，大约是最好的纪念方式了。

其实，“纽约三老”中我结识最早的是唐德刚先生。20 世纪 90 年代初唐先生想把我拉入那时他掌门的纽约笔会，引我去参加联合国旁餐馆的笔会聚会。就在那里他把我介绍给了董先生。董先生正好此前十余年在国内写专栏报告——《西风窗》——风靡知识界，他的著作是那一代读书人的案头书，跟他结识并聊文学当然是种享受。但那样的聚会人多嘴多，不是谈话的好环境。虽然当时只是匆匆问候，但董先生还是记住了我。诚如董先生说的，天下真小，纽约就更小了，我们从此常在各类聚会中见面。董先生是个爽朗的人，海外的前辈跟年轻人交往没大没小，对晚辈如我，董先生见面好远就哈哈大笑海龙兄，更熟了以后就叫海龙老弟。

您别据此就以为董先生是好脾气、滥好人。他跟生人很客气，宽容有礼是个恂恂君子。但是他的个性，如果了解深些，会知道应该是随和却清高；有时候他也很坚持或者说执拗。别忘了，董鼎山是个七尺大汉，骨子里是吴越人的性格。

董先生随和，是指对圈子外的人和一般读者；他非常宽容。他的清高和峻厉，却是他骨子里的个性，是他对自己信仰、人格的期许和坚持。在跟晚年的他密切交往和共同讨论、写作的日子里，我看到过他不徇私、不盲目捧场、不说违心话甚至在文坛公开与人论战。他不躲避是非，不掩藏观点，不虚与委蛇，更不畏面朝风雨。他不怕蹚浑水；他嫉恶如仇，路遇不平则长枪短戟皆上手，勇敢与人和事争锋、论战甚至有主动挑战的情形。那时董先生已经是九十岁的人了，但仍然是老骥伏枥，敢爱敢恨。

跟董先生交往较深大约缘于我主编《纽约人文学刊》。那是份学会的年刊，并没有稿费。但是蒙前辈们的眷顾，夏志清先生和董先生等都给过我文章刊载。董先生的文章皆是临时专门替我赶写出来的，替刊物捧场不小；我非常感动。这些年间大约他也读过我的一些东西，于是惺惺相惜，我俩见面话就多起来了。

董先生生命的最后几年大概是年纪大了时常回忆往事。他身体虽然没有什么大毛病，但却在好几年前就时常谈到老年的苦楚时，总是说老了不好。其实那时候他的身体还好，甚至在他九十岁大家聚会时董先生胃口还好能大吃大嚼呢。但估计老年是孤独的，特别是回忆往事的时候，——毕竟，董先生大半个世纪都是在国外度过的；到了老年，他有些想家，有些凄楚。

就这样，那段时间见了面他总是提起忆旧的话题。而且国内报刊也常约他写点回忆文章之类。董先生趁着能写就陆陆续续写一些。但是，他觉得这样零零碎碎不过瘾，他希望在晚年有个详细些的成绩单总结一下他的人生。

絮叨多了，董先生终于提出了是否能请我一道整理一份回忆录的想法。可惜我忙于教书、还有自己研究的课题，不可能跟董先生合作写这样的作品。但是董先生并不放弃。这个话题谈久了，我想到了一个通融的办法，那就是我们不必专门整理一份世上并不缺少的类似回忆录，而是用一种全新的方法来回顾他的生命和他经历的时代：我们希望通过用对谈和回忆、考索历史事件和变迁的方式来立体地呈现他鲜活的一生。我们要做一个他的老朋友唐德刚先生曾经做过的工作，即通过董鼎山作为一个个案来做一份“董鼎山口述历史”，这就是摆在读者面前的这本书。

“口述历史”说起来容易做起来难。如中国口述历史的开先河者、我们共同的朋友唐德刚先生说的，它并不仅仅简单地是“你说我写”或者是以记录为主的模式，它也不是一般意义上的回忆录和传记、谈话录之类。

因为，一般回忆录可以由传主自己凭主观记忆塑造自己，不必求真和存真，全然看作者想让读者看到自己哪些内容。而谈话录呢，则可以是闲聊，也可以天马行空说观点、谈见解，不必符合史实及史料；更可以据此标榜为一家之言而不必负文责。但口述历史就不一样了。它并不完全仰赖传主的叙述和回忆（因为传主往往因为年代久远或者记忆误置、甚至刻意修饰等等原因而背离事实——如唐德刚在写作《胡适口述自传》和《李宗仁回忆录》等书时所论的那样）而是要有大量的研究、史料核实以及史实支撑为基础的。口述者的回忆要符合史实，不能信马由缰、捏造或者曲解历史。而写作者更是要有责任来梳理、筛选、鉴别和澄清史实及事件、人物、心理和社会反响等等，力图以史料为经，以义理为纬来真实、立体地还原历史和呈现真实。

当然，口述历史的另一个好处是我们也可以介入历史夹叙夹议说出见解。历史学除了陈述史料外的另一个功能是阐释它，它要求要有史识和对历史事件历史潮流的诠释。当然，有了前面的史实史料做支撑，再来看当事人的回忆、见解和评议；史与论两相对照，自然就可以看出“说书人”的褒贬，这样就会有趣多了。

本着这样的原则，我们口述历史就确立了方向。那时，董先生已经有些亟不可待；他觉得自己与时俱老，而且怕记忆力衰退。——其实，董先生记忆力一直很好。我想，这大约一是基于他一生勤于思考脑力未衰；第二也缘于他笔耕不辍直到去世，这对他也是个很好的脑力训练；还有一个往往被大家忽略的外在原因是他们从年轻时就侨居国外，而且大多在高校工作，一生营养较好且没有经历过大的政治波折，故得以休养生息，以唐德刚先生、夏志清先生和董先生等皆得享高寿为例可以看出这种现象。

对于自己想干的工作，董先生有着孩子似的天真与激动。

他很积极地投入这项工作中，有时甚至推着我走。就这样，在近一年的时间里，我们尝试了这项全新的计划。应该说，以往我们都没有做过口述历史，但我们是唐德刚先生共同的朋友，而且除了跟唐先生交往外，我们也都喜欢读他的书，对口述历史概念和基本理论不陌生。其次，我是研究文化人类学的，人类学的田野工作方法跟口述历史有异曲同工之妙；它也是以从etic 和 emic 的语境中真实记述文化志为目的而立体呈现真实为己任的。第三点也重要，那就是我早年是治文学史和比较文学的，具有文学和传记写作的基本能力、有驾驭文字的敏感和文章学的训练。

我们的基本工作程序是我们对每一个话题都事先电话沟通。然后我来设计每一次口述内容的框架，定下话题。同时我大量查找资料和相关史实，设计好支架和细节。一般情况下，我会将这些内容事先给董先生传过去，让他先预热思考和准备。因为他毕竟是个九十岁的老人了，我们不能依赖他的即兴发挥和临时的记性。我需要董先生做好相应的准备。在拿到话题后，董先生跟我讨论设计的内容及可能的增补意见；另外，有些相应的资料他也需要我来帮助寻找。

待到他大致上准备好，我们就可以见面访谈了。访谈时我做笔记同时也录音。当然，不管我们如何设计，实际口述时仍然会有意外、谈话出圈、旁枝别逸甚至新的话题挤走原来话题和跳跃出新的情况。这些都不算新奇。在这种访谈对话中我们并没有机械地死盯原来话题，而允许有穿插、复调式和跳跃性灵感闪现。但是，因为事前有经过仔细琢磨好的话题初衷，我们当然容易再回到正轨。在行文上，读者们可以看到，我刻意保留了这样跳跃的段落和问答、穿插及口语性的复调式及多声部众声喧哗，以保持原来谈话的口吻和鲜活性。我感到比较得意的是这本书虽然是回忆录和谈观点，但是也在最大的意义上保留了口述中口语的那种张力和临场感。作为一个写文章半生的人，我知道，写高头讲章易，但保留住谈话者的声口和语气乃至于争议、欢笑和诙谐、争论是比较难的。

因此，董先生每次读我整理完给他看的文稿都非常喜欢、非常激动；而且急不可耐地等着看下次访谈完我的文字如何呈现。

每一章写完，我都会将原稿给董先生过目。他基本上没有多少改动，但读后都跟我在电话上一通好聊。他喜欢这种工作模式。

如您在下面书中看到的，我们聊得欢快，但意见未必一致。董先生不怕争议更不轻易妥协，他不会随便改变自己的见解。但他是一个襟怀坦白的人。比如说，他过去政治上比较倾向自由派很支持某些政客的言论和主张，这些在书中都有呈现。但在去年他逐渐发现此类人的种种行径和吹牛撒谎真相后，曾经跟我打电话认真抱歉说他现在真的不再相信这拨人了。其实，他几乎一辈子都是持这类自由派胸襟和政治主见的；但他一旦发现舛谬，就不吝改正。他是一个清通坦荡的人。

谈话是温馨的。这里面要感谢董先生的夫人蓓琪女士。关于她的贤淑温婉，已有不少文章提及；我每次去访谈，这位八十多岁的老人都要在当天仔细打扫好家，摆上鲜花插花和下午茶，然后悄然隐去。等到相熟后，她偶或在正经事说完了参加谈话，总是那么优雅高贵。谈话进行了多少次，她就这样默默奉陪多少次，从未缺席。我们谈完了，不久她被检测出癌症晚期。董先生从此也坍塌了。他其实原没有什么病，只是精神上已经不愿意撑了。蓓琪走了，他也就枯萎了。从心理上说，蓓琪走后的岁月，对他已成多余。我们感知到了，却无法唤回来他。

因此，在这种意义上，对董先生的口述历史，就实属一种抢救性的挖掘。幸好，笔者有幸在董先生凋谢以前把这一片片鲜活带露的绿叶珍存了下来，希望用文字使它永恒。

董鼎山的一生是历史的个案。在他的口述历史里他不只是一个人，而是一段鲜活的历史。他一生、一个人过了几个人的生活，经历了几代人的命运；在风雨如晦的年月以及后来在那个国门封闭、消息闭塞的时代，他替我们亲历、替我们感受、替我们思考、替我们迷茫，并真实地报告他的所思所想。当然，在这里，他的观点不一定都是对的，但却应该是能发人深省的。

董先生有两个祖国，而大家通常只有一个；但对两个他都爱得执着。董先生活了近一个世纪，他经历了民国、抗战、几次国共内战、新中国等几个时代。而在美利坚呢，他又经历了美国的黄金时代、大动荡、大分化、大革命、女权、多元化、经济衰落、走下坡路的时代乃至于美国“摊上事儿”的今天。

董鼎山就是一本活着的百科全书。读这本书，我们能照见过去、照见沧桑、照见未来。

董先生是个爱惜书的人。晚年最大的安慰和幸福就是看到自己的文字印成铅字，就是得知自己的观点受到读者的赏识和重视。所以，我以为，对他，我们最好的纪念是读他的书，思考他的时代，了解他的生命轨迹。因为，他的口述历史，其实不只是记录他本人，还应该有他赶上的那个大时代，董先生无愧于这个时代，他活出了精彩。

读董先生，就是读历史。现在呈现在您手上的这本小书就是原汁原味的口述历史。天若有情天亦老，但巧合的是，董先生的老友唐德刚，就是华语口述历史的第一人。如今，他俩又在天堂相聚、谈笑风生了。这本小书，就是一朵涓洁的小花呈在董先生的灵前。希望这篇叙述董先生会满意，这种史述无负唐先生的期许；我大约可以想象，这老哥俩读它或会发出会心的微哂。

海龙，2016 年秋，写于纽约

# 目 录

## 第一部分 自 述

### 第一章 家世与成长



### 第二章 赴美及新大陆岁月

## 第三章　逝去的时事与思考

## 第四章　我的记者梦与文学梦



## 第五章　我所经历的美国总统

# 第二部分　对　谈

## 第六章　你的美味或是我的毒药



## 第七章　谈书，谈女人

## 第八章　美帝：美丽的帝国主义？



## 第九章　为美国的未来把脉？

# 第一部分　自　述

# 第一章

# 家世与成长

## 第一节　我的童年

我家出身算不上是望族，也谈不上是耕读之家，只能算是个中等经商的人家或者是个小业主。

我经常看到夸大我身世的报道，是把我家和别的宁波董家混为一谈了。比如，有的人说当年“徐志摩的大学校长，扫盲先驱董景安”是我家直系亲族，其实他跟我家没有丝毫关系。我在网上也曾偶然看到一篇题名“百年董宅”的博客，感到非常好奇。

此文声称是记述兄弟作家董鼎山、董乐山的家族历史的。许多有关我的上代祖先事迹，读完了连我自己也对之一片茫然。我不知那位化名的作家是从哪里挖掘出材料的，抑或怀疑此人是杜撰。据他说，“坐落在宁波江北白沙街道的董宅是一座望族的宅第”，董家家世可以回溯到四百年前，历代“诗书传家，人才辈出”，有文字记载的“可追溯到明朝的董世登”。

我并不知董世登是谁，据说他的儿子董守瑜做过高官，下几代因时代的变迁而成为赤贫，“书香门第”的董家读书人中终于出现了商人，而这位商人董振甫是“近代宁波帮的代表人物”，是“宁波历史上一位有名的商人”。

此文所说的董振甫就是我的父亲。可我一向并不认为我父亲是个特殊人物，只知道他后来又变得赤贫，于“文革”期间因病逝世。其时我的女儿碧亚刚在纽约出生不久。我听弟弟说，他持着这个混血婴儿的照片，在里弄中向邻居骄傲地介绍他的外国孙女。

## 第二节　祖父董顺来

迄今忆起，少年时我印象较深的是我的祖父董顺来。父亲经商发迹的故事应该自祖父的发财叙起。我祖父去世时我仅十一岁。他的事迹对我来说就是个传奇。据说他是屠夫出身，后来替一个德国颜料商看管仓库。那时第一次世界大战爆发了，这位德国商人仓皇逃回了德国，把仓库中的颜料全部盘给了他。祖父赚了钱，就在江北岸购了地皮，造了两进两层楼的房子。我就是在那座房子中生长的。

我记忆中的祖父是位严正、不苟言笑的老人。他对孙儿们，除了长孙（我的兄长南山）之外，好似并不像老派的祖父那般宠爱。他难得逗我们玩。不过少年时代的我对他的一生成就却着了迷。他是个虔诚的佛教徒。他相信他的财运乃是观音菩萨给的。他不但因此吃了素，而且将他大部分财富都花在了慈善施舍上。

祖父一生的最大成就是在宁波三十里外的乡下购置了一座小山，在山坡上建了一座拥有四十个房间的大庙宇，名之为观音阁。此庙对外开放，欢迎乡下人前来烧香拜佛。远途来的还可以在庙中过夜。

替祖父经理观音阁事务的是一位身材瘦长、非常能干的女性远亲，我们称呼她“长长妈妈”。我们这些孙辈有时坐了船爬上山去观音阁避暑时，我们的安全就成了她的责任。

那时候乡下土匪众多，长长妈妈雇了数个忠心的佣工保护我们，他们都是祖父的“徒弟”。他们身材粗壮而且虔信观音菩萨，拜我祖父为师，期望来日可以升天。

我还记得某个晚上，我们平日喜欢与之玩耍的大黄狗突然狂吠。长长妈妈立即起身把我们叫醒，一面吩咐佣工做准备，一面把我们几个孩子领到一个可以移动墙板而不露痕迹的密室内隐藏。

那个时期，宁波经常有土匪绑架富家子弟索取巨款的新闻，长长妈妈早已有了准备。可我们遇到此等异事是又惧怕，又兴奋。结果反而因为那只是一场虚惊而感到失望。我来美后曾用“长长妈妈与黄狗”为题写了篇故事，在美国一个儿童刊物发表。

这件我所难忘的儿童时期的故事，后来常常令我联想起《安妮日记》（*The Diary of Anne Frank*）的故事。安妮是个荷兰犹太女孩，纳粹侵占荷兰时期，好心的邻居把她全家隐藏在一个密室中（就像观音阁隐藏了我们的密室），以免被纳粹恶徒抓去送往集中营。但是最后秘密却败露了，安妮在集中营煤气室中丧生。战后有人在阿姆斯特丹住宅区残垣中找到了安妮在那个被关闭的密室中所写的日记，叙述这个少女在发育期间对长大后未来生活的向往与憧憬，读来令人断肠。这部日记出版后畅销，也曾数度上过舞台，拍过电影，是揭露纳粹人性泯灭及其恶毒思想与行径的最好明证。

另一件有关观音阁的事件今天想来也特别令我震惊。那是在我离国赴美几个月前，长长妈妈告诉我们，一个名叫阿齐、曾在那个惊恐的深夜保护过我们的佣工，却在那里自己焚火造化，升天做菩萨去了。

我们听后吃了一惊，即连信佛的长长妈妈也对阿齐的行为不以为然。我当时觉得乡下愚民，听信道听途说，被神话所迷，自以为在世间已做了不少功德，可以焚身升天去天堂过另一种快乐生活。我也不免责怪祖父（他每天早晨盘坐在床上，闭眼念念有词，自以为在与观音菩萨通话）。他的过度虔诚招致了一个无知愚民因迷信丧生。

## 第三节　慈父严母

祖父却确信自己神通广大。记得小时候我某次剧烈肚子痛，祖父不让去看医生，说由他在我肚腹上按摩一百次，即可痊愈。按摩完了后，他问我感觉如何；我那时太小，为取悦祖父，只好点点头。但母亲最后还是瞒了祖父送我去求医。不过，我的母亲到了中年后也开始吃素，烧香拜佛，后来是患了胃癌逝世。她谢世时我到美国已有十二年，我闻讯后哀伤不已，写了一篇《十二年游子的悲痛》在一本名为 *View* 的英文国际学生刊物上发表。

我最痛心的是说起我出国时与她最后告别的情景：当时赴美的热情占据了我的全部身心，离别时我兴高采烈地与弟弟乐山跳入朋友的汽车到轮船码头去，没顾得上回头一望。多年后妹妹木兰告诉我，我走后，母亲大哭怪我“没有良心”，也不转头向她挥挥手。当时我满以为在两年后读完硕士学位便可回国，而两年后恰是 1949 年；待我 31 年后首次返国探亲，父母都久已不在人世了。

我对父母的印象可用四个字来解释，一般人的说法都是“严父慈母”，我家却是“慈父严母”。母亲年轻时火气甚大，孩子们一有错处，就要受她责打。我们不敢爬树或者奔跑过快。她怕我们受伤，却束缚了孩子们的活力，这也成了我长大后参加学校运动总是犹豫不决的原因。但她非常在意督促我们的功课。

她在当时算得上是一位知识女性。她的识字知礼引起了我家邻居与亲戚的尊重。我也听到某次她向邻居夸口她的家教：“我在桌上放了作为零用的数百铜元，我的孩子们绝不敢偷用。”她说得绝对准确。我们如果偷取一两个铜元，我就可以想象一个满脸怒气、手持鸡毛掸子的母亲了。

妇女识字在当时乃是很罕有的。母亲出生在上海富家，曾在法国教会学堂上学。我记得在小学五年级时，一个同学向我借小说，我说我母亲正在看，尚未看完。同学满脸怀疑、轻蔑地对我说："别瞎说了，你母亲怎会识字？"

我称父亲是"慈父"，可用一件小事表明：我大概是五岁时，一次大概是因我顽皮而触怒母亲打了我的屁股。我痛得大哭，父亲把我从母亲那里一把抢过去，那一刹那我可看到他的泪痕，这一瞬间我永远不能忘。还有一次，我们这些小孩已准备了行李，等待一位亲戚带我们前往观音阁。可因为那天天色阴沉，我们兴致大减，不愿成行。父亲严厉地说，什么都已准备好，亲戚也已来了，不能临行改变主意。果然，那天风雨交加，我们要坐船、还要爬山才能到达观音阁。后来母亲告诉我们，那个晚上，父亲躺在床上，一面流泪一面叹气，久久不能入睡。而我们呢，其实风雨无阻，玩得很好。

抗战初期，宁波曾被日本轰炸过几次，学校暂时停课，我们全家都搬到乡下汪董村避难。所谓"汪董"，因它的村民都是汪姓或者董姓。在那期间我读了许多书，小说和马克思理论都有。那时我的新思想开始萌芽，对社会上不平等事深感烦恼；我急于跟人讨论，等不及回学校与朋友相聚。那时我已参加学生抗日地下活动（后来发现是共产党的地下工作）。我还记得我们小组的领导人是位极为精明、讲话井井有条犹如作文章的青年人，后来他做过驻丹麦大使。20 世纪 80 年代我有一次回国，到北京他的寓所去见他。他早已退休，满头白发，我们谈起青年时期的作为，不免唏嘘。

1988 年我受联合国开发计划署资助，应邀偕妻前往宁波大学讲学，在那儿住了两个月，并邀乐山夫妇自北京前来共聚。其他共聚的还有四弟名山与侄儿森林。少年时在宁波的一些“战友”也都来看我，他们有的白发苍苍，有的缺牙豁齿，有的受了多年的委屈还要我来帮他申冤（好像我们从国外回来的人一定有办法似的）。最使我痛心的是有一位心直口快、性格爽朗、聪明而受大家尊敬的“战友”死于文革迫害。

这么多年在国外，这样的信息总令我难以接受……

## 第四节　战火中的童年

抗战刚刚开始不久，日本飞机就在宁波城中丢了一次炸弹。我上的斐迪中学是英国教会所办，校方在校舍顶上画了一面大英国旗躲避炸弹。学校离我家不远，但父母还是觉得不安全，就携了全家赴乡下祖居汪董村避难。那时比我年长三岁的哥哥南山已到上海去上学，在英租界的姑父家居住。

而那时候的事情说起来还有一件有趣的，就是我曾经跟大人一起去替我的大哥相亲。

战争使我们失学，我与比我小两岁的弟弟乐山在乡下生活苦闷得很，除了读书解闷之外，我们都牵挂各自学校中的朋友们。某次，母亲应邻居姑妈的邀请，乘了小船去邻村相亲，携了我们同去。我们不懂相亲是什么意思，后来才知道目的是要替大哥找媳妇。我们见到的是一位温静怕羞的乡下女子，回来后就一起与母亲争吵，正在上海受教育的哥哥怎么会要母亲安排替他找一个不识字的乡下老婆！当时我们正在阅读巴金的《家》，对母亲的旧礼教意识不以为然，弄得本人也识字的母亲非常不好意思。

可是她对儿女幸福的关心却未停止。某次我甚至听到她要替我与舅父的女儿做媒。表兄妹之间的情爱，我们在旧小说如《镜花缘》和《红楼梦》中常常读到，可我的脑袋那时已经充满新观念，新理想。我们甚至把《家》与同类小说介绍给爱读言情小说的母亲，我与表妹之间的故事也就因此不了了之了。

那时候，我们邻居一位老太太一见到我，就向我的母亲预言："阿渭（我的小名）大了一定会娶个外国老婆的！"没想到，多年后她的话居然言中了。

说到我的写作生涯，其实种子是埋在少年时代的。前面说过，由于战争让我们失学，那时的少年精力旺盛不可能没有事情做，我就开始读小说。那是我文学教育的开端。

回想起来，我对写作的爱好最初是缘于我对阅读的爱好。我不是出身于书香之家，我的父亲是商贾。但我于幼年识字起就开始狼吞虎咽地看小说：《西游记》《封神榜》《三国演义》《水浒传》，平江不肖生的《火烧红莲寺》《江湖奇侠传》，张恨水的《啼笑因缘》《金粉世家》等都滥读。终于，好像是在

1934年，我在初中图书馆发现了巴金的《电》与《家》，对它们产生不能遏制的兴趣，就拼命读起来。这样的启蒙大大地影响了我以后的生涯与思想。

《电》是巴金这位无政府主义作家第一部成名作品，今天回想起来，它的文笔似并不老练，但是故事（叙述城市知识青年与腐败政府相抗争的暗杀、作乱活动）却非常动人，它完全把我迷住了。它也开始使我的少年思想激烈化。

这种阅读影响了我此后的选择。我放弃了各种武侠、神怪、言情小说，而专在图书馆里发掘其他巴金的著作以及现代文学（鲁迅、茅盾）、左翼小说（蒋光赤、穆木天）之类。不久，我的弟弟乐山也开始跟随我的兴趣与思想倾向。我们在读了《家》《春》《秋》三部曲后就对号入座，把自己指认为那个旧礼教大家庭的三兄弟：我们的大哥南山是思想虽新但服从家教的觉新，我是思想激烈但举止温和的觉民，而乐山是言行都激烈的觉慧。我们三兄弟（四弟名山与五妹木兰尚幼小）的后来生活途径似已在那个时期确定了。

## 第五节　小学二三事

我们从巴金小说中所学得的对旧礼教家庭的反抗精神，因为时代的变迁，令我这个初中生染上了强烈的爱国热情。那时日本侵占东三省尚不久。我们学生常在街上游行高呼抗日口号。

某日，高年级学生在游行时发现我家附近一个店铺出售日本商品，就冲入店铺把那些商品搬出，放在街上烧毁示众，并高喊“抵制日货”，意图激起围观群众的情绪。那对店主老夫妇对此抵挡不住，就在旁放声大哭他们的家产无辜被毁。他们也是小小的生意人哪，在那一刹那，我幼小心灵忽然生出一种不合时宜的悲悯，感到一阵世界的残酷和我们常人行为的不公平。我流了泪，怨怪那些比我年长的高年级同学们为何要这样处罚那个可怜的老店主。这件事我到今天还记得，而且这个深刻印象确定了我长大以后对事物的看法：世界上任何事物都有正反两面，把万事看得非黑即白的结果便是专制蛮横的态度。

那时我已发现了自己对读报的乐趣。当时我们宁波有一家在本地销路最广的日报《时事公报》，我由于对时事感兴趣，就经常前往父亲的颜料店看报，而且特别留意那报纸的副刊。

有一天看到副刊上编辑的征稿启事，我也跃跃欲试。恰好学校一位老师对我的作文很欣赏，常常批了“甲上”；他曾挑了我的一篇作文发在校刊上，这大大鼓舞了我的写稿兴趣。

日军侵入我国东北后，我常感到非常苦闷，满以为当时的历史状况已在迅速变化，我国的地理状况那时也在迅速变迁，为什么中学还在使用过时的教科书呢？于是我写了一篇名为《论战时宁波中等教育》的短文，投寄《时事公报》副刊。我从未奢望此类初中生的作文会见报，不料此文竟然被选中发表。而且发表后，大概是因为我的意见与许多人的想法相似，在副刊上引起一些反响，编辑甚至来信致谢，老师和同学们都向我祝贺。没想到这件小事竟给我的脚上拴上了红绳，把我的一生都跟新闻和写作牢牢系在了一起。

我那时上的斐迪初中，是一所英国圣公会教堂所办的教会学校。校中老师多是思想新颖的，其图书馆中新文学作品的充盈便是明证。这所学校后来与另一座美国教会所办的三一书院合并成有六个年级的浙东中学，校址仍在四洲塘我家附近的斐迪（英国学校式的建筑）原址。

它的场地很大，今日它乃是包玉刚出资的宁波大学的校园。1988 年我应邀偕妻到那里讲学三个月，看到五十余年前的旧址，很是唏嘘感慨。而校长恰好是曾在当年学生时代参加地下抗日活动时的旧识，他是斐迪隔邻的“高工”（高级工科中学）学生，当时两校篮球队经常往来作友谊赛。

学生时代的地下抗日活动组织也对我起到了启蒙作用。记得那时我们有个读书会，使我在巴金、茅盾、老舍小说之外另开了一扇窗户。我还记得，在那个时期我们也开始拓宽眼界读一些其他书籍，艾思奇的《大众哲学》给了我很大影响，我也开始阅读高尔基、普希金、契诃夫、托尔斯泰，欣赏了肖洛霍夫的《静静的顿河》。

## 第六节　被中学开除

记得有一次，与一位朋友旅行，我们在一火车车厢里阅读《被开垦的处女地》。一位官僚样的乘客在旁看到那书书名，非常好奇，要去一看。我与朋友，另一位少年的中学生，对此只能作会心的微笑。我们那时已经有了对知识的自大和优越感，开始瞧不起那些轻佻市侩的头脑。

现在回忆起来，我很难相信，我短短的初中三年里居然会发生这么多的变化。斐迪成为浙东中学后，我们学校新来的一位训育主任显然负有国民党使命。教会学校上午原来的二十分钟祈祷会被取消了，代之而起的是他的训话。我们幼年的心里已经感觉到这位训育主任居然比那位虔诚的校长更有权威。他命令我们在他讲话时一提到“蒋委员长”就必须立正。我认为这规则滑稽可笑，就在校刊上写文讥刺，不久，慈祥的校长（我还记得他的名字叫寿子鲲）把我叫到校长室，抱歉似地告诉我，下学期我不必回校——我被开除了。

我在宁波浙东中学初三、高一时期，因为受了巴金旧礼教小说的影响以及反日情绪的激发，思想开蒙，参加了学生政治活动，乃被校中训育主任（国民党员）目为“左倾”。小小年纪的我经常梦想去延安的鲁迅文学院学习。听到朋友中有兄长前往参加新四军便觉得很艳羡。这类天真的少年理想主义梦想是非常单纯的，现在想来，我也不能怪那位训育主任怂恿那位善良的基督教徒校长把我开除。

我的父母并没因我失学而发怒。他们甚至让我独自（十六岁时）旅行，乘巴士与航船前往附近义乌县的一个新开的中学去继续学业。那是经过一位同情我的老师推荐，听说那所学校的老师们思想都很开明。我高兴而去，两个月内却因思乡病而回宁波。父母于是打算把我送到上海叔父家。

## 第七节　求学上海

当时已在上海求学的大哥与三弟常寄我上海《大美晚报》副刊“浅草”，我对副刊主编柯灵身边的几位散文作家，如晓歌、何为等人的作品很欣赏，也在学写散文。何其芳的著名散文集《画梦录》好似成为了教科书。我大胆地将在义乌思乡时所写一篇短文《铃声》投稿寄去，竟被柯灵看中发表，此事一时注定了我的前途命运。

那时的青年作家们都爱学成名老作家（巴金、鲁迅、茅盾）的样子，用笔名发表作品。我的第一个笔名是“坚卫”，此后就在柯灵所编的各种日报副刊中发表了多篇散文，此时我已来到上海，在复旦大学附中进学。

柯灵所编的副刊与杂志是上海“孤岛”时期最受知识青年喜爱的读物。除了上述的晓歌、何为之外，经常写稿者还有沈寂、徐开垒、沈毓刚、王殊、越薪等，许多名字我都已记不起来。我后来于 1978 年开始经常回国探亲，每到上海，柯灵都要请我们这些门徒共聚。我常在纪念文中戏称我们都是“孤岛”时期“柯灵麾下一群小喽啰”。这些小喽啰中，何为成为著名散文家，沈寂成为专写上海滩的名作家，徐开垒写了巴金传记，沈毓刚成为《新民晚报》副总编辑，王殊任过驻德大使……

我在复旦附中与圣约翰大学时期发表的文章多是用“坚卫”笔名，后来也用过其他笔名，如“桑紫”（短篇小说）、“田妮”（诗）等；“令狐彗”是最后一个，后面再述。当时能够发表东西的刊物很多，有柯灵所编的《万象》、文宗山所编的《生活》、沈寂所编的《幸福》等。敌伪统治时代的一本最新颖动人的刊物名字就是《杂志》，主编是吴江枫，我曾用“桑紫”笔名在该刊发表过小说。（记得有一位老报人警告我不要多用笔名，不然你怎能成名？）《杂志》的内容极为迎合思想开明而又苦闷的青年知识分子。多年以后乐山告诉我，这本在内容上可以冒犯敌伪政府的刊物原来是由当时在伪政府任高职的袁殊在背后撑腰，而袁殊乃是中共地下工作者。

说到《杂志》，弟弟乐山用“麦耶”所写而出名的剧评就是在此刊物上发表的。“孤岛”时期，美国电影在沪上绝迹，苦闷的青年知识分子乃把兴趣转向话剧，戏剧界很热闹，上海有好几个剧院因经常演出而卖座。未赴内地的戏剧人才都有了发挥之地，曹禺、于伶、吴祖光等人的名剧都被搬演。通过剧评家麦耶，我也认识了不少戏剧界名人，导演如黄佐临、姚克、胡导，演员如刘琼、石挥、乔奇、白文、小凤以及黄宗江、黄宗英兄妹等。那时我不过二十一二岁，而乐山是十九岁左右的大学一年级学生。他这么年轻，对戏剧有如此认识，受到戏剧界名人仰慕，至今回想起来，仍令我费解。

我家四兄一妹中，以年龄相差只两岁的我与乐山最亲近。我们自幼即同样是读书迷，到了中学我开始投稿发表时，他与我同样高兴。不久，他的知识与努力就超过了我。（母亲常说，老三比老二更聪明。）他少年时的作文，现在读来还是很成熟。在政治意识上，他比我更前进、更激烈。到了晚年，他对现实大为失望，以为我们少年时期所向往的理想主义乃是乌托邦幻想，容受不了时代的磨折：他在“反右”、“文革”时期所遭受的苦难，令他不能从自己深觉被冤枉了的愤怒中解脱出来，往往把凡事看作“黑白分明，不容灰色存在”。而我在国外近七十年的生活，则把我塑造成为美国知识界的典型自由开明分子。我避免对什么都采取极端态度。我们兄弟间后期思想上发生分歧后，一些以前曾尊重他，但受过红卫兵熏陶遗毒而出了国的职业反共分子就把我作为诅咒痛骂的对象。

## 第八节　大学时代

我进圣约翰大学时是 1941 年，租界仍是“孤岛”。太平洋战争爆发后，敌伪接管租界，英美侨民仍稍有自由，但必须佩戴臂章，“A”字代表美籍，“B”字代表英籍，不久他们便被关进拘留营（并不像纳粹集中营受到残酷对待）。我校英美教授被解职后，当时校长沈嗣良在日方威胁下，不得不接受早稻田大学的一位日本英国文学教授来顶替。此位仁兄，其貌不扬，英语支吾不清，对文学没有修养，受到英文系同学窃笑，一个学期后他就再没敢回来。

但是我们英文系确有两位大师，一位是系主任，美籍华人，我们敬称她为 Miss Soho，其实她的中文名字是司徒月兰，她学问高深。我记得某次她称赞我的一篇作文。她说："您文章内容言之有物，有写作天分，但文句方面尚要努力改进。"她的话更催发我广读文学名著。另一位我敬仰的教授是莎士比亚专家王文显。他自己也用英文写剧本，他的剧本《委曲求全》曾被译成中文，在辣斐剧场上演过。我还记得另一教授姚克（姚莘农），乃是美国剧作家尤金·奥尼尔专家，在课上他用英文讲解，较那个日本早稻田大学教授棒多了。姚克也在剧坛以导演闻名。

在当时中国的美国教会大学中，以上海的约大与北京的燕京大学最有声望。约大同学遍布世界，在各地开校友会，我难得前往。因为年纪较大，难得遇到当年同学，而且当年风头十足的标致校花，如今已变作老太婆。某次在校友会中，我见到一位数十年前的旧识，前往话旧，她睁大满是皱纹的眼睛，问我："Who are you？"此后我就没兴趣再去校友会。不过两年前曾有几位来自台湾的校友特地来我家见我，还送了我一个咖啡杯留作纪念，杯上有"圣约翰科技大学，1967"字样。未曾想约大竟在台湾开了大学，这些新校友的来访，令我十分感动，希望他们有机会见到这篇访谈。

那时期的约大，以学生时髦标致、周末专开舞会，即所谓“派对学校”闻名。教会女子中学如崇德与中西女塾等不断为它供应新的毕业生。那时的我，穿梭在各种绝然不同的角色之间，一面参与地下抗日，写杂文讽刺敌寇；一面参与周末社交生活；一面又在《幸福》《万象》《杂志》各种刊物发表短篇小说，题材多是我的社交生活，吸引了不少中学和大学女生粉丝写信给我，有的甚至寄来照片。约大有个交谊所（Social Hall），也有一间健身房。我一面交友，一面锻炼身体，一面写今日不值一读的小说，女友众多，不亦乐乎！

我还记得，有一时期，约大教务长是黄嘉德，他与弟弟黄嘉音合编了一本畅销月刊《西风》，几乎与林语堂所创的《论语》杂志齐名。他们的想法很灵巧：模仿当时美国最流行杂志《读者文摘》（*Reader's Digest*），选译了他们认为中国读者会感兴趣的文章，出了一本介绍西方文化、有趣而又不枯燥的《西风》月刊，销路很广。1986 年，我代表纽约市大应邀赴山东大学讲学，发现黄老师正在山东大学退休，我非常高兴与他取得了联系，应邀赴他家吃了晚饭，其兴奋不可言喻，但不久他就谢世了，让我感到苍凉和世事无常。

在我记忆中的上海，乃是静安寺路（现南京西路）的大光明影院与隔壁的咖啡馆，霞飞路的罗宋（俄罗斯）餐室、法国蛋糕铺与国泰影院，外滩的华懋饭店（现和平饭店），前法租界茂盛梧桐树下的马路，辣斐大戏院，苦干剧团（黄佐临、于伶、石挥），以及南京路的新雅酒店……这些都是我经常涉足的地方。那时最甜蜜的记忆是偕了女友，晚间在霞飞路巴黎电影院看了外国电影后，漫步梧桐树荫影下的清静马路，停留在那个三角路口的普希金铜像下谈情说爱。

那时的法租界也居住了不少自苏联革命后逃来上海的所谓“白俄难民”（东北的哈尔滨也有），他们不免带来了俄罗斯风味。有的难民出身富贵，但有的因生活艰苦而落魄。有一次我在街角见到一个年轻金发但是肮脏不堪、显然以卖淫为生而感染了花柳病的女郎坐在地上向行人讨钱。这种印象很令我难忘。

另一个我所不能忘记的是兆丰公园（现中山公园）。圣约翰大学（现“政法学院”，即今“华东政法大学”校址）一般男女学生都是骑了脚踏车去辽远的校址上课。广大的公园恰好挡住了学校大门，为了避免转弯抹角，我们都索性把脚踏车锁在公园门口，购买月票进公园步行直达校址。在天气晴朗的阳光下，这一段偕了同学步行的时间，是我每天心情最愉快的辰光。

大学期间我不能忘记的除了前面说到的教授们，还有教我一年级英文的贝雷第小姐（Miss Brady），她也是未婚，来自美国明尼苏达州，那时年约四五十岁，喜欢在校园后面的广大草地上打高尔夫球。我们几个她所喜爱的学生一有空就替她扛沉重的球杆，她也教导我们如何击球。打过球后，她就邀我们回到她在校园中所住的小洋房去喝咖啡，吃吐司。我曾以她为话题写了一篇散文发表，她知悉后对我很不高兴。

如上所述，我们那时去约大上学，每天骑脚踏车，风雨霜雪无阻。脚踏车是我随身携带的物件，某次我购了一辆旧跑车，更觉方便。这样的车没有刹车，也没有其他附件，极为轻便，可扛着上楼，车链与车轮直接连在一起，须要慢慢停车，用熟了后，毫无问题，可是要突然停车便有危险。我熟练了此跑车后，与同学们常在前往兆丰公园的愚园路上赛车，有时也与驶在马路上的小汽车竞赛。开汽车者往往小心，慢下来让我们取胜。

问题是，愚园路上也有快捷无声的无轨电车。某次我在赛车时，突见一辆无轨电车转了向，迎头向我驶来，我来不及停车，与它的车头相撞，幸未伤及身体，可是我所心爱的跑车就此折坏，不能用了。母亲把我斥责一顿，此后所购新车就不如跑车有劲了。

在“珍珠港事件”爆发、日军侵入上海的租界区之前，英租界警局雇用戴了头巾的印度人当巡捕。他们都身材高大，蓄着漆黑浓胡，在小孩子们眼中威风十足。那时我尚未入大学，某次骑了脚踏车在静安寺附近的愚园路十字路口（旧时百乐门舞厅大门前）闯了红灯，被指挥交通的一个魁梧印度巡捕一把抓住。

“茄德里，马得里，行里去！”他高嚷。

他们的印度话“茄德里，马得里”很难懂，但是“行里去”我听得懂，因为他们把巡捕房（警局）称呼为“行”，以为是上海话。我被他揪住脚踏车，随着他去附近拥挤嘈杂的巡捕房外停车处。印度巡捕走了，回到他的岗位去。我挤在人群中，等待付罚款，过了十几分钟，没人来理，我就骑上车溜出来。与那印度巡捕的交接，很具喜剧性，我现在回想起来，还是不禁发笑。

被高大魁梧的印度巡捕抓去巡捕房后，我突然泛起了一阵对自己瘦弱身子的自卑感，决意加入一位赵先生（名字忘了，当时很有名）所开的健身学院去锻炼身体，主要方法是用铁器举重。每次去了健身学院，回家后筋疲力尽，但是约三个月后，我在大镜子前顾影自怜，赫然发现我的胸部、肩部与手臂的肌肉已在逐渐发达。

我的努力锻炼使我成为那些新来学习举重的瘦削少年们的领头者。锻炼一年半后，我在大学校园中傲然阔步行走，热天所穿的汗衫更显出我胸部肌肉的发达、手臂肌肉的健壮，自豪地感到一些女同学投来的眼光。（也就是在这一时期，我听从了戏剧界朋友之言，没有自知之明地前往明星电影公司应试演员的招考，被那公司老板同乡人张石川一言打断了做电影明星的美梦。）

中学时期的女朋友我已逐一隔离，进入大学后，女友也并不多。那时我的课外兴趣多半集中于写作和发表。值得一提的是一位波兰裔的外国女朋友（约大因是用英语授课，颇有几个外籍学生），满头红发，满脸雀斑，又傻又可爱。某次一同散步时，她见到我在草地上一株大树旁一举手就迅速升上树枝坐下来，敏捷犹如电影中的人猿泰山，此后她就经常跟住我，随着我在校园散步。大战结束后听说她以难民身份到了美国。

那个夏天，我偕朋友去静安寺路上一个游泳池（1949 年以后一度曾改为杂技剧场），蛮想在公共场所展露自己的强壮肌肉，朋友见我换了游泳裤，禁不住大笑，原来我的健身术虽发达了我的上身肌肉，但下身的双腿看来却瘦削犹如鸡腿。

此后我再也不敢炫耀自己的身体了。

## 第九节　日据时代和“孤岛”生活

自 1940 年我到了上海，进了复旦附中，就开始参加学生地下抗日活动。次年，我进入圣约翰大学。12 月 7 日日本飞机偷袭珍珠港，把美国卷入世界大战。珍珠港事件的那个深夜，黄浦江上一艘日本兵舰炮轰美舰。那阵炮声我也听到了。我在静安寺路西摩路口的家中被惊醒的顷刻，受英美国旗保护的上海公共租界一下子变为“沦陷区”。像成群的中国难民一样，受优越待遇的英美籍侨民也成了难民，他们后来成为日军集中营中的俘虏。我亲眼目睹了驻上海的美国海军陆战队士兵上了巴士，乘战舰前往菲律宾参战。后来，我校的英美籍教授都被关入拘留营，师生们不断携了食物前往慰问。

到上海进了复旦附中，我就与宁波的组织失去了联系。但我深知，比我小两岁的三弟早就活跃于地下工作，但他避免与我谈论组织关系。而我踏进了上海新环境后，兴趣范围扩大，白天上学之外晚上进了孔另境（茅盾妻弟）主持的华光戏剧夜校，选了剧作课，邂逅了当时剧艺界名人，如许幸之、赵景深、唐若青、鲁思等。

某天乐山的朋友胡导对乐山说，你哥哥高身材，卖相不错，明星公司正在招考演员。何不前往一试？他叫我寄张照片给明星公司应征。不久果然收到回信，请我前往面试。主持面试的是明星公司的老板张石川。我答了几个问题后，张老板对我说："不行，你面相身材都好，不过你的宁波官话行不通。我也是宁波人，只是学不准标准国语。"

我的明星梦一下子就被打破。数十年后我每回国探亲访友，还是会被人戏笑我的宁波腔普通话，而我的侄儿们年轻一代，早已在学校中学了标准普通话。

我在圣约翰大学的四年中并未参加地下活动，除了读书之外，最大的兴趣是写文章发表，其次是交女朋友。约大学生以"课外活动"（交友、舞会、骑脚踏车出游）著称。我暗中可感到那些思想进步、参与地下抗日的同学们在旁啧啧闲言，把我当作只知白相、不问政事的纨绔子弟。到了后来，他们多成为我以"令狐彗"笔名所发表的短篇小说（述大学生社交、恋情故事）的读者。

美国参战后，上海全部被日军占领，租界已不再是气氛自由的“孤岛”，我们写文章的也不能再畅所欲言，不过上海毕竟是世界注目的国际城市，日军的行为也稍有节制；我们要过外白渡桥前往虹口，必须向在桥旁守卫的日军脱帽鞠躬。我们朋友发明了一种游戏，看哪个能够不脱帽而偷偷过桥。我有几位相识曾被日本宪兵队抓去质问，其中一位是宁死不屈的柯灵先生！

1945 年 V-E DAY（暨二战的欧洲胜利日）的来临，我们早有预感。我深深记得，那天（1945 年 4 月 30 日）我在上海街上行路，见一个骑脚踏车的中年人，满脸喜悦，高声自言自语：“死脱啦！死脱啦！”（“死脱啦”，与“希特勒”谐音）好像在向路人通报喜讯。我回家赶紧扭开无线电，果然新闻广播连续报导，“希特勒已经吞枪自尽”。不久全部德军投降，1945 年 5 月 8 日后来被定为 V-E DAY。

这期间，日军还在太平洋岛屿作战。华盛顿的计划是登陆日本本岛，尤如欧洲的 D-DAY，但是杜鲁门总统在与国防部讨论之下，认为日军顽固，甚至敢用自杀（今日是恐怖分子常见伎俩）手段用飞机攻击美舰，如登陆日本，恐要造成大量美军伤亡。在这种情势下，他才决定采用原子弹，先炸长崎；没有反应，再炸广岛（事实是应该先广岛后长崎），立即引致日皇宣布投降，那是 1945 年 8 月 15 日中国人的 V-J DAY。

我太清晰记得得知日军投降时的心情。那时我刚从医院盲肠开刀回家。不久后的一个午夜，我从熟睡中惊醒，原来是邻居猛烈敲门，父亲惊慌地开门。那位邻居兴奋地告诉我们，他刚在无线电收音机里听到日皇宣布投降的通告，敲门向大家报告喜讯。不久，我就听见街上人声鼎沸，也有人放鞭炮。我急忙穿上衣服，一定要父兄陪我到街上看热闹，上海倾城庆祝，国旗飘扬，地下工作者挤在卡车上从马路上驶过，与大群行人相互庆祝。那情景，我至今难忘。

大战结束、抗日胜利的那个夏季，正是我在约大毕业典礼中戴方帽子的时候。

1945 年 8—9 月间，于战时前往重庆与内地的政府机关人员以及其他社团人士大批返回上海。他们所带来的法币市价大涨，在使用伪币的上海，其身价一如 1979 年中美复交后华侨回国所携带的美金。上海市面一时由冷清变为繁华。夜总会、跳舞场、酒吧林立（一部分是供应突然大批来沪的美军士兵的需要），国民政府官员们花天酒地，其行为好似打败了敌人的胜利者。在短短时期内，法币不但回归原值，而且因通货膨胀而大跌。妇女们外出购物，必须雇用三轮车携带大捆法币。

那时我刚自圣约翰大学英国文学系毕业，尚未找到职业。上海已不再是“孤岛”，大批政府官员自重庆前来上海接收，市上一时充满乐观景象。不久我就在新闻界找到职业，文化界朋友众多，至今回想起来，我觉得 1945 年夏至 1947 年夏这两年间，是我生活最愉快的一段。

## 第十节　我的记者生涯

我自圣约翰大学毕业后，并不急急找寻职业，因那时乐山与我在新闻文化界已有一些小名气，认识了不少在出版界任职的年轻编辑。我当时一心一意要在报界任职，一考而被当时的大报《申报》录取，开始学习撰写实事求是的新闻报导。与此同时，我也不愿放弃文艺创作，恰好一位朋友杨复冬（笔名钟子芒，后以儿童文学家著称，不幸于早年逝世），将我介绍给报界名编陆小洛。小洛正在创办一份名叫《辛报》的小报，那份报纸乃是由国民党党委潘公展出资做后台。《辛报》虽是小报，但与当时充斥市上的风花雪月，专刊载舞女、歌星、影星韵事的一般小报不同。我们的阵容是：封面要闻版，沈毓刚（后任《新民晚报》副总编）；国际译写版（故事多自《时代》周刊编译而来），董鼎山；文艺版，杨复冬；体育版，陈福愉（笔名桑榆，是当时最享盛名的体育新闻记者）。聪明而又异想天开的杨复冬（1978 年于我初次回国时，他已成为儿童文学作家钟子芒）一定要在他的版面替我开一个名为“世纪末小品”的专栏，替我起了笔名令狐彗，每日撰写一篇有关教会学校男女学生的交际舞会报导。这个小品专栏后来发展为言情小说，被当时正在发行、仿效《万象》杂志的《幸福》主编沈寂拿去发表，一时销路大增。出版界友人把许多短篇集成为单行本《幻想的地土》，作为替我送行的礼物。多年后我回国时，当时以写上海流氓黄金荣、杜月笙传记而扬名的沈寂再把它出版，取名为《最后的罗曼史》，据闻今日仍可在网络上购到。

上述几位朋友、老师，除了沈寂以外，现都已过世。其中陆小洛由他儿子接来旧金山居住，我曾去看过他。当时报界几位有资望的老人中，卜少夫曾是我在《申报》时的上司，后来失去联系，但我一直爱读他曾主编发行过的《新闻天地》。还有一个我不能忘却的人，是上海英文报 *Shanghai Evening Post* 主编吴嘉棠。当我进入《申报》工作时，他除了英文报编务之外，也在《申报》兼职，头衔是地方新闻编辑。我们几位职员，每晨集会，由他指派各个记者当日任务，我曾被指派采访当时调停国共内战的杜鲁门总统特使马歇尔将军（后任国务卿），美国将军魏德迈，《时代》杂志出版人亨利·鲁斯等。吴嘉棠是密苏里大学新闻学院毕业生，我挑选美国大学留学，与他不无关系。他鼓励我入新闻学院，我尚记得，我于第一天乘火车到达哥伦比亚车站时，第一个见到的中国脸孔便是冯锡良，他患乳癌逝世的太太玛格丽也是我的好友，他后来退休，与继室去夏威夷养老。上述几个新闻界名人，恐怕今日已不被人熟知。

我于约大毕业后，与文化界新闻界朋友们厮混，如此开始了一段我自以为一生“生活最愉快”的时期，这种情形直到1947 年 8 月我乘美国邮轮赴美留学。我的所谓“生活最愉快”有三个因素，一是发表欲的满足，写了文章，必有报刊登载：有的杂志编辑甚至上门来讨取短篇小说稿。二是与报界朋友经常相聚，一起过战后上海的繁华夜生活。三是女友众多，随意相交（虽然不一定是肉体关系），影星、歌星、舞女都有。（我真正恋上的其实是一位约大同学年仅十七岁的妹妹。）

进了《辛报》后，我的生活程序是：上午十时起身，三时参加朋友们每天的非正式集会。我们在南京路著名的新雅茶室订了一个固定的大圆桌，记者、作家与编辑们随进随出，饮茶闲谈。有时编辑会向作家约稿，有时作家将作品传阅，找地方发表。偶尔，我们所交朋友中天资聪明的舞女或歌星也会参加，她们在娱乐界消息灵通，可以供给当时甚畅销的闲话小报一些专栏资料。入晚，我们用了饭后，分别去报馆工作，下了班后，已近午夜，兴致来时，又一同去虹口的夜总会消遣，上床时间是早晨二三时。

在《辛报》时，杨复冬成了我的至友，他的年纪虽轻，在小报界却已有名气，帮我认识了不少老报人，如那位号称“江南第一支笔”的唐大郎。战后复兴期间，唐大郎之名在上海几乎无人不知。他会写讥刺国民党政府的泼辣杂文，也能写风花雪月，吹捧歌星、舞女、影星的俏皮小品，最令人欣赏的是他的打油诗。后来，从1978年开始，我因经常返国，数次途经香港，已以香港为家的他，每次都想与我相逢，终因时间关系而错过机会。于是他在1979年《大公报》副刊“大公园”发表了一首打油诗：

**怀鼎山**

年间相望亦相闻，每抱深情读至文。

讶我老头还在世，怜渠健笔尚凌云。
归来旧燕何曾认，记得歪诗定要焚。
何日江干重聚晤，莫教终世叹离群。

唐大郎不久即逝世，后来北京黄苗子在乐山家中读了此诗，甚为感动，用他的大师书法写在一幅宣纸上。我把此幅字画裱出，三十年来一直悬在我家客厅壁炉墙上。

至友杨复冬已于早年去世，我至今遗憾来了美国后没与他多多写信，只在后来听到他在解放后转行，以“钟子芒”笔名写儿童文学闻名。

在《辛报》的几位同事中，陆小洛进入老年，前来美国加州的儿子家养老，我曾飞旧金山去看望他。他整日与香港和台湾寄来的报纸相伴，不喜美国生活。在上海期间，他以好客著称，朋友们一起赴餐馆用饭，他总以老大哥身份拾起账单付账，你不能跟他相争。沈毓刚后来升为上海销路最大的《新民晚报》副总编辑，应他之邀，我曾于20世纪80年代在“夜光杯”副刊撰稿。他猝然去世时，正是我回上海数天后准备与老友们相聚的那个上午。消息传来，我觉得好似被人在胸上打了一记闷棍。

著名体育记者桑榆在足球界特别扬名，他是个经验丰富的老记者，在重庆时曾出版了一本《新闻背后》，详述新闻采访、编辑、印刷各种过程，其中插有他个人经历，诙谐有趣。不过由于他的态度傲然，与我们这些小伙子合不来。我们在他发脾气时，总是敬而远之，不去理会。他虽傲慢无理，但其实是位软心肠的人，后来我又有机会在《东南日报》（自杭州迁来上海）与他共事，对他的印象大有转变。

年轻时我精力充沛。除了写稿、编报、交游外，总感到有多余时间，在《辛报》好似是业余性的。我在约大毕业找职时，对四份大报最有兴趣:《大公报》《文汇报》《申报》《新闻报》。那时思想进步、对写作有兴趣的青年都想加入《大公报》或《文汇报》。我对《文汇报》特别着意，因为柯灵所编的副刊就是在《文汇报》。朋友之中，只有何为得其所逞，当了该报记者，我艳羡不已，恰蒙《申报》正在招考记者，我前往应征。记得考试是用中英文的，我的录取没有问题。

那时，由国民党政府主持的《申报》招兵买马，要恢复战前的名报身份。作为地方外勤记者，我的顶头上司，主持本市新闻的编辑是美商主办的英文晚报 *Shanghai Evening Post* 的总编辑吴嘉棠。吴嘉棠当时在中美新闻界都甚吃香，后来听说迁往日本居住。终其余生，我所最不能忘记的，是那个在他家花园饮酒聚宴的晚上。酒过半巡，大门口驶进了一辆吉普车，一个制服笔挺的美国大兵扶持一位金发女士下车。吴把她介绍为他的妻子（即将离异）。我见他神情黯然，甚感同情。听说妻子是他在密苏里大学时的同学，来到中国后大概是患了思乡病，美国官兵大批来沪后，扩展了她的交际范围。

我与《文汇报》记者何为常在出差时相遇。某次，一艘停靠上海的英国兵舰上有英国劳工党首相阿特里（战后丘吉尔已败选）的儿子在服兵役，我们前往采访，发现他是一个腼腆的小伙子，没有什么话可说。我们在甲板上闲步，何为问我有没有香烟。当时我尚未开始吸烟，笑称何为是个烟鬼。后来我在一篇文章中提及此事，他矢口否认。何为最终成为极出名的第一流散文家，我回上海时曾会过数面。

我在《申报》工作为期不长。沈毓刚与我同时考入《申报》，可是他成为文艺副刊助编（上司是卜少夫），没有政治压力。而我们采访时事者就受政治牵制，当外交记者期间，曾采访过美国杜鲁门总统派往中国调停国共纠纷的国务卿马歇尔将军。为了这个任务，我阅读了不少有关马歇尔的报道，尤其是关于他对中国情况的熟悉程度。那时，我要保持客观公正，写出的报导难免有触犯国民党之处（当时我们青年人都自认“思想进步”）。不料《申报》这位负责新闻的王姓副总编辑是个国民党党员，次日报纸未发表我的“本报专访”，而采用了国民党官方中央社的报道。我看了不高兴，因我认为神圣的新闻事业不应受政治或党派牵制。我向那位王先生抗议，不料他反过来建议我加入国民党，我愤而辞职，而当时《申报》可是新闻工作者渴望加入的重要新闻机构。我在《申报》的几个月中，只有一篇采访京剧演员马连良的文稿得到嘉许。

但我年轻，并不气馁，不久便由《东南日报》（也是国民党所办）聘去当地方新闻编辑。编辑工作是在晚间，白天就在友人介绍的时兴小报《辛报》主持国际新闻的翻译稿，并在文艺版发表随笔。回顾起来，那段经历是生活最愉快的时期。白天与新闻界和作者朋友在南京路上著名的新雅酒店相聚、饮茶、交换稿件，开始为柯灵所编的副刊写散文，并替《万象》《幸福》《杂志》等杂志撰写短篇小说（笔名是古怪的“令狐彗”）。同时，美国电影与刊物回返上海，我得以大量吸收日伪“孤岛”期间遗漏的信息。立场左倾的《大公报》与《文汇报》成为文化人的必读品。

工作写作之余，我也在积极准备出国留美。我受到吴嘉棠的鼓励，选了著名的密苏里大学新闻学院。吴是密苏里高材生。20 世纪 80 年代的英文《北京评论》主编冯锡良是我在密苏里的同学，他后来也参加创办了英文版《中国日报》。

那时著名的《世界晨报》也移来上海复刊，我认识了名编辑姚苏凤、名记者田钟洛（袁鹰），以及以翻译海明威著名的冯亦代。由于我们兴趣相近，亦代与我兄弟俩情如手足，多年不忘。亦代夫人郑安娜在美国新闻处工作，于我来美后介绍乐山进美新处，后来这就成为乐山受斗争、吃苦头的原因之一。我们经常在社交生活上一起的另一朋友是李君维，他是张爱玲崇拜者，模仿张的作风，以古怪的东方蝃蝀笔名写小说。他家客室很大，那晚为我赴美留学告别的舞会就是在他家举行。他的两个妹妹都精于绘画，姚苏凤夫妇是社交舞能手，至今我印象犹在。

## 第十一节　业余的小说家

我的第一本短篇小说集《幻想的地土》(使用笔名令狐彗)刚出版，我就趁那时机送朋友留纪念，我带往美国的几本竟送给了不懂中文的新闻学院老师，现在还感自愧。20 世纪 90 年代某次我回国时，四弟名山的朋友在社会科学院图书室中找到原本，影印送我，给老友沈寂要去，交上海百家出版社于 2001 年再版，书名改为《最后的罗曼史》，加了一篇老年在美所写的。听说今日青年读者对五六十年前的男女大学生社交情况很感好奇。

沈寂也是宁波人，与我同年，仍健在。青年时他帮我在他所编的《幸福》杂志发表小说，老年时期他又帮我在上海找出版社出书，我当然非常感激。遗憾的是，有好几次我应约把数本书稿寄他后，迟迟未出，理由是“出版社上级换了人，取稿政策改变”。可惜这些没有留底的书稿都因此遗失了。我不能怪他，他老了，他已替我干过许多好事了。

沈寂后来进电影界编写剧本，他很会讲故事，当年他的第一个短篇《盗马贼》在柯灵所编的《万象》杂志发表时惊动文坛（另一位经柯灵捧场而出名的是张爱玲)。沈寂对上海十里洋场与黑社会情况非常熟识，后期他所写影射上海大流氓，如黄金荣、杜月笙等生活的小说甚畅销。

某年，谢晋的儿子谢衍来美学习，特别叫沈寂写封介绍信（我与谢晋已失去联系）来纽约见我。我很喜欢年轻有为的谢衍，他也会些英语，要入私立纽约大学电影系学习。来到数星期后，恰好有一电影界名人集会讨论亚洲电影，邀请我去讲讲中国电影。我所熟悉的只不过是 20 世纪 30、40 年代的电影，正好带了谢衍前去助我。他在演讲中也谈了父亲谢晋的作品。我把他的演讲费一百美元交给他时，他惊喜万分。谢衍年前患癌症壮年早逝，我闻讯后很震惊。不久消息传来，老友谢晋也去世，我想他比我还小了一两岁，更心痛了（我与谢晋在国内与纽约数次相会，情况将在以后再述）。

我之所以喜爱写散文，可以说是起于何其芳的《画梦录》影响。当时，绮丽、含有哲理意味的散文在青年作家间甚风行。巴金主持的生活出版社所出版的李广田、丽尼、陆蠡等的散文集我都熟读，我后来甚至对解放后何其芳的随笔文章失了望。20 世纪 70 年代，《画梦录》曾由澳大利亚一位作家译为英文，但我不信外国读者能欣赏。我自己后来对绮丽散文也转了念，不再学写空洞的所谓“哲理”散文，单是堆砌美丽词句而言之无物的文章没有意思。我想，今日的散文作风已大有改变。在柯灵去世前我曾与他谈论，他完全同意，当年他也欣赏何其芳的散文。

由柯灵选拔出来的作家之中，以张爱玲最出风头。她的名字近年来在台湾、香港又大为响亮，夏志清教授等的捧场似是原因之一。但我不能否认，我们在青年时都是张爱玲迷。她的小说令人神往，而她生活的神秘更引人好奇。她自己设计衣服，服装奇异，但很少公开露面，拒绝报纸访问。她也会写一手漂亮英文，经常在一份德商所办的英文杂志发表。她的神秘，半个多世纪后仍在引人好奇。

我在《申报》辞职后，空闲时间更多，晚上去《辛报》至多三小时即可完成一个版面的编写。当时桑榆恰好应邀去《东南日报》（国民党主办的杭州名报，于抗战胜利后在胡健中主持下移来上海）充任主持地方新闻与体育版的副总编辑，见我闲来无事，邀我去《东南日报》帮他编辑本市新闻版。所以，有一个时期，我任两个报纸编辑。都是晚上工作，就有赶不及之感，而且《东南日报》社址是在很远的虹口，晚上交通不便，要搭乘送报货车回到静安寺路（现在是南京西路）的家。我接受了桑榆邀请，但细细一想，《东南日报》毕竟是大报，有益我的新闻职业前途，而《辛报》虽态度严正，只是一份被人目为消遣读品的小报；于是，我乃向我所心爱的几位朋友告辞（当然，仍经常在新雅茶室聚会）。

我在《东南日报》的时间不长（其时正在办理赴美留学手续），却与当初经常相争的桑榆成了好友，在他的指导下，曾做了两件难忘的事：一是采访中国航空公司空中小姐（当时还是罕事）；一是开辟了一个模仿纽约报纸“百老汇”专栏的“南京路”，专门写些有关舞女、歌星、富人的软性新闻，因我消息来源很多。

但是“南京路”并非我的意之所在，而桑榆某次侵犯了我的新闻版，我又跟他起了争执。详情我记不起来，好像是两个不同的军警部队，在街上起了武斗。枪声惊吓到了附近居民，他们闭门不敢出外。桑榆与我商量新闻标题，结果他用了“昨晚共党暴动”六个大字而不管新闻正确。我当时反对也无用。我认为新闻职业道德应该竭力禁止这类不顾新闻真相的编辑方针。我们没有吵架，不过我对前辈的尊崇减了几分。

我赴美前向他告别，他送了我一件贵重礼物，乃是明代瓷器花瓶，上面画了男女春宫图。我临上轮船前（当时尚无喷气客机），一位朋友告我，美国海关调查严正，此类物品不但不准进口，而且携带者恐犯有走私淫秽物品之嫌。我不敢带，留给了弟弟保存，现在不知它在何人手中，真可惜。

桑榆请弟弟乐山继续我的职务，同时请我当《东南日报》的驻美记者（没有薪水，仅有稿费）。我来美后还为他写了些报道。有两篇通讯我还记得，一是采访1948年美国进步党总统竞选人华莱士的报道。那时竞选的民主党候选人是总统杜鲁门，共和党是杜威（纽约州长）。华莱士曾任杜鲁门的农业部长，但思想开明。他认为当时正统民主党太保守，乃自组进步党。他来密苏里大学发表演说，甚受学生欢迎，学生中很多是刚退伍的军人。我用了《东南日报》名片，经同学介绍，与他谈了二十分钟。但他没有取胜。因很多民主党人唯恐票数分散有利共和党。

另一篇通讯有关董显光。这位在密大的莎士比亚老教授看到我的姓，问我是不是与董显光有亲戚关系，他说他与董显光年轻时乃是同班同学。我将此项报道在《东南日报》发表后，引起董显光注意，他乃写信给我，谢谢我帮他恢复了他大学时代的友谊（按：董显光也是密苏里大学新闻系毕业的）。

桑榆于1949年后去了香港。20世纪60年代我曾找到他的地址，向他问候，没有回音。二十余年后，另一来美养老的前辈陆小洛告诉我，桑榆曾在香港向小洛提起我，要与我联系，可惜他把我的地址丢失了。

# 第二章

# 赴美及新大陆岁月

## 第一节　去美国的航船

1947年时，飞美的喷气客机尚未开通航空，我们是乘邮船来美的。从上海到旧金山船行十七天，途中在火奴鲁鲁靠岸一天。我同学中也有乘坐通常客机的，需时至少四天，沿途要在关岛等处停留加油。不过十七天的船行并不令我寂寞无聊。上了船后，就好似进了美国国境，船员当然都讲英语，只有一个华裔能用广东话杂了普通话与英语，在扩音机上向乘客报告船上的每天节目：晚上举办舞会；犹太人新年（每年九月）到来，依照犹太人惯例庆祝，等等。千余船客大部分是中国留学生与遣往美国的犹太难民（约六年后，某天我在纽约街头行路，一位白发老太太把我拦住，用上海话夹杂了生硬英语，问我是不是来自上海。一听我说是，她高兴得把我拥抱住，说她也是来自上海虹口的犹太区）。

二次大战时，著名的“总统”号奢华邮船都被政府征用改造为运兵的运输舰。大战结束后，邮船公司才逐渐把“总统”号邮船再度改造，恢复为民用交通工具。但我们所乘的“戈登总统”号尚未恢复当年的豪华，我所乘坐的所谓二等舱，每个房间共有二十个上下铺床位，据说运兵时是连长以上的中级军官宿舍，浴室厕所都是公用的。

所谓头等舱是四人一舱，由高级军官占用。至于三等舱呢，那是船底面积广大的统舱。有数百个床位，原是兵士们的睡铺，现改为客船乘客的床位，男女不分，床间只用布幕遮隔。如此情况在今日绝不可能，但是当时战争结束不久，来不及改造，何况船客多是难民与学生。

少数“头等舱”客人，都是曾在日军拘留营中吃过苦头返回美国的侨民，如传教士、教师、商人等。吃饭时，三等舱客人像兵士一样，持了盆子排队取食。头等、二等舱客人则都围坐在长桌上由黑人侍者服务。父亲替我购了张二等舱票，并非因为疼爱即将出国的儿子、避免起居不舒服的统舱，而是因为三等舱票已经售完。

留学生有公费、自费两种，都须经过严格考试（特别是英语能力）由教育部批准，再由外交部发护照。批准后的好处是，自费生可凭护照购买外汇；当时美金官价远比黑市价低，因此父亲用外汇购置二等舱不算太贵。另外他用官价外汇替我换了九百元美金，以为足可作为我在美国居留两年的费用(六十余年前的九百元今日估计可值两万多美金吧)。密苏里大学因是公家所立（州立），学费不高，而且我尚获有奖学金。当然，父亲与我都未曾想到两年后的国情剧变。

## 第二节　未曾预料的滞留异国

父亲给我的最后一封信中（新中国成立后中美之间不久便邮路不通了），劝我暂时不要回国。而没有家里接济，我像其他美国穷苦学生一样，必须找零工为生。当时，在大学图书馆做工每小时工资三角五分，但在餐馆工作，工资是每小时六角五分。我当然宁愿去餐馆工作，洗碗托盘都干，有时还能取得一两角小费，而且厨头兴致高时，还会给我们一盘火鸡翼或腿食用。

且让我在这里把当时的工资与那时日常费用作个比较：那时租房每月十五元，汉堡包每个两角五分，一盒正常午餐六角五分；首轮电影票五角，二轮电影票两角五分，一杯咖啡五分（听说当时在纽约坐地铁，单程是五分，今日纽约地铁价是两元七角五分，涨了五十倍还多）。

我出身中产阶级，带有深深的所谓“小资产阶级”观念，而这类观念竟要到了最富有的资本主义美国才能消除，今日想来令我自愧兼喟叹。

开初，我在餐馆中穿了白制服去收盘抹桌感到极为腼腆不安，但是看到美国学生也在公然毫不在乎地做如此低卑工作，便慢慢放下心来，不久便去除了这类小资产阶级成见。餐馆女主人夸奖我的工作努力后使我更觉自豪，托了盘子在餐室中大步速行，毫不觉得不自在。这样的经验奠定了我进入美国社会后的自信力。同时，我也有机会与所谓蓝领阶级的美国人，如厨工、女侍者等交了朋友。他们对我毫无偏见，也有两位女侍者对我钟情，但他们与黑人工人却无社交来往。黑人所做的是最底层的打扫清洁工作，其他如洗碗清盘、抹清餐桌、招待客人的工作都给学生们抢走了。如此经验，一两年后便使我完全忘记了自己在国内中上产阶级的身份。试想，一个自命具有进步思想的中国富家青年竟要到了美国资本主义社会才能去除这类势利成见，这怎么会没有讽刺意义？

## 第三节　初抵密苏里校园

在 1947 年至 1949 年之间，多数中国留学生都同情中共革命。我加入了一个基督教留学生团契组织，开会时经常讨论中国时势。某个暑期我去芝加哥近郊参加一个全美性的中国留学生团契年会，发现其领导人物都是中共革命的支持者。后来，有多位搭乘预定的印度客机免费回国，其中有几个朋友在后来的“反右”运动期间吃苦，有的甚至在“文革”时期遭殃。我听悉后非常痛心，至今尚自感幸运。如果父亲未加劝阻，如果那时我也回国，以我直爽敢言的脾性，在那疯狂不安宁的时期，我的命运肯定与现在大相径庭。

在密苏里大学校园中，我交了两个知友，都是向往革命成功的热心者。一位是李绍基，他出身于上海富有家庭，无论在政治思想方面还是为人方面都非常成熟。我把他作为长兄看，在他领导之下。我们十几个留学生经常举行读书会讨论时势。我钦佩他的理论与讲话才能。他已有了妻子，也是他同学，他们在校园附近一位教授家租用一个房间养育新生婴儿，房东太太对他们很爱护。因此当消息传来（大概是在 1951 年），他们一家三口竟被移民局逮捕勒令出境，我们听了十分惊惶。听说联邦调查局（F. B. I.）一直在注意他的行止，相信他是中共所派的地下活动分子。

他们回国后，我没了他们的消息，直到 1955 年某日，在《生活画报》（*Life*，乃是当年最流行的美国图片刊物，后因不能与电视竞争而停刊）上看到噩讯。那是第三世界各国在印尼万隆举行会议，李绍基乃是周恩来总理随员之一，在一架先行飞往印尼做准备工作的专机上失事丧生。《生活画报》所登的新闻图片有一张是“哀悼李绍基烈士”的。我认出了他的笑容，伤心不已，一面又担忧他的遗孀与孤儿的生活。

另一个要好的朋友是回国后任过周恩来亲信译员、协助筹备创刊中共首份英文报纸《中国日报》的冯锡良。我第一天到哥伦比亚的密苏里大学校园，首先见到的就是这个善良、友好的中国面孔。他一听到我是上海圣约翰大学校友，更是亲切，指导我如何找寻住所（学校宿舍已完全客满）等等。第一日我所住宿的是当地最昂贵的“老虎旅馆”（Tiger Hotel）。密大的橄榄球队取名“老虎队”，因老虎乃是密大的吉祥物。于橄榄球（美国人称为足球）季时，老虎队与他校球队比赛，老校友大群回来观看，多要住在老虎旅馆。我当时不知详情。旅途疲倦，在城中心找到的第一个旅馆就住了进去。招待者很客气，因球赛季尚未开始，生意平平，后来我才知道这是当时最昂贵的旅馆。

“戈登总统”号船行十七天后到达旧金山靠岸（其实我所踏足的第一处美国国土是夏威夷岛的火奴鲁鲁，其时那里还是美国属地，尚未成为夏威夷州）。我去当地著名的唐人街游玩，吃到了多天未尝到的中国菜，到旅行社去订了前往密苏里州哥伦比亚城的火车票（当时飞行尚不普遍）。车行四天，但沿途看了不少西部景色，以后再无机会观此，直到四十二年后退休之后。

四天的车行，到了哥伦比亚后，我看到第一个迎上前来的中国人当然很高兴。冯锡良那时已来校数年，对当地情况很熟，而且交友广阔，两度被选为校中国际学生所组织的环球同学会会长。他的英文学识令人肃然起敬，许多外国留学生也很爱戴他。他在校中娶了一位也是来自上海的女同学玛格丽，毕业后他们一起回国服务。20 世纪 80 年代我经常回国，某次曾到他家做客。那时他好像已是《中国日报》或英文《北京周报》主编。玛格丽不久患乳癌逝世。锡良后来娶了一位美丽贤惠的李女士去夏威夷养老。

锡良于 2006 年回国时在北京逝世，生前他得过联合国与各种国际荣誉。1985 年他获全国首届总编辑“慧眼奖”奖杯。但我觉得他所感到最大的荣誉当是 1984 年母校密苏里大学颁给他的“密苏里新闻事业卓越功勋章”。遗憾的是，我当时因妻病未能以校友身份去参加密大颁奖典礼。我想也正是那一年，他得以顺道来纽约我家回访我。

## 第四节　开始留学生活

我进了密大新闻学院后，首先感到的便是人生地疏，讲英语不流利，不能与同学相竞争——特别是在被教授派出做外勤实习之时。我开始很觉难堪，后来也习惯了，而且被采访的人们往往非常客气；同时，由于他们对当时中国情况的好奇，反而把我当作采访对象来向我问询。

除了选读新闻学主课以外，我也在英文系选了几门课。我对读书的兴趣使我将图书馆当作了书房。新闻学院本身的图书馆不大，但是它所搜集订阅的各地大报范围极广。在这里，我开始迷上《纽约时报》，养成每日必读的习惯，此后就六十余年未停息（到了纽约后，我自订《纽约时报》，每天早晨送到我的公寓房间门口。我一早醒来第一件事就是开门拾报。出外旅行时，我则叮嘱门房替我收集。回来后花了时间将这些天的积报迅速浏览一遍）。新闻学院所订世界各地的报刊以及美国各大城市日报与杂志极多，增长了我的知识，这些后来对我为国内刊物写作取材很有帮助。

我更喜欢我们大学里的总图书馆。由于我是研究生身份，进出藏书库非常容易，可以自己找书。每个研究生都有自己专用的书桌作为研读与写论文之用。我还记得在此书桌上我完成的一篇莎士比亚论文很受莎士比亚专家教授的欣赏。这位老教授经常邀我前往他家过节（感恩节、圣诞节等）。某次他告诉我，在他当学生期间，曾与一名也是姓董的同学交好，问我与之有没有亲戚关系，可不可以替他代为联系。此事我会详谈。

当时（1948 年），美国颇出了几位后来得享盛名的大作家。在这几位二次大战结束后的青年作家中，有两位我特别注意。某日我进入总图书馆大厅，见到橱窗内有两本新书，两位作家的照片皆具有不平常的吸引力。一是满头鬈发、神态粗犷，好似要找人打架；一是金发蓝睛、面目姣好，横躺在长椅上，两眼盯住你，好像与你调情。

今日美国文学读者马上会认出我所描述的两位作家是谁。前者是诺曼·梅勒（Norman Mailer），他的以作战经验为主题的《裸者与死者》（*The Naked and the Dead*）当时刚问世；后者是被公认为同性恋者的杜鲁门·卡波蒂（Truman Capote），新书名为《别的声音，别的房间》（*Other Voices, Other Rooms*）。这两本是他们的处女作，立即受到读书界佳评，被列入畅销书单。

还有一位我在图书馆书库中"邂逅"的著名作家是当时在百老汇已出了风头的剧作家田纳西·威廉姆斯（Tenessee Williams）。我的戏剧课雷蒙教授推荐我阅读正在百老汇演出的《欲望号街车》（*A Streetcar Named Desire*）的剧本。雷蒙教授还顺便指出威廉姆斯也是密苏里大学的毕业生，我好奇心大发，前往藏书库中找到本校毕业生所写留存的博士论文与硕士论文。果然，在硕士论文书架上，我找到了田纳西·威廉姆斯一篇以剧本作为论文的原本，是用打字机打出的，并有作者签名与其他笔迹。据我记忆，这部剧本之名是 *Candles to the Sun*，好像是写于 1936 年。看到一位已享大名的剧作家处女作剧本的原始打字稿，是一件很兴奋的事。

这三位我初到美国时即发现的大作家如今都已去世。威廉姆斯（1911—1983）享年七十二岁，也是位美国文化界著名的同性恋者。某次他与另一著名同性恋作家戈尔·维达尔（Gore Vidal）应肯尼迪总统之邀去白宫做客。两人在花园中指手画脚地谈话，看见肯尼迪俯在栏杆上所凸出的屁股，大表欣赏地取笑（他们的谈话给站在一旁的另一作家听到）。卡波蒂年寿很短，不到六十岁（1924—1984）。他的同性恋癖更是明显，举止行动正如上海人所说——“有点阿姐式”。他常是纽约高等社交界宴会中的贵客，有时借用那些名士贵妇作为写作材料，讽刺过分，终被社交界唾弃。

梅勒则是一位喜爱女性的男子汉，酗酒，爱交朋友，结婚离婚多次，女友众多，最后所娶的是一位南方乡村出身的少女，她因身材美丽苗条而成为时装模特儿。二人站在一起，男矮女高，男老女少，很不相称。他的寿命较长（1923—2007）。他去世后，他的爱妻曾写出一本回忆录做纪念。据她说，她的写作完全是因丈夫教导鼓励而成。1960 年时，我曾与梅勒初次相会。那时，我常于周末去格林威治村朋友处，与兴趣相似的青年人厮混。某次，一位青年作家建议大家去参加梅勒家的派对。当时的惯例是，你只要带了一瓶酒，即使未受主人邀请，亦可前往，主人一般是来者不拒（英文名称是“crash the party”）。那位建议者与梅勒也只有一面之交。我们三人便合资购了一瓶威士忌前往。我还记得，当时梅勒手持酒杯站在门口笑眯眯地欢迎客人。那晚派对详情我记不起了，印象最深的是次日《每日新闻》封面附了照片的新闻：梅勒酗酒，刺伤发妻。此事想是在我们离开后所发生。妻子没有起诉，梅勒也没有坐牢。不过此项事故后来成为女权主义者攻击梅勒的把柄（1960 年时他已出了三部畅销作品），也成为文学史上一个有趣的注脚。

我在密大新闻学院所选的几门主课，都是最起码的基本常识：采访（如何询问，以求获悉通常易被忽略的重要事实），写稿（态度必须客观，不渲染，不夸张），编辑（尽量去除文章中的虚字，文字必须简洁明快），做标题（如何找出字母尽可能少的词，在小小面积中抓住新闻要点）……我在上海虽已有记者采访经验，但是用另一种文字来执行编辑与做标题的任务就有意想不到的困难。我也选了一门“特写”（feature writing），即是如何写专题报道。

## 第五节　在美国报纸发表陈独秀文章

这方面我有过经验，用英文写“特写”与用中文写，在特点与体例上并无不同。这一门课教授所定的规矩是：学生在课上所写的专题，可向正式报刊投稿。如被选中发表，你在学期结束后的成绩可升一等（例如，你如得到B，在报上发表后，B升至A）。那年（1948年）正是国共内战爆发剧烈之时，美国新闻界对中国的情况非常关心。我心血来潮，在班上写了一篇约三千字的有关陈独秀生平的报道，教授看了，鼓励我向报纸投稿。我选了美国中西部著名大报《堪萨斯城星报》（*Kansas City Star*）投稿，不久就收到编辑来信接受，并附了一张十五美元支票。我向教授报告后，他与我同样欣喜，把我的分数从B+（乙上）升为A+（甲上）。我向朋友们炫耀，花了这十五元钱请大家吃了饭。

这是我第一次用英文在美国报刊发表稿件的经验。

莎士比亚专家韦斯特福尔教授与他的家人在《堪萨斯城星报》上看到我所发表的文章，也兴奋不已，鼓励我继续努力。他问我在上海时的新闻界经验，我告诉了他，并说自己眼下还是非正式（没有工资）的《东南日报》记者。他忽然笑逐颜开，问我当时国民政府的驻美高官Hollington Tong是不是我的本家。我说Hollington Tong（董显光）与我同姓，虽然他姓氏的英文拼法是Tong，我的拼法是Tung，他不是我的本家；但我知道他是密大新闻研究院老校友。当年他于密大毕业回国后，曾在国民政府外交部当过新闻官。韦教授笑嘻嘻地说，他与董先生在校中是同窗好友，叮嘱我有机会向董先生问好。

两天后我就用此题材写了一篇专题报道，寄《东南日报》发表。不料，身处华盛顿的董显光果然看到此文，写了一封信向我致谢，并问韦教授近况。我把此封英文信转交韦教授。这两位多年不见的老友终因我的帮助重新取得联系，令我非常高兴。

在我出国前一星期，上海出版界友人把我用令狐彗笔名所写的几篇小说结集，取名《幻想的地土》。那晚，在李君维（笔名东方蝃蝀）家所开的告别派对中，我把自己的第一本作品分送友人，只留下一本带到美国去。当我把这本小小册子拿给韦教授看时，他大为好奇，细细察看，问我各种有关中国文字的问题。我终将书赠给了他。

四十余年后我回国时，我四弟名山的一位朋友在社会科学院图书馆中找到了一本《幻想的地土》，替我拷贝了一份，我惊喜交集，结果由老友沈寂取去交上海百家出版社，于2001年出版，书名改为《最后的罗曼史》，因我加了一篇后来在纽约所写的小说。听说这本书没有销路，追不上当年的令狐彗了。

## 第六节　美国小镇印象

六十余年前我初进美国大学校园时所体验的生活印象，当与今日的留学生大有不同。那时，经过八年抗战后，我们初次出国的好奇心，当然远超过今日的年轻留学生。进了美国大学城，第一个印象是校园的整洁与通常相遇的市民的彬彬有礼，我好似进入了中国古语所谓“礼仪之邦”。

人人在银行、邮局、公共汽车站自然排队。而且在前面留下空隙，不必把呼吸吹在别人颈后。

虽然大战结束不过两年，那时密苏里大学的外国留学生已有不少，来自中国的也有三四十名。我们自组中国留学生联谊会，经常集会交谊。但我不久就觉得练习英语会话至要，课余应该与美国学生多多结交。在大学校园中，社交机会不少，有的热心的教授甚至会特别邀请外国留学生吃饭或者参加节日如感恩节之类。每个大学都有各种“兄弟会”或“姊妹会”组织，但其门户观念甚深，绝不会邀请外国学生参加。

因此，一群国际学生就自组了一个“寰球同学会”，经常举行交际舞会，来者不拒，结果成为校园中最享盛名的学生交际组织。由于外国学生多半是男性，我们就邀请美国女生参加，好在哥伦比亚城另有两所昂贵的私立女子学院，那里学生们在周末巴不得被请到密大校园来与男生交际。

那时密大外国学生约有两三百名，欧洲籍、亚洲籍都有，奇怪的是来自拉丁美洲的与中东阿拉伯国家的特别多。我还记得一位身材高大、皮肤白皙，显然来自富贵家庭的阿拉伯男生，交女朋友极为容易。他的妹妹也很白皙美丽，并不戴头巾，羞答答的很讨人喜欢。可是她难得与男生交友，大概是因为哥哥的管束。多年后我在报上看到这个名叫里亚（Reid）的学生，在叙利亚任了高级外交官。他确有待人接物的礼貌与风度。在交谊会中偶然见到一位中年妇人（当地市民间对不同文化发生兴趣者），他会弯腰吻女士的手，一副欧洲贵族男子气概，使那些出身中西部农家的妇女受宠若惊，乐不可支。里亚显然早在学生时期已学会了一些外交门槛。

中国学生多是用功读书的，很少参加国际学生活动（除了我们三四个）。当时大战刚结束两年余，我在国际学生中发现了有三四位德国学生，甚为好奇，因为战时德国毕竟是敌国。后来与一德国女生闲谈，才发现他们原是反纳粹地下工作的生还者，获得奖学金来美求学。日本留学生则没有。

## 第七节　校园生活与交友经验

中国因为是战时美国的盟国，所以中国留学生很受欢迎，常被当地社会团体与教堂请去演讲。他们心目中的女英雄是战时来美国国会演讲的宋美龄。但是当时正是国共内战期间，我前面讲过，青年留学生普遍同情中共，因此他们的谈话不易被一般美国人接受，有时反而引起不愉快的争论。

在1950年左右的时候，国际时事三个最热门的话题是：中国内战、以色列建国，以及后来的朝鲜战争。学校经常邀请国际名人来演讲，某次中国著名教育家晏阳初也曾被邀为论坛贵宾。作为一座农业州的中西部学府，密大每学期总请来自大城市如纽约的交响乐队或歌舞剧团来表演，以便开开“乡下人”的眼界。学生中对戏剧有兴趣者自组剧团，在校内演出，我去看过本校校友田纳西·威廉姆斯处女作名剧《玻璃动物园》(*Glass Menagerie*)，很不错，其中演主角的后来去纽约百老汇谋职，成为职业演员，小有名气。

我在校园所交的第一个女友名叫朱蒂，她年纪虽轻，对时事意见却非常成熟。某次我与她在一咖啡室谈话，她问我中国有没有犹太人。我说有，多是来自欧洲的难民。她问我对犹太人的意见，我道出了当时的一般成见，说犹太人都是吝啬而爱赚钱，不太诚实。她听了，好似受了创伤的动物，轻声说：“你可知道我是犹太裔？”我一时窘住，说不出话来。这一次教训令我学得：不要随便听信成见，不要随便胡言。

校园中有许多学生来自美国大城市如纽约、芝加哥等，而大城市中往往集居外国移民。当时我们中国人到了美国，以为凡是淡发高鼻的都是道地美国人。而其实来自大城市的，如意大利或犹太移民也要把他们的土生子女送来中西部大学熟悉真正的美国。当时我们不知，初来美洲大陆的英国与北欧移民(多是黄发蓝睛)的下一代往往歧视后来的南欧移民(多是棕发棕睛)。这类歧视，甚至到了今日黑人当总统时期也仍有存在，特别是在南方诸州。在校园中，本州学生很会区别来自外州的学生，他们的“兄弟会”或“姊妹会”很少有邀请外州学生参加的。

朱蒂和我因为对时事的兴趣与思想倾向的相似（都是左倾），很谈得来，成为好友。1948 年夏我初去纽约，她陪着我乘地铁到她家用饭。她的父母都是和善的知识分子，谈吐行止与我在密苏里哥伦比亚城所遇到的当地居民毫不相似。后来我才发现，朱蒂的父亲原来是位格林威治村享有大名的艺术家。

朱蒂在密大只待了两年，即回纽约新闻界找寻职业，后来我跟她即失去了联系，我一直记挂着她。在这里不免想起，另一位来自纽约的同学 Marshall Loeb（也是犹太姓）毕业后在《时代》杂志找到职业，某次与我在地铁车站匆匆相遇。他在退休前已升为《时代》副总编辑。

## 第八节　乱世生存的温馨记忆

我在密苏里哥伦比亚城住了五年。由于邮路不通，我与家里失去联系，父亲不能接济我，我不得不靠打工维生，洗碗，做堂倌，为友人家油漆房子，在养鸡场做杂务，什么都干。

某次，郊外一个富家请客，因我有餐馆服务经验，把我与另一美国学生用车接去当餐室侍者。工作结束后，我们侍者回厨房进食，看见黑人洗碗工已在用饭，我正要坐下去，主人马上把我们拉往另一桌。这使我一下子了解了美国南方的陋习：不屑与黑奴共席。

为了保持学生身份，我每学期至少选读两门课。美国虽常被咒骂为“美帝”，但它的救济世界灾祸的慷慨，却也是为人所乐道的。中国政局的改变，立时引起国会参议员的注意：如何处理留在美国没有金钱来源的数千名中国留学生？国会终而通过法案，把我们当作难民，在校时有经济辅助，离校后可获得绿卡。所以，我虽留校五年没有家庭的接济，生活尚过得去。

今日自社会主义中国前来资本主义美国留学的富贵子弟们绝没有我们六十年前来美留学的学生初进美国大学的经验：在餐馆洗碗、收盘赚些外快来过活。我虽然来美时带有一些父母辛苦赚来的美金外汇（父母以为足够我的学费与生活费），可一到密苏里大学，就受到同学（多是二次大战退伍兵士）怂恿，前往当地一家最昂贵的餐馆洗碗，工资每小时六角，较学校图书馆工资多一倍。那时一般美国大学生多靠政府资助金（所谓 G. I. Bill）过活，生活艰苦，不得不打工。而我们中产阶级出身的中国学生也颇有几个屈尊去干自己以为有失体面的劳工。

在厨房洗碗不久，我被老板娘看中，升到餐室工作，穿了白制服，收拾残留餐桌，托了盘了送回厨房，在餐室众目睽睽之下，我觉得很不自在（食客多是教授与来访的学生家属）。我还记得一位慈祥老翁特别给了我两角五分硬币小费，反而让我羞惭，突然想到自己背有“小资产阶级包袱”（在中学时代畅读共产主义理论书所学得的术语），穿了白制服有自卑感。某次厨头嘱我去街上杂货店购买一包香烟，我要先跑到更衣室去脱掉制服才敢出外，厨头见此目瞪口呆，对我的行为颇不解。今日回想，也甚觉得好笑，倒是在资本主义社会的美国，一切都是平等待遇，大学生做劳工，并非令人羞愧的事。

在哥伦比亚城（密苏里大学所在地）那家餐馆度过约两年托盘子生活（一度曾被升为堂倌）后，我于 1952 年夏来到纽约。在找到正式工作前，我与几位留学生朋友一起去长岛一海滨旅馆餐室打工。

因为我对在餐室托盘、做堂倌之事已十分熟练，所以深受经理器重。那所旅馆是在纽约市经商的犹太富人的避暑地；家属住在靠近沙滩的旅馆，他们自己则每天清晨驾车或乘火车进城办公，一早起身，有的用早餐时常因睡眠不足会发脾气，令我这个中产阶级出身的侍者甚觉难堪。一位也在那里服务的职业女堂倌轻声安慰我，“不要太生气。吃苦十一个星期就完了”。她是一位慈祥的爱尔兰裔中年妇女，富有经验，每年夏季来此服务；因为这里小费不错，吃住免费。暑期工作约两月余，一共可积蓄一千多块钱。

你大概不知道，在六十余年前千元美金不是一笔小数。到了纽约后，我在哥伦比亚大学附近一个宿舍居住，与一位朋友共住一房，每月租金才总计十五元，并有黑人女工清理房间；去唐人街餐馆吃顿好菜，花费约一元。看场电影，票价是五角。一位密苏里大学新闻学院毕业的美国好友，在美联社找到工作，起薪才是七十五元一周。他与我合租一个两卧房的公寓，租金每月六十五元。

我在长岛海滨犹太旅馆服务时，发现犹太人的背景颇为不同。有一对雍容华贵的中年夫妇，食餐时举止文雅，对我们这些当侍者的学生很客气。他们原籍德国，家道富有，在希特勒虐待犹太人前逃来美国。而另外一些犹太人则多来自东欧，大概出身穷苦，在餐馆中吃相不雅，用洁白的台布揩手，高声指唤侍者，有时不给小费。那对来自德国的中年夫妇看了他们时常对之表示不以为然，对我们的服务则特别连声道谢。我从这家犹太旅馆学到的经验是：犹太人各有不同，正如我们中国人一样。我们不应歧视犹太人。

像我这一辈老人，“五四”两个数字只不过代表了一件可以想象的历史大事；可是“九一八”“七七”“一二·九”这些数字所给我的感触就不同了。我深深记得“九一八”给我幼小心灵带来的羞辱感；“一二·九”令我激生要快快长大去北方参加学生运动的豪情；“七七”时我恰在上海。我兴奋地听到一位杨姓女童子军向闸北国防军队献国旗的故事。今日身处纽约，最令我心惊肉跳的数字当是“九一一”。我那天曾亲眼看到纽约天空浓厚的烟雾，亲耳听到人们哭号，并嗅到了空气中的酸呛气味。这些数字简单而明确地代表了人们对世界大事的记忆，而我是在第二次世界大战与抗日战争的气氛中成长起来的，对当年听到纳粹德军进攻波兰新闻时的震惊还是记得很清楚。

## 第九节　关心政治

1947 年秋我初到密苏里大学新闻研究院，美国民主、共和两党正在热烈准备初选运动，筹划次年的总统大选。共和党选定了纽约州长杜威为总统人选，而民主党的现任总统乃是因罗斯福病逝而由副总统继任的杜鲁门。他虽曾下令在长崎、广岛丢了原子弹而结束了大战，但声名仍不如杜威响亮。思想较为进步的民主党人以及其他所谓左派思想分子另组了一个进步党推出当时的农业部长华莱士作为第三党候选人。这样的做法当然分散了民主党实力，很令人不满。

但是华莱士在青年群中还是颇得人心。那时，退伍军人已纷纷返家，他们在国外见过世面——特别是跟那些在农村生长的土包子相比——许多退伍军人因有政府津贴，可以免费进大学，他们都不放弃这个特殊权利。一时，美国各大学中多了一批年龄较大而成熟的一年级生。这些新生对政治有兴趣，特别注意进步党活动。华莱士乃趁机前往各大学校发表演说。1948 年春，他也来到了密苏里大学。当时我自己因思想倾向关系，在校中所交朋友都属民主党中较左的学生团体。我们一起去听了华莱士演讲。在他的记者招待会中，我也用了上海《东南日报》的名片参加，与他握手相谈几句。他见到在这小小的大学城中，竟有一位外国记者来采访，似乎很高兴。美联社一位摄影记者替我们照了相，我立即把照片寄给了上海的老父，令他高兴了一下。

华莱士当然没有当选。我与朋友相谈，问他们为何不投他一票。他们说，他们不想让共和党当选，如投了华莱士一票，反而削弱了民主党票数。而我竟是这么幼稚，连这一点常识也不懂：你可以思想前进，但在实际政治上，你必得取胜，不要天真地浪费你的票数。果然，天真的进步者显然不少，一般报纸舆论都预测杜威必会当选。你可曾在历史书中看到那张著名的新闻照片——杜鲁门笑嘻嘻地向记者指着一份日报的封面，大标题是："杜威取胜"。杜鲁门虽因华莱士而失去不少票数，但还是胜利了。

位处美国中西部的密苏里州，正在内战时期的南北分界线上，因此仍保持了许多南方传统，即使在我们较为开明的大学城中（暨哥伦比亚城，有三所大学，除了州立大学之外，其他是两所贵族性的私立女子大学，专门培养南方闺秀），黑人住宅区也完全与白人住宅区隔离。黑人不能在餐馆进食，只能做工；在电影院中，他们必得坐在楼上；乘公交车，必坐在后座等等。我就读的新闻学院虽是公立大学，本州学生可免费进学，但黑人学生直到 20 世纪 50 年代才由州议会通过法律准许入学。

因此，在我们国际学生群中（也有皮肤黝黑的印度人、阿拉伯人、南美人等，没有非洲人），对这类种族隔离习俗很看不惯。特别是印度学生，有的竟在头上包了头巾（好似我在上海所见一样），以免被误认为黑人。印度学生因为肤色而在美国社会所遭受的歧视，我也亲眼见过，前面我们已经聊过。一般而言，华人学生颇受外宾似的礼遇，有时我与女同学或两所女子大学的女生交友、看电影和参加舞会，都无障碍。但印度学生的遭遇可不同。

当时密大的学生团体中，除了“兄弟会”“姊妹会”以及教会团契之外，还有思想进步、成熟学生所组成的“民主党学生组织”与“进步党学生组织”。那时正是国内国共内战激烈之时，校园中经常有讨论会。某个晚上，我应邀去一位教授家中聚会，听一位外来学者的演讲。集会听众都轻声细语，好似不敢大声喧闹，以免惊醒邻居。不久，一辆汽车开到，一位身材高大、面容尊严的黑人大踏步进入客室。他就是主讲人，乃是外埠一个黑人大学的名教授。我今日所记得的不是他的演讲内容，而是当时所感到的黑人于晚上进入白人区做客的聚集者小心翼翼的气氛，六十年后想起来，真觉可笑。

我在大学城内有时也偕朋友于星期日去做礼拜，不是为了宗教信仰，而是为了社交机会。哥伦比亚有许多不同教会（长老会、圣公会、循道会等等）的教堂，我们去做礼拜，总是受欢迎。

每个教堂于周末都有社交性的集会，专门欢迎大学生。哥伦比亚城居民人口两万余，学期一开始，学生数目便使人口增加一倍，餐馆、干洗铺、花铺、酒吧等等生意兴隆。同时，我受教堂牧师的介绍，经常应邀去乡区小教堂演讲。

我经常劝告有意前来美国留学者，不要直赴大城市如纽约、旧金山、波士顿等，特别是纽约。纽约不是纯粹、真实的美国。它是个人种复杂、语言众多、三教九流、习俗各别、同类人集居的各种社会合并的国际大城市。要学习真正的美国，你必须到中西部与南方的小城镇去居住一段。在那里，特别是城外的农乡，你才可以遇到居留已有数代的真正的美国人。

他们不一定见过世面，他们思想保守而待人处世态度纯真。他们信教助人的热心是真诚的。但是，现在这类小城镇也在变化。随着国际难民、移民的涌入，小镇也产生了贫富不均，种族、宗教不同的隔阂。不同教徒之间遂起了冲突，社会不再安宁，犯罪也开始滋生……

这样的景况，或将是未来美国的缩影。

我在密苏里待了五年，到 1952 年才获得硕士学位。其原因主要是在此期间，与家里信息不通，不能得到父亲资助，一面又担心国内情况，报上信息极少，偶然才在加拿大报纸上看到一些新闻（当时新中国不准美国记者入境）。我花了很多时间打工赚钱维生，餐馆老板娘很赞赏我的勤快，给我加了工资。五年中我与很多本地人交了朋友，生活不错，临别时依依不舍。记得一位来自希腊的留学生竟与本地报纸的一位女记者结了婚，留了下来。我的中国友人中，有一位经我介绍到餐馆工作后，竟对此类营生上了瘾，离校后丢弃了经济学本行，去别的州开设了中国餐馆，生意兴隆，多年后我在纽约与他相见，他已是一位衣冠楚楚的富翁了。

## 第十节　纽约，新生活的一页

1952 年 6 月，我偕了也是来自上海的朋友徐鼎臣一起开着我的老爷车去纽约。我们一路上开车谨慎，走了整整两天两夜（为了预防旧车胎爆胎，我还购买了四个新车胎），沿途在公路边的汽车旅馆过夜。汽车旅行是观赏各地风景事物的最佳办法。我在黑白隔离的密苏里州（当时密大尚不容黑人学生）过了五年后，开车途经宾州匹兹堡郊外时，突然感觉到民间气氛的不同。

我们在公路旁停留，进了一个公路上货车司机所常用的小餐馆用早饭，坐在高凳上，接受柜台后一位金发白肤少女的招待。她态度殷勤，与我们随便交谈。而此时一位高大黝黑的货车司机推门而进，一屁股坐在我们旁边，女招待笑容满面，向他说早安问好。这黑人显然是个老顾客。这是我五年来第一次见到黑白普通人之间的自然交流。我突然领会到，我们已开车离开美国南方而进入北方。当然，那时即便是北方，黑白之间的自然社交还是罕见的。马丁·路德·金博士的黑人人权革命还要再等待十余年。

傍晚开车自新泽西州开上乔治·华盛顿大桥时，远望灯火辉煌的纽约市，油然泛起了一阵兴奋而充满期望的感觉。我于1948年暑假曾乘“灰狗”（Grey Hound）公共汽车前来纽约游历一周，住在便宜的青年会旅馆（Y.M.C.A.），而这次已有早来纽约朋友的安排，方便极了。

我们开车直到哥伦比亚大学近前，由两位密大同学赵振嵩（学经济）与许牧世（学新闻）带往哥大附近专门招待学生以及一类薪资不高者的旅社居住，两人一间，浴室与厨房是由四房八人共用。

我们吃饭在附近一自助餐室。咖啡每杯五分，汉堡每个两角，生活负担并不高。那是当时纽约的一般留学生的生活标准。多年后，某次回国时，与老友谢晋会聚，他跟我商榷正在筹备拍摄的一部描写当时富家留美学生生活的影片《最后的贵族》。他的布景设计师正在设计留学生住所，在美国杂志上剪下了许多关于卧房客室的布置图照，与我讨论。我见了不禁哑然发笑，因为那些图片都是给富豪家庭主妇作参考的，而那时的中国留学生住处却是相当清寒临时凑合，即便是国民党高官家属（片名《最后的贵族》即出于此），也与我们无所不同。这件事只不过表明中美多年的隔绝造成的国人对于美国情形的不了解。（这里也顺便一提，谢晋后来率队来纽约拍片时，曾带女主角潘虹及其他工作人员来我家一叙。他与长子谢衍的悲剧性去世，至今想来还令我凄然。）

到了纽约后，我第一件要务是找工作。由于我对纽约的生疏，虽然拿了新闻学硕士学位，我还不敢立时前去美国的大报纸、杂志觅职。我首先由朋友介绍去纽约大学会计部当了个普通的办公室职员，周薪四十元，可以糊口了。中午休息时，我常坐在附近一座公园里吃三明治。朋友们有时指手画脚，羡慕公园旁一座高达十五层的当时被视为豪华的公寓大楼，没有想到十五年后我与妻子蓓琪也会入住这所公寓的十一楼，且一住就是四十余年。每天早晨我都可以在窗口眺望这座我经常带着幼小女儿前去散步的公园。如今女儿与外孙女也住在邻近的新建公寓。回想起来，感慨万分，半个世纪的时间，好似一忽儿就逝去了。

在纽约半年后，我就想去新闻界各大机构如《纽约时报》、《时代》杂志、《新闻周刊》等碰碰运气。当然，我没有先见之明，自以为正在新中国成立不久之时，凭着一纸密大新闻系的硕士文凭应该有点希望。其时正是美国人民对中国极为好奇之时，而北京则把承认台湾国民党政府的美国视为敌人，拒发美国记者入境签证。我自认有过在国内报纸的任事经验，深通中英两种文字，应该有个机会，至少可以帮助翻译中文文件或新闻稿。其实不然，我送去就业申请书后，第一关的面试就通不过，理由大致相同：一、我是外国人，说英语仍有口音，写英文尚有不顺之处；二、我是中国人，在20世纪50年代，美国社会因为中国乃是大战盟国之故虽对中国已有好感，但是民间仍歧视黄种人，即使新闻机构也不例外。

不久，我开始写信给各报刊编辑部直接自我推荐，都无回音，只有《新闻周刊》的国际新闻编辑来电邀我过去一谈。他的名字我一时记不起来，说话带有法国口音，原来他来自比利时。他跟我见面的用意很好，叫我不要过分失望，他初度来美找工作时也有过身为外国人的障碍。他认为以当时的国际形势，我深通中英两国语言，求职不会有困难。他又告诉我几个对跟中国有兴趣交往的非政府民间机构，让我不妨一试。

我谢过他的鼓励，自信心恢复了一些，但已失去了横冲直撞的勇气。同时我不免想到了纽约华埠中文报纸的机会。当时纽约华埠有三份华文报纸：一是国民党办的《美洲华侨日报》，二是以北京为背景的《侨报》，三是自称中立的《联合日报》。

纽约由于是个复杂人种集居的城市，这里不乏各种外文日报，其中以中文日报最多。我因为每日看《纽约时报》，对中文报纸向来不注意，把《美洲华侨日报》与《侨报》视为宣传工具。要探悉中国大陆消息时，就去时报广场一个专售外文报纸的报摊购买一份加拿大报纸来读，因为那时加拿大记者尚获准驻留中国，而加拿大报纸则成了一般美国人（包括新闻从业人士）的中国新闻来源。

当时，由《时代》杂志老板亨利·鲁斯资助创设的华美协进社（China Institute）已成为上城华人（与下城唐人街相对）以及留学生的聚会社交场所。有人告诉我，在社中任事的一位姓严的先生（可惜我忘记了他的名字。他不久因患心脏病猝死，一般好友都称呼他的绰号“海怪”，表示亲昵之意），来头众多，何不与他一谈。我找了一个时间去看他，发现他是一位极为热心、说话爽快、讨人喜欢的人。我们一见如故。他听了我的履历，说没有问题，马上打了电话，叫我去华埠的《联合日报》社见一位吴敬敷先生。

吴先生看了我的履历，立刻同意雇请我为首版国际新闻编辑，月薪二百五十元。此报馆编辑记者只四五人，规模甚小。吴敬敷只写批评国共双方的社论，其他凡是有关英译的事都由我承当。

那时，另一位编写华埠地方新闻的梅昭宁先生成了我的好友，他是广东籍，却娶了一位来自西印度群岛的黑白混血美女为妻。他们周末常去格林威治村一个思想进步的教堂参加社交舞会，有时邀我同去，因而我的交友机会扩大，认识了一位金发蓝睛、身材纤长的小学女教师，名叫琼恩。不知怎么的，我们一见钟情，互相爱慕。我们相处虽不过两年，她却成了我一生中最眷恋、最因分手而感到遗憾的女友。

我进了《联合日报》后，华埠三报竞争得很厉害。我对国际新闻的关注和话题扩张，以及有关中国客观新闻的增多，显然帮助了它的销路。我具体的工作就是每日先细读《纽约时报》《华盛顿邮报》，挑出有重要性的国际新闻以及有关中国的新闻翻译出来，做出标题，排版，自作校对。校对完了即可回家，工作极为轻松，每天至多五六小时；不过星期六也要上班。

吴先生很欣赏我的工作，请我到他家用饭并介绍我认识他的妻子程育真。我们相见却哑然失笑，原来程育真是著名侦探小说译者程小青之女。她在上海时与另一女作家施济美经常在那时上海的杂志如《幸福》《万象》等发表短篇小说，虽然我常用笔名，她也知道我是谁。

## 第十一节　重温写作梦

我在《联合日报》一共工作了十一年。在此期间，工作上业务轻松，社交生活愉快，可是不能打入美国报刊，我总是于心不甘，于是开始写英文小说与散文向美国著名杂志如《纽约客》《星期六文学评论》（后来改名《星期六评论》）等投稿。《纽约客》接收外来投稿的标准极高。它一直拒绝我的稿子，但编辑有时在回信中写上几句鼓励之词，总令我觉得尚有希望。

而《星期六评论》却迅速接受了我叙述童年生活的短篇散文。该刊主编是著名报人 Norman Cousins，与我联系的编辑名为马丁·勒文（Martin Levin）。经他之手，我在该刊发表了多篇散文，也有数篇被收入《星期六评论》散文集中。马丁夫妇不久与我们夫妇成为了好友。他当时也在《纽约时报·书评周刊》辟有一个评论小说的专栏。通过他，我也结识了不少在文艺新闻界任职的朋友，有的有名，有的无名。

在《星期六评论》上发表文章，以及后来在《纽约时报》与其他刊物发表文章，给了我一些安慰和鼓励。与此同时，我也开始与住在格林威治村的文人、诗人、艺术家厮混，周末赴意大利餐馆、咖啡馆、酒吧等，与朋友相聚，结交新的女友非常容易，自以为属于格林威治村“青年作家群”。我们经常讨论文学、电影、艺术、戏剧，夜生活与周末生活非常愉快。

我于 1952 年夏离开黑白隔离的密苏里大学，与友驾车来纽约，沿途停留，就慢慢体会到各色人种间交往的变化。那时在我看来，纽约是个庞大的上海，一个人种众多，言语复杂的国际大都市，待人接物，没有拘束。这里与南方那种缺少见识、多是农村背景的北欧、西欧金发蓝眼男女的环境截然不同。

我到哥大租房居住后，附近中国同学与中国餐馆众多，我当时曾深悔早应该直接来哥大上学。但到了后来我也珍视自己在种族隔离南方地区的生活经验。在社交方面，我反倒觉得在密大更惬意，因为那里学校有个国际学生组织，经常举行周末舞会，欢迎同学们参加，有的阿拉伯学生甚至与当地少女结了婚。

那时，住在纽约哥大附近，中国男女学生自己组织派对(有时在华美协进社)。可是我总觉得格格不入，后来在格林威治村偶然遇到一位纽约大学女生卡洛儿，我的社交生活才由此发生了大变化。

## 第十二节　女友们

我于 1947 年出国前，就已从书刊上了解到纽约格林威治村文艺人士落拓不羁的生活状况，对之就很神往。一天晚上，在一个教堂青年聚会上，我遇到娇小玲珑的卡洛儿，谈了一段话后，我们一见如故，我们所谈论的是海明威、亨利·米勒、F·司各特·菲兹杰拉德、毕加索、马提斯、马克思、恩格斯、斯大林、列宁等，几乎无话不谈。我不信她小小脑袋中装有这么多的东西，后来才知道她是一个知名犹太学者的后裔。那时二次大战结束后尚不久，犹太人对纳粹恶行特别敏感，他们多数人聪敏而思想左翼。

我与卡洛儿从此成了好友，经常去格林威治村许多小剧场观剧（多是先锋派的 avant-garde），这类小剧场与百老汇戏剧截然不同。那时她并不住在房价昂贵的格林威治村，而是在隔河的布碌仑高地（Brooklyn Heights，今日也成为高贵地区）。年轻的文艺界人士都移往当时房价尚低的布碌仑高地，它成了第二个格林威治村。

在那里，我度过了很多愉快的周末，特别高兴的是星期日早晨的一杯浓咖啡，一份《纽约时报》，一群年轻人大谈世界时事与当代思想情况。通常是，我一接到邀请，马上就从哥大的 110 街地铁站乘车，二十五分钟即可直达布碌仑高地，极为方便。

在布碌仑高地厮混，在我看来，最有意思的是男女交友方便。通过卡洛儿，我结识了爱沙尼亚裔的金发娇小美丽的欧尼，德裔的身材高大结实的金发卡兰，挪威裔的高挑漂亮的金发琼恩。我与她们都有过亲密关系。欧尼是一位落拓不羁，敢言敢做的女郎；卡兰较为沉默，容易生气；只有琼恩后来成为我心爱的一个。她的身材犹如模特儿，生性浪漫，男友众多。后来却是因为这一点终于令我生气，某次她来电话，一言不合，我马上挂断电话。我们就这样绝了交。

在布碌仑高地厮混，第一个条件就是态度随便，对什么都无所谓，这样的大方才能吸引对方。如果你的态度太认真，堕入爱河，你就倒了霉。这是我在格林威治村式生活中学来的经验。请想想这段恋情对我影响是多么深，六十年后，我仍在念及分手后她的状况。这么多年后，很可能我的这些女友都已去世，当年的忧、爱、愁、乐都已如过眼烟云，人生不过如此而已。

幸而我最终娶得一位合意的妻子。她在年轻时也有琼恩的身材，琼恩的智慧，但没有琼恩的放浪。我与老伴青年时是在纽约国际学生交谊会相识的，我们现在已经过了金婚（五十年）纪念，一生美满，然而一切终将结束；人生在世近百年，回忆起来，犹如逝水。

回想起在密大时所交几个女友中，我与丹娜相处最好。她来自印第安纳州。父亲是当地一家殡仪馆老板，母亲是中学老师，思想和那些靠近南方的中西部美国一般人士差不多，相当狭窄。某次丹娜回家乡过暑假后返校，向我诉说父亲见到她的卧床旁边放了一张我们的合影照片，大为震怒，把她责骂一顿，指责她怎么会爱上"那个中国佬"。她告诉我，她对我的爱情不变，反而加深了一层。我听了当然很感动，来到纽约后对她念念不忘。

不久她在佛罗里达州找到小学老师职业，曾两次来纽约见我。我也于圣诞节时飞往佛州看她一次。那是我首次乘坐飞机，四个小时即到达（坐火车需要十余小时）。当日下午与她躺在沙滩上享受阳光海水，想到辽远的纽约，好像是在另一世界，深觉时代变化的迅速。20 世纪 50 年代初，喷气客机与电视尚在萌芽时期，我坐的是老式飞机。

但丹娜毕竟是个中西部的女子，她不喜欢纽约的嘈闹与人种的复杂。那时纽约的社会仍保持人种自然隔离，例如黑人集居哈莱姆区贫民窟，华侨集居于唐人街，意大利人集居于唐人街隔邻的“小意大利”等等。

当时，在纽约最繁华高贵店铺林立的第五大道，行人都是衣冠楚楚的白人，难得看到黑人，华人更是稀少了。我们自哥大附近住宅区坐地铁与双层公共汽车去第五大道，虽然只需半个小时，但总有乡下人进城之感。我带了丹娜去参观联合国总部与洛克菲勒大厦中的 NBC 电视广播中心，令她大开眼界。

两年后，她第二次来纽约见我，我们共处了一星期。双方都觉得心情趋于冷漠，不能谈婚论嫁。她回去后寄还了我们在一起时的大批合影照片，表示分手。

那时，我却不觉得伤心，我深知我们各有自己的生活，自己的朋友。在此期间，我除了在《联合日报》工作外，还用心英文写作，经常在《星期六评论》上发表文章，这给了我极大鼓励。此外，我在纽约的国际学生会的周末社交舞会也很活跃，记得当时的会长陆续有埃塞俄比亚人古伊与意大利人汤尼，伊朗人达里亚修，美国人伊玲娜等。后者三位都成为我的好友，直到他们逐一病逝。汤尼的法国妻子玛丽安与住在法国的儿女至今仍与我们联系。伊玲娜是我当时特别喜欢的那种女人。国际学生会办了一本名叫 *View* 的杂志，由我主编，伊玲娜在旁协助，双月刊出得很顺利，也使我们那些喜爱写作的朋友有个发表的地方，可惜后来因资金不够，不到三年就停刊了。

## 第十三节　白马社与《海外论坛》

在此期间，我也曾为一些小型期刊翻译了台湾报纸的社论。同时，我心血来潮，与一位深懂西欧各国文字的朋友比尔合编了一本名叫 *Editorial Anthology* 的双月刊，专载各国报纸社论。我所负责的是中文部门（当时新中国的发展极受美国舆论界注意，我曾在新加坡等地报刊找材料）。不过这些刊物都因经济拮据、读者不多而夭折。我不能忘记，某天比尔愁眉苦脸地向我致歉，说他已没有钱继续出刊了。此后不久我就与他失去联系，但我在情绪低落时常会思念他。

初到纽约，我在哥大校园附近的地方居住，这里好似纽约上城的唐人街，华人不少，乃是学生、教授与其他知识分子集居之地。应是所谓“物以类聚”，不久我就结交了许多朋友，特别是爱好文艺的，其中之一是后来以史学家扬名的、前些年病逝的唐德刚。

他当时活跃于一个名叫“白马社”的组织。这个留学生的文艺组织是出于胡适的鼓励。20世纪50年代，胡适已在纽约退休，可是他的精神犹如少年，喜与青年人为伍。经唐的介绍，我也曾与他同席用饭，觉得他神情和婉，态度随便，毫无官气（他曾任国民党“驻美大使”）。我也立时想起幼时阅读他的《四十自述》给我的印象。

“白马社”的社员中，后来有许多人蜚声国际文学艺术界，除了胡适与唐德刚以外，如果我的记忆不错，其他还有周策纵、王方宇、顾献梁、周文中、蔡宝瑜、黄伯飞等。我们经常聚餐，摆龙门阵，谈世事与文艺。那时许多留学生对祖国大局太不熟悉，又不能与亲友通信，甚感苦闷，这些聚会在心理上对我们很有帮助。

不久，唐德刚的写作欲与“发表欲”（他自己的用词）大发，苦于无处发表文章，乃有意集资自办刊物。记得好像是1956年某个星期日，几个喜写文章的朋友在聚餐后高谈阔论。我那时已搬往中城与密大新闻系同学史蒂文生合住在一所比较像样的公寓内，经常坐地铁前往上城哥大附近参加聚会。在唐德刚鼓吹下（而他系受胡适鼓励），我们同意合作创办一个名叫《海外论坛》的刊物，自己出资，寄香港印刷。我们之中有几个犹豫不决，因为专业文章难找，也有的仍在餐馆打工维生，要每月自掏腰包捐献一些钱出来相当困难。但唐兄慷慨激昂地激励我们道：“胡适之当年凑资办《新青年》也很困难，但今日他与杂志在中国新文学史上占了重要位置。”

由于德刚的热心，《海外论坛》居然一共出了两年，胡适也很支持，在上面发表过文章《曹雪芹小像的考证》。其他社员有周策纵、赵振嵩、伍承祖、顾献梁、马仰兰（马寅初女儿）、林振述（笔名艾山）等。可惜这几本刊物都给遗失了，后来，国内一位文友向我讨取，我竟无从应答，只能把我所记得的这些事情告知他。

由于那时了解国内情况的困难，我不得不读台湾香港报刊找点信息。那时蒋介石专政和抑制言论自由的措施颇引起民怨、特别是引起了知识界的不满。也是在胡适鼓励下，国民党一个名叫雷震的官员创办了一份《自由中国》半月刊。

经胡适的介绍，我也成为这个杂志的专栏作者，每半月一次，主要是谈论国际时事，特别是美苏关系，以及有关美国、苏联政治状态的变化。雷震成了与我经常通讯的密友，但从未会过面。我记得当时特别佩服的作者是一位名叫殷海光的教授。在我所注意的国民党暴政下，竟有这样一份看重言论自由的刊物如期出现，我为自己能够做些贡献而高兴（后来我也发现著名小说家聂华苓，在我写稿期间还是该刊一个小编辑。另一女作家於梨华，也因开始在《自由中国》上发表小说而成名）。

这样一份名副其实的刊物当然不能在国民党专制下的社会中持久。《自由中国》被迫停刊（大概是 1960 年，一共也生存了好几年），雷震被捕入狱，新闻传播于国际间。友人设法营救无用，甚至胡适的说项也毫无效果。数年后雷震出狱郁郁谢世。我至今仍然遗憾未有机会见他一面。

在此期间，我虽已搬到中城居住，但仍与上城哥大附近的朋友们保持联系。与我合住同一公寓的鲍勃·史蒂文生仍是密大新闻学院的老同学。他来求职与我的运气不同，一到纽约他就在美联社找到工作，起薪每周七十五美元，较我在华文报的收入稍低一些。所不同者是他可以级级上升加薪，而我则在薪水上是滞留状态，只能偶然加薪一次，而且并没有医药保险、养老金制度这类福利。

鲍勃是个大好人，但他饮酒过度，懒做家务，幸有他的老母常来探视，帮助清理房间，偶尔替我们烧菜。我可以看出鲍勃自幼是被娇养惯了。在那时期，我们所交朋友都是喜爱玩乐、嗜酒开派对的美国青年。鲍勃的哥哥詹姆斯是个所谓“自由职业者”（即经常失业）的话剧演员，他戏剧界朋友众多，但多是初出茅庐的外地来的青年，希望来日成为明星，虽无正常收入，但社交生活随便而丰富。

某次詹姆斯心血来潮，要自己导演一出有关美国西岸的剧本，其中有一个华人角色，他找不到人，一定要我充数。我坚拒不成，上舞台跑过龙套。这类演出乃是由演员工会主持，主要是让戏剧界导演与舞台监督在无名演员中物色人才。那次上演者中后来颇有几个被正式导演聘去。不料数天后我下班回家，史蒂文生老母亲告诉我，有人打电话找我，要我去参加当时正在演出的《花鼓歌》（乃黎锦扬所著小说改编）的旅行剧团去各地演出。史母说她相信我当然没有改行的兴趣，就代我谢绝了。试想，我一生竟有两次有人要我当演员！可乐不可乐？

鲍勃后来结婚迁居华盛顿，在一政府机构任职，与我长期失去了联系。他于二十年前去世时，我在《纽约时报》见到讣闻，他最后一职好像是劳工部或商务部新闻发言人。他的老母亲一定会很为此骄傲。

我此后也独自搬到了东边中城的公寓，是朋友买了房子后让给我的，房租每月九十元（20世纪60年代）。此后我的业余社交生活也大有改变。

# 第三章

# 逝去的时事与思考

## 第一节　中美文化的比较

前面大致上说了我大半生的个人经历。今天咱们谈些什么呢？咱们就聊聊大家都关心的中美文化比较吧。

——我记得你说过，多年前你在国内，有位美国人类学家朋友跟你说过一个笑话：他到了中国一个星期的时候，很激动，看什么都新鲜，觉得自己能写出一本关于中国的书。可是待了一个月，方觉得自己看到的多是皮毛，知道多了，胆子反倒越来越小，只能写出一篇文章了。而他在中国待了一年，却最后觉得自己连一篇文章都不敢写了。因为中国文化是个多层次的结构，表面上有时候你以为你懂了，其实你的了解仅只是似是而非。文化这样庞大的题材常常会使人视为畏途。

你说得这个故事太对了！我也有体会。因为我有很多美国朋友，他们到了中国一阵子，回来就俨然以为自己是个中国通了，对很多事情都会指手画脚。

而我在美国生活了大半辈子，在中国也度过了我生命中最好的时光，应该说对这两个国度都有资格发言，而且对这两个国家我也都有感情，事实上，对这两个国度我也都写过不止一本书。

说起来，我在美国生活的时间长，是大半辈子；可是我觉得在中国的童年和青年时代对我思想的形成和奠定是最重要的。

成长的经验是最重要的。比如说，我现在遇到一些美国中年友人或知识分子，他们见到我时常问我，你什么时候到美国来的？我回答，我来得很久了。我在美国的日子大约比你的生命还长。你还没出生的时候我就在这儿了。他们一看见中国脸孔就以为你是外国来的，是外国人。我现在觉得一个人年轻时候的生活是根底，跟语言一样，是忘不掉的。后来学会的东西却不一样，我一辈子写英文却觉得我的英文没有中文好，那时候奠定的东西很重要，跟你的生长在一起，跟你个人的发展一样都是最重要的。就像你学语言学识字一样，是你的根底。

## 第二节　我的身份认同

举例来讲，谈我的历史知识。我对中国的历史是非常清楚的。在中国小学的时候、中学的时候和大学的时候都学习过。各个时期的教科书从简到繁，而且因为是自己的国家文化，有切身体会，那时学习得很真切。更重要的，是我亲身经历过这些历史，我就是见证人。它是我的骨血和生命。而美国的历史

董鼎山与女儿

我是到美国以后才学习的。那时候我已经是成年人了，美国历史是看书的知识，纯粹是“学”的，体会不深刻。

我的知识、经验和判断奠定的文化基础和理性、思维习惯的确是中国人的部分更多；但若是论起生活时间的长度，可能是在美国经历的事情更多。

我的世界观、想法都是在中国奠定的，这却正是我的优势。这使我跟从小在美国出生长大的 ABC（American Born Chinese）不一样，这种优势是我的一种可贵的参照体系。比如说，从小在美国长大的孩子，如美国的州长骆家辉，他可能是一个非常出色的政治家，但他身上没有我这种对中国的认知。他们是纯粹以美国人自居的。而我的优势是我有两个参照系。

说到 ABC，我自己的女儿就是 ABC。她十岁的时候我就带她到中国去，可惜她对中国的事情知道很少，中文也不愿意学；当然，她成长期经历的是两种文化，她的母亲是瑞典人，她还有瑞典文化的影响。现在她这样的 ABC 基本上跟土生土长的美国人一样，身上已没有什么中国文化的优势。

回应我们开头说的那个笑话，如果跟一种文化待久了、失去了观察的敏锐性反倒会写不出书来。我在美国待了近七十年，足够有资格写出无数的书。而我在来美国之前在中国也是记者，有过这方面的训练，写过很多的文章、出版过书。对这两个国家后来我也相继都写了很多书，这两种经验和两种表述会让人觉得奇特，值得探讨。

说到我写作上的第三次喷发，是在 20 世纪 70 年代末，那是一个很奇特的时代，我正好赶得巧。那时候中国几乎没有外国的资讯，外国的知识就像黑夜中的灯塔一样显得格外明亮和引人注目。现在的情况就很不一样了，人人都可以在网上找到各种材料。其实我是赶上了机遇，运气让我碰上了时间差。

当然，我认为现在这样的情形当然对老百姓有更多好处。比如说让世界变成地球村，让人们可以迅速知道眼下发生的事情，让新闻更透明。但是网络也有很多的坏处，比如我前天看到的一则新闻，电脑黑客做的事情很可怕，扰乱秩序、破坏安全，什么地方都钻进去，破坏巨大。

谈到新的科技对眼下文化和出版及新闻事业等的影响，这方面我非常悲观。因为我们这一代人是看报纸看书出生和成长的，以后或许是报纸和书都不重要了。我现在最怕的就是《纽约时报》关门。现在很大的报纸都很难维持。因为很多人现在都不看报了。电脑上什么东西都有，什么新闻都在，但这些东西都是很浅薄的，可怕的就是这一点。现在的新闻跟我们那时候完全不一样了。以前的新闻都是写的，现在提倡的都是电视，讲的。

## 第三节　我理解的中美新闻观

——现在我要讲应该把我过去的经验、美国新闻学院的经验和美国从业意见结合起来谈。

我出国前在中国做新闻时间不太久。圣约翰大学毕业后的两年时间里，我写了不少东西，多是散文一类，后来发现靠写文章不能维生。生存的需要使我认为必须有个职业。所以要找个行业的目的驱使我考到了上海的《申报》，后来也到另外两份报纸做过编辑。

那个时候的中文报道——直到来到美国学院的新闻系学新闻的时候，我才发现中国写新闻的方式跟美国写新闻有一点是不同的。就是说，美国式的新闻写作教学让你在新闻写作的最开头一定要把最重要的信息释放出来，因为报纸的读者读报有时间限制，新闻不是小说和文学作品。必须一下子抓住读者。

而那时候我是在《申报》做外交记者，经常要报道大的外交活动，其时正是国共合作阶段，美国派特使马歇尔来调停中国的和谈问题。而那时中国的报纸报道的风格是“今天国内代表大会开会”，第一段几乎没有会议内容而只是空泛的名人排名次，读者必须跃过一大堆几百个名字以后才能得知讨论的内容是什么。

外国报纸的风格是第一段报道讨论的话题最重要。第一段先报告讨论的内容。美国报纸一定要先说议题，传递信息。以前我们学新闻的时候要求一定要最早透露最重要的信息。不过，现在纽约时报似乎也有了一些软性新闻，他们也要吸引读者。现在软性新闻很重要。

当然，美国的新闻处理也还不都一样，比如你把《纽约时报》（*New York Times*）和《每日新闻》（*Daily News*）、《纽约邮报》（*New York Post*）等风格作一比较，也可以看出来它们很不一样。

他们的报纸完全是商办的，宪法保护言论自由。

美国新闻媒体要求公正不偏倚，媒体应该保持客观的态度。不能有主观的好恶。如果有主观的态度应该标明这是编辑部的意见或社论，是专栏作家的意见，不是报纸的立场。在新闻里面决不能放进自己的意见。新闻应该客观报道。最主要的是公正客观报道，至于对事情的判读，对不对，完全不是你记者的事情。你的职责是把事实展示给众人。

——你问得对。我说报纸应该完全客观，应该忠于事实，新闻报道不应该有报纸的立场，不应该有记者和报纸老板反对谁、喜欢谁的观点和引导读者这样的思维；除非是在专门的言论版，它不能有报纸本身的取舍和立场的展示。但是，所谓“客观”的标准很难完全一样。比如说，有的报纸我们认为它是右派报纸，有的报纸我们认为它是左派的，为什么呢？报纸很难掩饰自己的立场和主张。实际上，各类报纸处理新闻时还是有他们自己的剪裁和角度的。

我完全同意你的观点。美国有的右派的报纸有着很鲜明的右派立场和姿态；另外像杂志，比如说，《国家评论》（*National Review*），完全公开说他们是保守的。不过他们保守派报纸往往批评其他中立和公正不偏的报纸如《纽约时报》之类报纸是“左派”。

现在美国新闻界有一种倾向即右派或保守派有一种心态，它们认为所有不跟它们口径一致的就是左派。没有一种固定的立场即被称为“中立”。我本人不太喜欢“中立”这个字眼，它好像既不是右又不是左，骑墙。其实，事情对就是对，不对就是不对，没有对和不对之间有个所谓的中立。黑就是黑，白就是白。

我不喜欢纠缠于“左右”之说，也不想为反对而反对，我想用“对”和“不对”的概念来判断比较好。

## 第四节　应该跳出“左”“右”的桎梏

右派时常诬陷跟他们观点不一致的人是左派。比如在电视福克斯新闻（Fox News）上大骂特骂美国总统奥巴马，说他是“社会主义者”，简直是莫名其妙：如果你敢不同意他们，他就恶咒你是左派。

——从上面的事实看，美国的新闻自由经常会变成一个悖论，就是反对之反对或不管事实，为了反对而反对。也就是说，按照理论，在美国大家都享有新闻自由，不应该有主观的观点，不应该用自己信奉的理念和信仰来处理新闻；但在实际操作中，从业者和利益集团还是下意识地用自己的方式来处理新闻。

而我觉得，现在左派右派皆有他们的自由，都可以批评总统。

——你讲对了，就是说，美国的报纸、刊物都完全享有这种绝对的新闻自由，都可以在自认为客观的基础上处理新闻材料。因为，同一则新闻，不同的电视台、不同的报纸、杂志都会根据自己的观点来“客观”表述；但是对一般的老百姓而言，他们看了那么多不同的“新闻”，他们如何判断，如何得到一种客观的新闻内容则是他们的选择。这些，当然应该基于他们自己的教育、修养、水平和知识面的帮助了。

第一，新闻的受众有根据其智识标准鉴别的能力，俗话说物以类聚，他们可以根据自己的理解和信任程度来选择自己心仪的报道者或媒体。

第二，新闻的选择和接受也有地域性的因素。比如我们现在比较有声势的一个团体“茶党”(Tea Party)，它的影响看上去不得了。但它的势力范围不大，其影响多在乡下人，南部的、中西部的乡下人，智识程度不高，但人数相当多。你可以想象，在纽约之类的大城市里，所谓的左派特别多，思想比较开明的人在大城市居多，乡下农村里的人则思想比较保守。这就如我刚才的表述一样，我们这里探讨的应该不是党派之争而应该是“对”与“不对”的争论。在他们看来我们是不对的，而我们则认为他们是不对的。

不过，为什么我会认为我自己是对的呢？因为我比他们读的书多，见的东西多，有更多的机会了解事物的真相和有比较研究的可能。我觉得多读书、有学问的人往往能把问题看得更清楚些。

举个有趣的例子来说，最近在谈的 Medicare（老人医疗保险）和 Social Security（社会养老金）这两个制度，共和党认为应该取消，认为这是“社会主义”，因为这两个项目是政府给钱的，所以他们主张这两项开销应该取消。

前几天我在电视上看到共和党开会在跟它的支持者讲话，底下听众中一个老人站起来高喊，“我们反对政府的控制”，“政府控制是不好的”，“请你们告诉政府，don't touch our Medicare!（一定不要取消我们的老人医疗保险制度！）”你看好笑不好笑？他们其实正不知道他应该支持谁！——他们现在参与和支持的共和党其实正是他们死心塌地反对的。

因为他盲目参与和死忠的共和党才是打算取消他们现在享有的医疗保险制度的政党。他们有时候只凭着自己的无知和感情的好恶来顽固地加入某个党派。他们根本不知道自己是在说什么。他们甚至不知道万一自己现在支持的政党成功了，他们本人就将是最大的受害者。他们往往只是听到“社会主义”就本能地反对；其实他们不知道这个“社会主义”和他们理解的“社会主义”不一样。

正如我写过的一篇小文章中说的，我从小就信奉社会主义和理想主义，可是没想到，我现在却是在资本主义的美国享受着社会主义。因为 Social Security 和 Medicare 完全是政府掌控的福利制度，当然我自己一生的工作所得也放进去了，这就表明了政府管控是必要的。所以“左”啊“右”的不能完全一刀划开，不可能绝对的用左、右来判断。有些人在强烈地反对一些政治主张，其实他们并不知道自己的主张是什么或干脆自己就没有政治主张。

## 第五节　忆旧的沧桑

有时候我真想不到已经都过去那么多岁月了。

除了少年和青年时期在中国经历的连年战争，我来美后又经历了美国各个时期的政治和文化运动。从早期的麦卡锡主义到美国后来的反战、性解放，从颠覆一切权威的个性主义到今天的黑人当总统，我的一生可以说是人类近现代历史的一个活见证。我想，我的优势还不仅仅在于我的生命久和见证的事实多，而且还在于我喜欢思考、比较和我有自己的哲学洞见。

——这个问题我也同意你。前面我们已经陆续谈过，我们小时候是非常爱国的，我小学时代就经历了抗日活动。最近纽约正在放一部中国电影《南京，南京！》不知道你看了没有，我小时候在宁波上初中时就看到南京大屠杀的报纸和照片，日本军人在中国的暴行迄今历历在目。

像我，的确可以说是一个活的历史见证。除了第一次世界大战没有亲身感受，其他这近百年的历史我都是亲身参与了。

哥伦比亚大学学生运动时美国警察前来镇压的情景

参加“民先队”时的董鼎山

前面谈身世的时候咱们聊了我的思想构成，因为它跟我的一辈子思想有关系。我小时候个性比较自由，喜欢看书，很早就读了巴金的书。思想左倾，反对旧礼教，反对帝国主义，反对日本侵略者，而且我初中在很早的时候就参加了“民先队”[1]。

“民先队”是个中共的外围组织，是 teenage（指 12—19 岁的年轻人）的少先队。所以那个时候我相信中国的理想主义，那时我跟董乐山一样的，有些信马克思主义。我的思想是很激进的；所以到美国以后，我对时局的看法跟美国大众是不一样的。1947 年那时候国共战争已经深入化和扩大化了，我那时候是很亲共的，不是亲国民党的。所以到了美国以后，我的思想当时很矛盾。前面我已经说过我曾经被邀请讲演我跟美国人不同调的遭遇。但是这件事也可以看出当时美国老百姓对中国的“民意”。在这样的思想基础上，你可以想象，我当然痛恨麦卡锡主义。

## 第六节　民主的大敌是虚伪和党同伐异

我也发现了当时美国民主政治和选举制度的某种虚伪。

我来到美国不久，1948 年杜鲁门当选总统。那时候我在密苏里，当时一个进步第三党的领袖叫亨利·华莱士，是一个左派。当时我跟我的美国朋友都非常喜欢他的开明观点。但是到了最后我问友人他们选举选的是哪一位时，他们异口同声告诉我他们选的是杜鲁门。我问他们为什么不选华莱士，他们却说如果选了华莱士就会浪费选票，因为知道他当选的机会较低。他们只能放弃理想而为党派的原则服务，他们不喜欢保守的杜威。如果选华莱士，就会在党内自家火并，杜威就有可能不当选；而他们原本喜欢的第三党会分散自己民主党的选票。所以最终为了党派利益，他们只能割爱华莱士了。

那件事使我很震惊。因为我是个纯粹的理想主义者，不知道民主政治里面还有这么多的谋略和诡计。民意最终是要以输赢来决定的，必要时你为了赢必须放弃理想。

后来的戈尔和布什选举时我们又经历了同样的情况，我们因为认可了另一位候选人而造成了戈尔的选票分源。结果导致他跟布什的票数相近，最后选民告到最高法院，结果由保守派占多数的最高法院判定让布什当选，这些事件让我们知道政治和选票、民主这些东西其实永远不单纯。

我们很难有真正纯洁的“民意”，因为这个社会本身就永远是复杂、矛盾的。你想想，如果那次布什没有成功就不会有伊拉克战争和阿富汗战争以及今天的这么多灾难。可见历史本身也是充满了偶然、不可知和混乱的。

你说的麦卡锡主义的反共嚣张，那是艾森豪威尔当总统之时，那时候，一般读书人，特别是好莱坞有进步思想的编剧、演员都怕被他指为左派或戴上红帽子。谁被他盯上了就会被列入黑名单，在黑名单上的人就会被区别对待，找不到工作，没有人敢雇用你。

那时候，说起麦卡锡人人自危。其时电视还没有今天这么普及，记得我当时每天在无线电广播上注意听他放哪些厥词，这件事对我的思想形成非常重要。这样我就变成了美国的“左派”了（其实我不愿意说这个字，因为别人会借题发挥曲解拿这个字眼来攻击我）。当然，这也跟今天中国所谓的“左派”不一样。今天中国的某些“左派”其实是最右的“右派”。一些反对进步、保守的老顽固才被称为是“左派”。这里的“左派”不一样，他们一般是指思想开明的人，而“右派”是指保守的人。

麦卡锡主义对美国文化的影响实在是大极了。好莱坞有很多电影和题材都不敢拍，当时有些电影故事常述及苏联战士在战时作战的英勇。那时候，第二次世界大战刚刚结束，美国和苏联曾经是盟友，但是你若拍电影讲美苏关系的好话的话，甚至你叙述史实镜头上呈现美苏军队会师画面的话，这样的镜头也会被麦卡锡大骂。

当时就连基本的历史事实都不敢承认了。报纸、杂志、书籍都不敢。在他的淫威之下，人人都感到威胁。美国的非常开明，所谓言论自由的传统受到了最大的亵渎。

那时候如果你参加了一个左派集会的话，你就怕我告诉别人，一告诉别人你饭碗子就砸了。那时株连成风，你甚至不敢跟那些“有问题”的人说话。一沾染上，你的工作就没了，也就没法生存了。那时候人们都不敢讲话，所谓的明哲保身、为了保存自己而讲别人的坏话。我觉得麦卡锡时代最可怕的是坏了人心。

但是，我觉得麦卡锡主义对今天却绝对没有影响。今天美国对此事清算了，这事已成定论。或许有极少的老顽固还以为麦卡锡是对的，这些人也许永远不会变。可是这些人根本没有影响力而且成不了气候了。

## 第七节　麦卡锡主义嚣张的年代

——好，咱们接着谈我当年到纽约的情形。

当年，我刚在密苏里毕业，雄心勃勃希望到纽约的《纽约时报》（*New York Times*）、《时报周刊》（*Time Magazine*）或《新闻周刊》（*News Week*）之类的地方去工作，可是，应该说那时候还是有隐性的种族歧视的。他们会说因我是外国来的，英文不够好而拒绝了。

后来我就找唐人街的华文报纸《联合日报》。那时候的纽约华文报纸也有左中右三种。一种是台湾国民党背景办的，叫《美国华侨日报》；一种共产党背景办的，叫《侨报》；我参加的自称是第三派，中立的，叫做《联合日报》。他们一看我的履历，在国内做过记者又在美国读过新闻系且熟悉英文，就邀请我加盟。那时候我不是当记者，而是做一个“国际新闻”版的编辑。

所幸，那时的麦卡锡主义对华文报纸却绝对没有影响。根本没有关系，好像无所谓的一样，因为那时中文报纸的读者对这件事没有兴趣。那时候的中文报读者不都是知识分子，很多都是唐人街的老百姓和做工的人。那时候一般的知识分子都是看英文报纸。

当时美国主流媒体和大众关心的是新中国和国民党阵营的关系。纽约华埠国共两大的报纸在互相争论，我们站在中间。我当时是国际新闻编辑，这些争议我会展示在我的栏目中，但不参加讨论，我们不会直接参加进去。

那时凡是有观点的东西都叫做社论。而社论不是我写的，是当时的社长自己写的。虽然那时麦卡锡主义泛滥，但我们完全不怕。他们完全不管我们。对我们的事情他们完全不关心的。

那时的美国联邦调查局也只注意检查有中共背景的刊物。现在这种情形也许不一样了。美国政府也许会留心一下华文媒体，因为现在报纸销路很多而且读者很多，我们那时候报纸销路只不过几千份，现在的都有好几万份。

到了后来我们反对朝鲜战争、越战等各种政治运动的时候，麦卡锡已经完蛋了。他是被 CBS（哥伦比亚广播公司）的爱德华·莫娄[2]（Edward Morrow）给打下来的。麦卡锡最红的时候，报纸、杂志、电视和新闻都不敢批评他。一批评他马上就把红帽子给你扣上了。可 CBS 的记者爱德华·莫娄有一个节目，他用很巧妙的电视记者的方法揭露麦卡锡的坏事。

爱德华·莫娄最后做到了美国新闻处的处长，是最出名的新闻记者，人人都听他的广播。第二次世界大战时他住在伦敦，向美国广播大战的消息，节目的名字叫做“This is London”（“这里是伦敦”），这个节目家喻户晓，那时候还没有电视，老百姓都听他的广播，他的影响力极大，所以一有了电视，CBS 就请了他做电视节目的主播人。

他在老百姓心目中力量很大，他一讲话人们就都听的。他揭露麦卡锡的节目一出来，马上将麦卡锡的嚣张气焰打了下去。在美国，民意是很要紧的——就像现在，茶党很保守甚或很愚昧，但仍有力量。回到麦卡锡的话题，爱德华·莫娄的节目一出来，老百姓马上了解了麦卡锡的龌龊，于是报纸、杂志就敢批评他了。这个麦卡锡后来酗酒、得了肝病，郁郁寡欢而死。据说他还是个同性恋者。但是他一直隐藏着，而且还一直攻击别人是同性恋者。他老是说“State Department is full of communist and homosexuals”（“国务院里充斥着共产主义者和同性恋者”）。甚至连国务院和军队里都不敢批评他，因为一招惹就会被他乱扣帽子。

回顾这些你就可以看到我的思想发展的基本脉络了。我的思想一直是靠左的或者靠进步的。我一直是个比较自由和思想进步的人士。人们老是说“自由”“保守”，老实讲自由的背面应该是“进步”或者是“开明”；我不是自由派，我的思想应该是开明的。自由不是保守的反义词。

## 第八节　反战掀开了美国现代史的新一页

开明的思想者有很多是社会主义者。当时有个很出名的诺曼·托马斯[3]（Norman Thomas），很有影响力，他是美国著名的社会主义者，他老是到麦迪逊花园广场（Madison Square Garden）演讲，他的演说很有号召力，时常是有几万人去听他的讲演。那时候越战还没有开始，当时的主要口号是反对核弹，反对核战争。我们认为核战争会屠杀无辜平民。我并不是任何组织的人，但参与这样的活动我很痛快，觉得很激动。

到了后来，越南战争开始了。美国的民意因此就形成了两派。左派反对越战，认为这是越南人的内战，我们何必去干涉；而一般美国人的看法则认为若是越共不打倒，整个亚洲就要全部变成共产党了。保守派主张应该打越战。后来越战开始后，美国陷入得愈来愈深，美国人就开始反战。掀起了大规模的运动。反战最厉害时街头游行会达到几十万人。因为有一次约翰逊总统派了很多很多兵，越南战死了五万人。

这里有非常重要的一点是我要强调指出这是美国的征兵制度所引发的问题。

越战时反战规模如此之大，有很重要的一个原因是美国那时的征兵制度。它要求所有的适龄青年必须当兵；你富也好穷也好，你的儿子到了年龄就必须到越南去。而现在去打仗的都是些穷人家的孩子。当兵在今天成了一种职业；而那时候被征兵的多是大学生。我在纽约市立学院（City College）的时候一批一批学生来向我告别，说是要到越南战场去，我的心里非常难过。

我的学生里也有死掉的。许多年轻有为的人就被战争吞噬了。有很多是非常好的家庭出来的。这样，渐渐地整个社会就出现了反战情绪。就像现在的阿富汗战争一样我也反对。我老实讲，20 世纪 60 年代是美国社会运动的时代。这些社会运动包括反战运动，黑人平权运动，女权运动，性解放运动；女权

反战和学生造反运动时哥伦比亚大学的学生攻占校长室

运动一开始就是性自由运动，这些运动是混杂在一起的。那时候的年轻人思想都很开放。性自由运动对当时的中青年人影响最大，青年人性真是自由极了，都是公开的。

你问我当时的性自由运动比今天还厉害、还自由吗？——现在跟那个时代不好比了。现在对这些都无所谓了。现在我的女儿未结婚生孩子我们已经不去管她了。而那个时候未婚怀孕是耻辱的。

对，那时并不是像你想象得那么疯狂。那个时代却是很狂暴和混乱。给你这种印象的原因是，我想，那时一切都是刚开风气，难免做事矫枉过正。那时的“婴儿潮”一族是够疯狂的。有些方面的作为的确是胜过现在。

但也并不都是这样。比如说，虽然那个时候有“夫妻交换俱乐部”，但并不是说今天人们不如那时做事开放，只是对这些东西人们今天已经不太新鲜，它也没有那时候刚开风气时的刺激感。今天人们不再像过去那样吆喝，他们只做不说，而是有了更好的设备和途径，直接在电脑网络上做了，成了正常，成了见怪不怪。而那时候，这些惊世骇俗的举动都是用很自由开放的方式展现的。

那像是一个开启新潮的时代，看上去像是特别革命一样的。其实现在“革命成功”了以后就无所谓了。那时候有私生子是很耻辱和很可怕的，现在私生子有什么关系呀，根本没有关系了。

因为20世纪60年代是革命的开始，而现在这些已经都变

哥伦比亚大学造反的学生占领学校行政楼前广场

成是普通的生活了，没有人那么敏感、那么介意这些事了。

其实那时是打破旧习，开始时一定是比较疯狂的，这没错。但是这种疯狂一直没有停下来，疯狂到了今天已经让人接受而似乎成了寻常事，已经无所谓了。似乎在今天的中国也是一样了。现在中国的男女关系不也是很自由了吗？我老是在网上看到一些让人吃惊的事。现在什么东西都有，色情的东西不比外国少，现在中国离婚率也很普遍，未婚生子、私生子也不再像过去那么耻辱和受恶评。

这个世界的变化，那个时代的青年是所谓的嬉皮士，后来我跟一些美国朋友认真地讨论过，我们的猜想，觉得那是整个世界发生的这种近乎天翻地覆的运动，在某种意义上是受到了中国红卫兵事件的影响。那时红卫兵和年轻人的叛逆思想，先是影响到了法国，后来传到了美国。其后，我跟一批美国学者和知识分子探讨过这个问题。这些跟中国的文革有没有关系？

我觉得有关。

那时的哥大，有一些头发长长、不修边幅的嬉皮士；还有所谓的公社（Commune），当然，它不是农田的公社，也不是像巴黎公社那样的公社，这个公社并不是政治组织，跟政治没有关系，而是跟性有关系。

## 第九节　疯狂和火红的年代

它为什么叫公社呢？就是男男女女住在一起，自由性交，夫妻也可以住在那里，单身也可以参加。那时候也很普遍的，各地都有，尤其是加利福尼亚，Big Son, 他们的所谓 commune 就是共同生活，主要是住在一起的，是一种生活的风格，即 life style，一种喜欢男女混杂住在一起的方式，跟性有关，跟换妻俱乐部差不多，由真正相信这些主张的人组成。他们都是知识分子，有的长得很漂亮。

他们开始也许希望是一种回归，一种人类走向原始的追求，像原始社会（primitive society），后来还是因为人的本性不能改，人的妒嫉的天性，jealousy, 这些本能不能改变而最后又慢慢回到正常了，人们又回归了原来的模式；有人对这类公社不太参加了。换妻运动也慢慢式微。我是亲身经历过这个时代的。

我有个医生朋友就是这样的，他非常反对越战，后来他也参加这种 commune，他也把他的经历在《时报杂志》上发表过。他是个白人，当时思想非常自由，他思想自由到了这个程度上，比如去参加黑人的游行。你大概听说过“freedom riders”[4]，他坐着公共汽车到南方去跟黑人一起游行，后来同去的白人被三 K 党杀死了。当时的社会变动是很大的。当时发生的重要的事件有肯尼迪总统被暗杀，他的弟弟鲍比·肯尼迪被暗杀，还有马丁·路德·金被暗杀。这个时期是很乱的，没有秩序的。

前面说过，我的人生经历比较独特。我幼年的世界观形成是一种特殊的境遇所造成的，来到了美国，我就一头扎进了密苏里，那里是中西部，不像南方，那里没有中国工人，中国人只是中国学生；所以那里可以说是“真正的”美国。

我那时的感受跟你们这些一来美国就到了纽约的学人的感受是完全不同的。你是不是一来就到了纽约的？对，一来就到纽约，你看到的纽约就像个大熔炉，纽约黑人、各色人种都有，各种语言都有，中国人也有，你会觉得很自在的，无所谓。

而我的境遇就很不一样了。我一到那里就几乎全是白人，黑人和白人是隔离的。有时候你会觉得自己是另类，有点不太自在。

在种族歧视方面我的经验不算太坏。我没太有什么感觉。印象中我们学校有印度同学。印度人有很黑的，打了包头，从装扮上表示他们不是美国当地的黑人。但是他们的皮肤非常黑被误认为是黑人而受到歧视。

还有一件小事说明当时美国白人对我们的态度。前面我提起过，我校郊外有富有的地主家里开的餐馆。地主家里忙不过来的时候会到大学里请学生当服务生帮忙打工。我那次也去了，他开车来接我们。因为他是农家主，家里本来有黑人帮手。当晚会结束客人都走了以后，他请我们吃饭，但当他看到我跟黑人坐一起时就告诉我说“你过来，你过来”，叫我跟他本人坐在一起。就是说，他下意识里是将我当作白人或同类、当作客人看待的。当然，这也表达了他的种族歧视，虽然不是歧视我而是歧视那个黑人。

我认为，那时候的歧视有个时代的原因。所谓歧视，主要是肤色的关系，另一个是历史的渊源关系。黑人曾经做过黑奴，而中国人皮肤虽然黄一点，但至少没有给他们当过奴隶，不是奴隶出身，没有这种历史情结在。

说到歧视，后来我到纽约大报纸大杂志去找工作倒是觉得他们似乎有一种潜在的歧视因素在。他们看到你是外国人、看到你是中国人，就说你英文不够好。这两个原因我当时觉得是很矛盾的。

——是不是真的因为语言问题？你问得有道理，有时候当然会以语言是否有口音或者业务等方面为借口而掩饰种族歧视的内容。但我觉得那次却完全是歧视，因为那个面试我的人他本人是个比利时人嘛。而他已是个大编辑了。我认为这跟国籍没有关系，完全跟皮肤有关系。

我觉得如果我是个东欧的白人，英语水平跟我差不多程度，他们应该会录用的。《纽约时报》这样的大报，那时候是没有中国记者的，派不出一个中国记者出去的，即使黑人记者也没有。而且，像好莱坞，基本上也没有中国演员。中国演员大多是演配角和小丑、反面角色。

## 第十节　我的所得和所失

我这种特殊经历的好处是我可以有不同的参照系，同时，我也可以有选择的奢侈。比如，我躲开了中国兵荒马乱的年代到美国来安静地求学，我也躲开了新中国前期人们谈虎色变、人人自危的各种政治运动和后来波及到每一个读书人的史无前例的“文化大革命”而得以在美国相对平静地安心治学。

但坏处也是有的。比如说，谈到今天的中国，我缺乏设身处地的参与感，那里所发生的事件我都没有置身其中。说起这些事情，我对中美两边都有些“隔”，这就是为什么我跟自己的弟弟董乐山之间的沟通交流有时候有些不够顺畅的原因。

这些都是自我意识（self-consciousness）。比如说，当年我在大学里约会的时候女朋友相当多。那时候，你跟美国女孩子出去看电影吃饭的时候，时常有一种自觉意识，因为别人的眼光都在你的身上。 在纽约今天已经没有这个情况了。我刚刚到纽约时还有。过去你跟洋人女朋友在一起，别人还要看你一眼，现在一切都无所谓。

20世纪70年代的董鼎山一家

我同意你说的，美国人觉得我是个外国人，因为我有一张东方人的面孔；而中国人也觉得我是一个外国人，因为我在青年时代就出国，受的是西方的教育，我的基本的意识形态和行为是西方的。

我在海外关心中国的事情，隔空评论，有时候空有一腔热情，却会被人们怀疑我的发言资格。因为我的发言时常会被人认为站着说话不嫌腰疼，吃着美国的面包喝着牛奶，我有什么资格对那时挨着饿闹革命的祖国同胞指手画脚说三道四？因而我们的议论往往是出力不讨好，甚至落得两边不是人。

就像是我前面说的那样，我们的形象泄露了我们的身份。一个外国小伙子可能会随意地问我，“你在这儿生活（意即移民来这儿或者搬到这儿来）了多长时间了？”我会说，“我在这儿生活的日子比你的一生还要长很多呢！”——尽管如此，人们仍然往往会凭我们的形象和肤色误以为我们是外国人。

这当然是个坏处。两边都不优待你。我曾经写过一篇文章，题目是具有讽刺性的“既是外国人，又是中国人”，说的就是这个意思。就是我们是香蕉，我们外边是黄的，内里是白的。这种情形在欧洲就没有了。

欧洲比美国开通。美国是因为历史上有黑人种族隔离的关系。有这种习惯。对他们不熟悉的东西他们总是觉得不对。欧洲是非常开通的，我跟太太结婚后头一次到瑞典去，我心里很有一种警觉的自我意识。

可到了欧洲却发现那里比美国开放多了。他们看人和待人跟美国完全不一样的。欧洲人非常大方，他们将人就当作人，不会分出什么你是黑人还是黄种人，你的背景如何等等。

在人情方面欧洲人更开放。我每一次到欧洲，到法国到英国到荷兰，到处都没有感到你是被当作外国人看待。他们是把你当作客人看待的。你是外地来的游客，对你客客气气的。而美国却有非常鲜明的美国人和外国人的意识。

我前面谈到，中国人以为我们是外国人，外国人也以为我是外国人。尤其是我带着个洋太太，情形就更加复杂了。告诉你，我那时候在中国倒是受到过歧视的。这事儿说来话长，我多年在海外，曾经一直向往着回国去看看。那时候美国跟中国没有任何外交关系，根本无法回去。尼克松访华以后关系略微好起来一些，我曾经通过加拿大大使馆申请多次未果。我一直坚持申请。后来中国派黄镇来美国作为外交代办，我才申请成功了。

## 第十一节　梦回家国

大约是1978年，中美还没有复交，我去参加这里华美协进社（China Institute）留美华人包机回国的团体，从香港到广州。一到广州，我发现外国人和中国人在国内受到的待遇就不一样。

我们是由中国旅行社管的。接待者就将我们送到了一个华侨旅馆，那里非常不像样子，太糟了。我当时希望能住一个好一些的像香港一样的旅馆，但他们不予安排。虽然我是美国人，可他们仍把我当作“华侨”看待的。即使你有外国太太、外国孩子，你还是华侨。我们看到有一个干净、漂亮些的餐厅，就带着老婆孩子过去，却被挡了回来说：“不不不，你们到那边去吃。”

我当时能回国，其实心里本来很高兴，隔绝了那么多年，能够回家了就感到满足，但看到这些心里却觉得有些隐痛。这是中国人对中国人的歧视。如果我的太太和孩子不是中国人的亲眷，她们当然也会自然地被奉到外国人的行列，可是她们跟着中国人做妻女却被中国自己的同胞歧视，让我心里不太是滋味。

那时候的崇洋媚外真是可笑。我觉得这骨子里不是歧视，而是国人深深的自卑感。他们对外国人好，而将自己人甚至跟自己人稍微有点牵连的欧洲人都剥离了开来。

后来我到了北京，听说北京饭店很漂亮，我跟中国旅行社说我要住到北京饭店去——那时候北京饭店是当时北京最大、最漂亮的饭店——没想到他们说，不不不，你要住到华侨饭店。他们一直将我当作华侨看待。所以，这就是让我瞧不起的某些中国人的劣根性，他们看到白人就没了志气。

还有一个故事可以讲的：在北京时我的表弟请我吃饭，那时候请外国人吃饭还要有单位的介绍信。他拿了介绍信去饭店里定位子，他在一个很好的饭店里定到了位子。那时候饭店里面很简单的，一个小房子，里面有一张桌子，那里虽有散座，侍者却把我带入了一个小房间。

没想到那次的经历又完全是另一回事。北京到底是个首善之区，饭店经理一看到我的太太，马上就说，不不不，请你们到另一处地方坐，我们立刻被让到了隔壁的处所。那里很舒服也很豪华，有沙发和辉煌的吊灯等。我很诧异为什么会是这样，我的表弟告诉我这都因为我的太太是个外国人的关系，我们现在又都沾了她的光——没想到这次竟然是反弹琵琶，我被看成是白人的家属而被格外对待。但我心里仍然感到郁闷。不管是在自己的国家里因自己跟外国人沾边而被区别（歧视）对待，还是所谓外国人因我而被区别对待，那时我心里都感到一种异样的悲哀。

中国人的自卑心啊！那时候一看到外国人就崇洋媚外——我还有一个小故事足以说明此事。你大概知道瓦尔特·克朗科特[5]（Walter Cronkite）吧，他那时候是美国最著名的CBS广播公司的主播。他的名气是这样大，连美国总统约翰逊都要让他一着。

大家都知道，美国总统约翰逊决定要结束越南战争就是因为他的一句话。那时候瓦尔特·克朗科特的观众和听众非常多，他有一次讲新闻的时候批评越战死的人太多了。总统约翰逊就说，瓦尔特·克朗科特一说，这个战争就败定了。——那时候，连在美国这么有名声的一个人也在中国吃过瘪。他带了CBS的一个团队到北京去做专题新闻。这个团队是很大的，有创作团队、录音摄像团队和主管人等。当时他主持的新闻有两个制片人是华裔美国人。

当然，这个美国新闻代表团被安排住宿到了北京饭店，而这两个华裔制片人却被送到了华侨饭店。瓦尔特·克朗科特当时很有声望和权威，他对此感到很诧异，就问道，这是什么意思？我们都是一起来的，为什么我们住在这个旅馆，而他们却被送到那个旅馆？接待人员说，他们是中国人，是华侨，所以应该住华侨旅馆。

瓦尔特·克朗科特非常生气。他自己非常尊敬制片人，他觉得这个团队不应该被区别对待，更何况这两个制片人几乎就是这整个团队的领导；被这样区别对待，一是不公平，另外，也不利于工作。于是瓦尔特·克朗科特马上决定离开中国，不进行这次采访了。

这件事在美国后来引起了很大的轰动，影响也很坏。

制片人是这个团队非常重要的角色，没有他们根本就不能拍电视做专题。而且他们团队要每天一起工作，要在一个房间里讨论……国内现在大概不会这样做了吧？

有一段时间我也经常回国，我曾经应中国旅行社之邀跟一些美国记者去中国访问和写作；那时候招待得不错，一切都是免费的。后来，靳羽西又几次邀请我跟她一起到国内做节目，据说她的节目在国内很红。

在上海，汪道涵当时还特意到旅馆来看我们。他也喜欢读我的书，他当时非常想要熟悉美国。其时《新民晚报》的主编等人也到旅馆去采访过我们。

我不会忘记中国的。想想看，你出生在那儿，你如果年轻的时候在那里生活，你就一生都不会忘记它的，你永远是中国人。我假如是十五六岁来美读高中的话情形也许不一样。但我出国的时候已经成人了，已经是大学毕业了，形成了自己的世界观，已经开始写作了。我完全是将自己当中国人、不当美国人看待的。在这些事情上，我完全是中国人，我对中国的情况是非常关心的。现在我除了看《纽约时报》，也每天看英文的《中国日报》，他们每天送给我一份。

除了报纸，当然还有网上材料。我中文报纸是不看的。像纽约的报纸《侨报》《世界日报》我不看的。开头时国内给我

董鼎山、靳羽西与当时的文化部朱穆之部长合影

寄杂志和报纸，《读书》《人民日报》都寄。后来好久不寄了。《人民日报》原来还有海外版，但是后来也不寄了。我给《侨报》和《世界日报》写文章，他们也不寄给我报纸。我本来说，我给你们写文章你们要给我报纸，我写文章的目的就是为要看报嘛。可是他们说，我们没有这个规矩，我们不能寄报纸——他们竟然不愿意花这一点小钱，不就是个邮费嘛！

幸好，现在英文版《中国日报》还给我每天寄。这份报纸有美国东部版，有休士顿版，还在华盛顿版等处出版。这是一份不错的报纸，很客观、很有新闻的责任感。它敢写敢言，我有时候批评国内一些腐败和坏现象时就敢引用它。

## 第十二节　对自己的评定

——你要我给自己的一生定个位？的确，我一生尝试过不同的职业而且有着很多不同的爱好。如果用下面的一些名称来介绍我，你问我，记者、作家、教授、书评人或者学者，我觉着用哪一种来命名更适合我给自己的定位？

哈哈哈！告诉你啊，我听到了你给的这些名称不由地想发笑。我怎么能够配当一个学者呢！

我不算个学者；教授嘛，是当年学校里给我一个头衔，算是我在图书馆工作以外的一个名目。书评人我也不敢说。作家嘛，我也不是大作家。记者嘛，我也不算是这个职业了，用英文讲，记者的活儿叫做 journalist，这个词中文翻译是记者，其实不止是记者，它还应该包括写专栏的，写社论的，也包括编辑等。所以它应该翻译成“新闻工作者”，如果是这样，作为新闻工作者，我认为我应该还可以。

我更喜欢称自己是一个新闻工作者。我做的事情和写的东西都是 journalist 所做的。

谈到我文章的影响，你的说法不错，广大读者知道我确是因为我的文章。我兴趣很广，我一生中对什么事情都有兴趣。我对政治、社会、文化等等什么的都有兴趣。这就使我想起了一句话。想当年我在国内《读书》等各类报刊写文章有了一些小名气以后，我弟弟董乐山跟我开玩笑告诉我，钱锺书读了我的东西后跟他说，“这根本不是学术（理论）嘛，这是报道。”

董乐山就回答道："对。这就不是学术，他就是要报道嘛！"

这方面钱锺书的话是对的。我不深嘛！我不必冒称自己是学者，我博而不深，我的知识很广的，为什么我说自己是新闻工作者，是因为我对这方面的兴趣最大。

我最大的兴趣并不在文学、戏剧或者电影上，其实还是政治。但对政治感兴趣你总不能说我是个政治家吧，我感兴趣的是世界政治动态；另外，人种学也是我的兴趣、社会学也是我的兴趣，各方面我都有兴趣，所以我只能说自己是新闻工作者。

我写的东西都没有高深的学问，都是道听途说的东西。我现在给《侨报》写的专栏就叫"随感录"，有点儿像巴金的"随想录"。随感录什么都可以写，想到什么就写什么。

我肯读书，知识水平很高，是我用功的结果。我一生一世都是对什么都感兴趣。我只要一看到书就要翻看，一看到杂志也要翻看，一看到报纸也要翻看。到什么地方我一坐下就开始翻看。

你说的近二十年国内一些著名作家、学者甚至后来成为著名的研究家的人，他们回忆起自己的治学和启蒙的时候都说曾看过我的文章和我介绍的书；因为我的文章，我介绍的新思潮、新理论、新作家和新书给大家开辟了一些新的天地。这其实只是因为我的地位和便利所致。

那时候说我启蒙是对的。因为那时候国内这类资讯稀缺，我介绍的这类东西都比较新，有启迪意义。此外，还有一位赵浩生[6]先生也在写。他是一位真正的记者。现在国内已经十分开放，各种人、各类杂志上什么东西都可以介绍、可以写，所以我也就不必多写了。但是大约现在的中年以上的读书人多是读过我当年的书和文章的。

你问我，如果我有可能选择，我最愿意做的一份工作是什么？

当然，这只是个梦。你得让我随意选。

我愿意做《纽约时报》总编。——因为这是我的兴趣所在。因为我爱新闻事业。同时，我可以利用这个机会自由地表达我的想法，贯彻我的见解。如果我有了权力，我也可以进行我认为有益的改革之类。

比如说，《纽约时报》每个星期天有一个“周末评论”版，里头有一版是“公众编辑栏目”是专门批评《纽约时报》本身的。他们专门雇佣了一位中立的、第三者立场的专家来批评《纽约时报》的问题。这里时常发表批评《纽约时报》的文章。我看到一篇评文，马上附和著文说我完全同意或反对你并提出进一步的见解，《纽约时报》很认真地对待读者的批评，马上打电话联系我、了解情况并准备发表我的批评文章。这是一种非常严肃的办报的态度，正是这样的态度能够使《纽约时报》办成世界上最好的报纸之一。

## 第十三节　我的大学学习生活

——下面我们谈谈我的英文是如何学的，是什么原因让我大学选英文系。

我的英文其实不够好。我会英文是因为我从小一直上教会学校的缘故。我从中学就上的教会学校，它比较重视英文教育。我们的中学老师有一部分是从英国来的。我大学上的是圣约翰大学。这所大学除了国文以外都是用英文教课，比如说，像经济学、社会学等等都是用英文教的。这些跟当时的欧美大学都是一样的。

最早的时候，从小学直接升入教会中学时会遇到学英文的问题，我当然会感到很难了！一定是很难的，具体细节我忘记了。我只记得幼年时候连学会 ABCD 都是很难的。我的母亲少女时代曾经在上海法国教会学校读书，她懂得一些字母，所以她就在家里教我英文字母，隔几天就问我会背了吗？我一直说我不会背。

后来到学校读书以后，我跟老师抱怨我记不住英文字母。我的英文老师得知了我的情形后告诉我，英文字母不是这样学的。我应该一方面学字母一方面学习一些有意义的字，这些字中包含着一些字母。对这些字感兴趣后就比较容易下意识地同时记住这些字母。你用了这些字和句子以后，ABCD 就一定记得住了。这件事我记得清清楚楚。我就是这样学起来的。

刚开始是吃了一段时间的苦，后来渐渐跟上了。开头困难

董鼎山大学毕业照（1945年）

极了，可是后来通了以后，好像跨过了一座桥一样，突然之间觉得 everything is opened up（一切都豁然开朗）。我的方法是，想到一件事就思考这件事情用英文应该是怎样说呢，等等，这种潜意识的训练让我潜移默化地学会用英文表述。

我在教会学校就已经打好了学英文的基础了。到了上海上复旦附中以后又有了更进一步的提高。那时候的学校都有英文课的，特别是上海的学校。

后来上了圣约翰大学，英语对我来说就更不是问题了。——你问我那时候考圣约翰难不难？我好像没有考；也可能是考的，我忘记了。记忆中那时候大学是用不着考的，就是一张高中文凭就可以进去了。

我在圣约翰时学的是英国文学专业。那时候我对文学写作有兴趣嘛。我中文方面的文学兴趣不是古代文学而是白话文和现代文学。学习新文学当然就非要学外文不可，念古文就没有多大意思了。那时候我主要就是想写，多写，然后就去投稿。若写古文到哪里去投稿？

其实在圣约翰大学外文是我的主课，当然别的也会学一些。后来由于太平洋战争爆发美国参战，日本人开始抓捕和撵走欧洲人和美国教师，在“孤岛”时期特别是后期，在圣约翰的老师大多都是中国人了。但是那时候中国老师的英文也都是非常不错的。我现在回忆起来，他们甚至比起现在美国大学教英文的老师还要好。

比如说，有一个叫王文显的。他是一个研究莎士比亚的专家。还有一个女的，是个系主任，也是中国人。我们都叫她 Ms. Soohoo。她的中文姓氏是司徒。她这个人完全像个美国人。她的态度、她的讲话风格都完全是，她可能是 ABC。她教写作课。她对我的英文写作评价是我的见解非常好，但是文字还是不够。

她说，跟别的同学比，别的同学写得不错但是没有内容。可是我的 idea（想法）是很多的。这个评价我是记得很清楚的。当然，我们写文章要注意有观点和想法，这一点对我影响很深。

我们当年主要学的是英国文学。学不学美国文学我记不清楚了。英国文学我记得最主要的是莎士比亚，从古典文学开始。还有查尔斯·狄更斯、萨克雷、弥尔顿；后来美国文学慢慢地也学了。那时候我们的课程名称叫“English Literature”——其实应该是叫“英语文学”，囊括欧美。但是美国文学在当时是并不注重的。

有一门课是戏剧课，完全是念剧本。那时候老师的名字叫姚克，原来的名字叫姚莘农，当时在中国戏剧界是非常出名的。通过他我就念了很多美国人的剧本，如尤金·奥尼尔的作品等。

在大学时代我们也学中国文学，但学得非常糟糕。我到现在都非常后悔。那门课教得不好，我的分数也非常低。古文我没有兴趣，古诗和平仄我一点不懂。这些老师应该教得很清楚的，可是我不懂。到现在我还是不懂。字有什么平仄呢？我想这些跟我的拼音有关系，不知道平仄大概跟我说不好普通话也有关系。比如说，到现在我打字的时候对“zhi, zi, chi, ci”都还是分不清楚。

因此，我不能说我真正地学过中国古典文学。大概我们也学中国文学批评史。我记不确切了。稍微学了一点儿，我那时写批评主要是靠看刊物，看一些书评之类的来学习写评论。

那时圣约翰有新闻系的，但是我没有专门学新闻。那时候我已经开始在报纸上发表文章了，而且我也有一些朋友是读新闻出身的，我觉得自己已经没必要学新闻了。到了后来才想到，做一个自由职业作家一生一世是很苦的，必须找一份职业。那像我这样的应该找一个什么样的职业呢？于是我就想做一名新闻从业人员。

我们上大学时没有政治课。但那时候有公民课，或许像今天的政治课了。

**注释**

【1】“民先队”，全名是“中华民族解放先锋队”，简称“民先”或“民先

队”。它是中国进步青年在中国共产党领导下建立的抗日救国组织。1936年2月，在中国共产党的领导下成立于北京。其组织成员共300人左右，分成36个分队。抗日战争初期，很多知识分子和进步青年参加了这个组织，有些后来成了中国共产党的领导人和优秀分子。它的外围是进步青年和爱国者。在组织青年和中国人民抗日救国斗争中有过卓越的贡献。

【2】爱德华·R·莫娄（Edward Roscoe Murrow, 1908—1965），美国新闻记者，知名播音主持人。在第二次世界大战中赢得盛名，在美国和加拿大有数百万听众，政治影响力极大。被同时代的媒体人认为是最伟大的和最具影响力的新闻工作者。同时也是电视新闻广播的开拓者。莫娄所创制的系列电视新闻节目在摧毁麦卡锡主义的恐怖势力的过程中起到了重要作用。

【3】诺曼·托马斯（1884—1968），美国著名的社会主义者，曾经六次代表美国社会主义党作为候选人竞选美国总统。

托马斯是一个富有激情的演说家和政治鼓动者。他经常进行公众演说宣传他的社会主义主张。他反对侵略战争，反对美国参战，反对非正义的政治压迫、反对核战争，提倡种族和解、人民平权、保护环境，提倡计划生育，是一个思想超前的思想者。托马斯晚年思想渐趋温和，开始提倡社会改革。他在1961年出版了《美国的少数党：诺曼·托马斯特写和访问记》，阐述他作为第三党的角色和政治主张。在1964年庆祝80岁生日活动中，他仍然宣传和反对越战，并将收到的生日礼金全部捐出支持反越战活动。

【4】争自由的乘客，是指一些比较激进的白人反种族隔离活动分子在1961年间搭乘跨州际长途汽车，去美国南部支持黑人平权运动来试看美国最高法院的处置态度的活动。

最早一批自由的乘客在1961年5月4日搭乘长途汽车离开华盛顿特区，准备在5月17日到达新奥尔良市。他们反对美国原有法律中不许黑人跟白人在汽车候车室以及在餐厅里共享一室的权利。这些自由的乘客们为了挑战这个不合理的法规，故意去南方的州，跟种族隔离的政策作对，挑战地方当局。

这种行为激发了后来美国民权运动的诞生。他们的行动也唤起了全国性的对南方州的种族歧视问题的关注。“争自由的乘客”有的被以违反地方法规和非法集会等罪名逮捕而绝大多数得到了美国平权委员会和学生非暴力联合协会的支持。

最后，美国最高法院宣布为自由的乘客的法律权利，撤消了地方性的种族隔离法规。但是在南方各州这种“争自由的乘客”的行为仍然被认为非法。

【5】瓦尔特·克朗科特（Walter Leland Cronkite, Jr. 1916—2009），美国著名新闻广播主持人。因其整整主持了19年（1962—1981）的哥伦比亚广播公司之“晚间新闻”节目而闻名于世。在1960—1970年间的哥伦比亚广播公司的全盛时期，他在民意测验中被称为是“全美国最被信任的人”。

他的广播生涯涵盖了美国现代史上从1937年到1981年间发生的所有大事件。包括第二次世界大战，纽伦堡审判，越南战争，“水门”事件，伊朗人质危机，肯尼迪遇刺，马丁·路德·金被暗杀，著名的甲壳虫乐队的盛况等等；自有电视新闻以来，他也参与了美国当代史上的电视播出大事件，包括美国空间星球探索计划，登月直播和航天飞机上天的直播事件等等。他是惟一的非美国航天局内部的“月球火箭奖”受奖者。

【6】赵浩生（1920—2012），河南息县城关人，1962年加入美国籍。任教美国耶鲁大学，曾任记者职业，采访过国共两党和平谈判等，专栏作家。

第四章

# 我的记者梦与文学梦

## 第一节　中国书与我

——好吧，今天咱们就具体谈谈我喜欢读的中国书和我的文学成长。

说起中国书，我现在已经几乎没有时间读新出版的当代中国书了。我比较喜欢的是中国的现代文学，对当代小说基本上没有兴趣了。

中国现代文学史上几乎所有大作家我都读过。我对他们基本上都有兴趣。我读过大量的如鲁迅、周作人、郑振铎、茅盾、巴金、叶圣陶等人的作品，他们都是我们所崇拜的。

那时候我最喜欢的是生活出版社出版的巴金先生的东西和一些北方作家的作品。我大约是从读海派作家作品开始的，后来却喜欢读北方的何其芳、萧军、萧红，还有李广田、卞之琳的东西，我对他们这一批散文与诗作家也是非常喜欢的。

古典的书我大约都没有兴趣，我不太喜欢文言文而只是专注于白话文。比如说像唐诗宋词那一类的作品我看得很少，大约只稍微读了一点。记得我跟你说过，我对诗不是太有兴趣，我搞不懂平仄。一直糊里糊涂搞不清楚。当然，古诗用几个字一句表达很丰富的意境也是了不起的技巧，但我真的不喜欢这些限制和平仄。所以我古典的书的确读得很少。

你说大概因为我是教会学校出身，那时候的教会学校不太学古文如《古文观止》和蒙学之类的？——这些我真的记不起来，也找不到一本具体可以说出名字的书来了。我这方面真的没有根底。

我年轻时的文章写的还算丰美和优雅。但我现在写文章已经感到有困难了，有时候看着别人能够写出来的句子我会想，这个我一定写不出来的。别人读我的文章有时候会说你这些都是欧化的句子，完全是英文句子翻译出来的等等。我说，你说的不错，因为中国字、辞藻原来美丽的地方我现在都记不起来了。

过去阅读古典小说我喜欢的都是白话文小说。明清朝代已有市井白话文作品，小说我看过很多的。其实我也看过文言文的《聊斋志异》《镜花缘》。我看过的还有民国时代的《官场现形记》《二十年目睹之怪现状》等。还有一个作者是姓徐的，鸳鸯蝴蝶派的作家。那时候是很离奇八怪的，鸳鸯蝴蝶派的小说是跟现代的革命小说和武侠小说等混杂在一起的。因为小时候读书速度很快，现在脑袋里全乱了。

## 第二节　谈张爱玲

——你问张爱玲？我觉得她写得很好。我跟她认识，也跟她有过交往。她英文也好，中文也好。她是柯灵一手提拔起来的。我等于跟她是同出一个师门，后来被称为是柯灵手下的一班小喽啰。我们是同一个时代的人嘛。那时候柯灵在《万象》上特别捧她。

我在《幸福》上发表过文章，张爱玲似乎也在上面发表东西。当时上海敌伪时期还有一本杂志，它的名字就叫《杂志》。那个杂志编得非常好，我发表了很多东西。董乐山的剧评也都是在那上边发表，非常轰动。那时候它是上海最红的，即日据时代和所谓的“孤岛”时期最好的一本杂志，后来我才知道这是中共地下党主编的刊物。主编是袁殊，他当时在汪精卫手下工作，在汪政府里官做得很大；在他主持之下，我们讲话比较自由。直到后来才发现，他是一个中共地下党员。那个杂志上我发表过很多东西，张爱玲也在上面发表。

但是我跟张爱玲的交往并不频繁和密切，并没有多特别，关系是很清淡的。她这个人不喜欢交际，也不喜欢跟别人来往。她总是尽量避免接触人，非常怕羞。但我们对她很欣赏。我年龄比她并不小太多，那时候我十七八岁，她大约二十二三岁，可我们却将她当作前辈看待。有一次我跟朋友去看望她，她有些爱理不理的样子，她时常自表清高。她这样的脾性在当时是很出名的。

不过她的文章写得好，英文文章也写得好。她在上海的一个德国人办的英文杂志上时常发表英文文章。这大约是在珍珠港时期，那是在日军占领、上海变成“孤岛”之后了。

虽然那时我常常跟张爱玲在一个杂志上发表东西，但我们没有一起参加过文学活动或诸如讨论会之类的。她绝对是不出来的，不参加任何活动，也不接受记者的采访之类。她就是跟有限的几个朋友打交道，仅此而已。我偶尔跟她见面，说过不多的话。她的东西我差不多都读过的，但是现在也都忘记了。

记得当时很喜欢她的作品。我想你一定也会喜欢她的东西的。比如说，她写《红楼梦》类型的故事，故事一定是类似红楼梦的，但她却用外国的文学手段和技巧；因为她的外文很好，她用西方的小说技巧写红楼梦一样的故事，而她小说中红楼梦的辞藻也有，非常有味道。其中比较著名的有一本叫做《倾城之恋》，也拍过电影。

当时一般的读书人对她的评价也很高，尤其是年轻人。现在这些年突然之间她又红起来了，对吗？现在台湾也把她捧得特别红。

当然，当时也有人批评她，主要是她跟的那个男人胡兰成是个大汉奸之类的问题。

近年来有国内的小说评论家在评论中说我早年小说的风格跟她的很像，甚至认为我是她小说最后的传人之类的，让我感到啼笑皆非。我不能说是受到她的影响。不过那时候我比较喜欢看她的东西，也许无形之中受到了她的影响或未可知。

那时我觉得我们都是差不多的，我并没有刻意地去接受她的影响。

我读过这些评论。说的是上海海派小说史，评论我当年写的小说跟“海派”的关系之类。其实我当年写的那些小说我后来一直都不看重，我故意用了一个很奇怪的笔名叫做“令狐彗”，令狐彗写的小说都是乱七八糟，我现在自己都瞧不起。

那时候这些小说的确很出名。中学生、大学生特别是女学生们特别喜欢读我的这些东西。那时我的本钱是我有经历，都是逢场作戏一样的。我没有写过严肃的小说，我试过了，不成的。我写的大多是年轻人的罗曼史，主要是自己的和周围人的、大学生男女之间的社交生活。所以学生们都喜欢看，就是这个道理。

## 第三节　我喜欢的作家

对我影响最大的作家应是巴金。很简单的文风，不太用虚词的，朴实而有力，是我最欣赏的风格。巴金最不虚伪，最真诚。

我最近写过一些文章你大约看到了，我最恨矫揉造作，我就是用巴金做榜样来批评那些言之无物的虚伪和矫情。

我也看到近来对我“孤岛”时期小说创作评论的文字，说我的小说在当时很新颖，有一种新感觉派的色彩。当时有一个

董鼎山与张洁、王海龙合影

作家叫穆时英，他的代表作是《白金的女体塑像》。还有写诗歌的李金发。

我那时也读了钱锺书的《围城》。《围城》当时很出名的。钱锺书同样是在当时突然暴得大名的作家，他跟张爱玲是有着本质的不同的。张爱玲是小说家，而钱锺书是学者。他写的小说的故事也是学者间的事情。他比较严肃一点。张爱玲比较虚，写的东西跟我那时候的主题一样，都是些逢场作戏之类。

当时还有一个我注意的作家叫做芦焚，他的笔名叫师陀。柯灵的副刊有时是他代做编辑的，我跟他也通过一些信。

近年来一般的新作品我不太读了，但是我却了解像王蒙、张洁、刘心武的作品……还有王安忆。有一次王安忆跟母亲茹志鹃一起来美的时候我们见过面。中国作家里面冯骥才还有莫言这两位的作品我也是相当喜欢的。还有汪曾祺、余华，我觉得他们的东西都是有质量的。我觉得女作家除了张洁，谌容的东西也不错。

## 第四节　外国作家对我的影响

我青少年时候读到的外国小说对我的影响的确不小。先是读翻译的，后来开始读原文。

我比较喜欢读的有大仲马、小仲马，还有托尔斯泰、契诃夫等人，那时候的俄国文学很流行。同时我也读过一些苏联文学，印象较深的有《钢铁是怎样炼成的》。读的时候大概二十岁左右。

一九四几年的时候，上海文艺界很热闹，这类书都翻译过来了。我喜欢读的书还有肖洛霍夫《静静的顿河》《被开垦的处女地》等。当时我们对俄苏文学非常有兴趣。

当时法国作品我看得比较多的是纪德，巴尔扎克；非常非常喜欢的还有莫泊桑、左拉、写《包法利夫人》的福楼拜。当然还有卢梭，存在主义作家萨特和波伏娃、加缪等人。

英国作家我喜欢的有莎士比亚、弥尔顿、查尔斯·狄更斯和萨克雷。美国作家里的杰克·伦敦、马克·吐温，还有现代的海明威等人都包括在内。具体的作家不必一一提及了，几乎所有的大家的作品如梅勒、厄普代克、戈尔·维达尔等那时候都读过了。许多美国作家是后来我写作的材料。

回顾我的写作生涯，我觉得，还是西方文学对我的影响大。中国现代文学对我的影响就是让我了解中国，读中国文学对我影响比较大的就是巴金，我那时对他的东西看得很多，非常喜欢他的朴素、用最简单的风格表达自己。

## 第五节　沪上及北派杂志、美国杂志

如果让我谈谈当年杂志类的东西对我的影响，事实上是我的文章在杂志上发生影响，它们并没有影响我多少。

当然，如果一个人想投稿，你肯定会了解这些杂志的风格、它们常发表的题材和体裁，它们喜欢的话题和编者及读者的趣味等等，这些不可能不影响到我的写作。

但是我并不太介意它们的风格。像《幸福》和《万象》等，它们喜欢我的文章就用我的，不喜欢也没关系。那时候是柯灵、沈寂在编这些杂志，我们早已互相熟悉了。

小时候我喜欢的还有鸳鸯蝴蝶派和星期六派的小说，比如说有本杂志叫《红玫瑰》[1]，你听说过没有？那里面的很多小说我都是很喜欢的，比如周瘦鹃和赵苕狂的小说。后来就喜欢看邹韬奋的时事性《生活》杂志。这本杂志被禁了以后，改名《新生》继续了好久。同时，还有早期北京出版的“京派”杂志如《新青年》《独立评论》等对我影响也很大。我觉得那时候北京出版的杂志标准比较高一点。

那时候北京的杂志一般都是大学里的教授编辑的，讨论的也常常是国家大事。海派的杂志编辑都是一般文人，写的事情也都比较家常琐碎。

到了美国以后对我影响最大的有最著名的杂志《纽约客》，我读了几十年了，到今天仍然在看。此外，还有《巴黎评论》《党派评论》，后者非常左倾，完全是社会主义者办的。我因为当时思想很左，所以喜欢它。《巴黎评论》是个很正统的文学杂志，还有《大西洋月刊》《哈泼氏》（已经停刊了）等，都是我非常喜欢的。

当然，一些新闻类杂志如《新闻周刊》等，我是每期都看。

另外，一些美国大学出版社和文学系办的文学杂志如《哈德逊评论》之类——都是叫什么什么“评论”之类的，都是叫作“小型杂志”但它们的读者很严肃。它们发表的都是好的文章、诗歌和小说。这类作家有的会升入商业类文学杂志的作家群体，比如说像《巴黎评论》和《纽约客》，而到了这类杂志上刊文就可以很流行，有很高的稿费了。

我写过文章的杂志有《新领袖》，它是一个持社会主义办刊理念的杂志，也是跟工会有关系的刊物。我也给他们写过书评等。我跟在布鲁克林高地的文学小圈子里的人们一起讨论和写作、投稿。还有一本《老爷杂志》(*Esquire*)，这份杂志到今天仍然存在，我也给它投稿。这类杂志稿费很高，也发表小说等。我也在《巴黎评论》介绍过“文革”后的中国文学状态。

另外，还有《星期六晚邮》，是两周刊或是月刊我忘记了；以及《星期六文学评论》(后来改成《星期六评论》)，我在上面发表过很多散文和评论。这份刊物的读者很多都是中学和小学的教师和图书馆员，发行量很大，既不是很高端，但也绝不是低端的刊物，是一本典型的中产阶级和中等知识分子的刊物。我常常写一些中国的童年经历和我们早年教育的情况。它在教育界的读者很多，我时常收到读者来信，有不少粉丝。他们问我的作品能不能让他们作为教辅材料在学校使用，我当然乐意。——美国人是非常注重版权意识的，他们时常要写信或打电话来获得授权。

## 第六节　我在上海做记者

——好！下边谈的这个问题我会更开心。谈到报纸，我有说不完的话。我从小学时就有读报的习惯并在宁波的《时事公报》发表了文章，后来到了上海我读报的天地就更大了。当时上海有两份最出名的大报，即《新闻报》和《申报》。它们规模最大，但是比较保守、老气横秋。后来出了两种比较新的报纸《大公报》和《文汇报》，内容和思想都比较先进。

《大公报》原是天津出版的，后来搬到上海，它在当时知识分子心目中地位很高，我一直想在那儿做事的。后来又来了《文汇报》，其他有《大美晚报》；它们大都跟柯灵有关系。还有一些报纸，都有副刊，因为那时是“孤岛”时期，这些报纸大都有美国背景。那时的旧上海大家都知道，同期还有很多小报，就像纽约这里的《纽约邮报》和《每日新闻》——当然这两个报纸比小报严肃多了，它们还有国际新闻版面之类的——而那时的上海小报大都是刊登一些女人新闻、小市民阶级和消闲新闻等软性新闻。

前面咱们说我的生平回忆时谈过，我 1945 年毕业后报考《申报》，主要是考中文和英文。我是圣约翰大学英文系毕业的，英文当然不怕考，而中文更是不成问题，那时候我已经在报上发表过很多作品了。

被《申报》录取后，他们问我喜欢什么方面的工作，我说想做一个外交记者。后来我发现在《申报》做事不是十分痛快，因为《申报》是一份官方报纸，它的背景是政府和国民党的。我的上司都是国民党人。有时他们甚至直接问我要不要参加国民党。我那时候思想很激进，当然不愿意。

由于这个原因，我的工作机会就比较少，我也不太受信任。比如说，采访时就不太派我去。就算我采访了，他们也不用我的稿子而是采用中央社的通稿。后来我就知道了，他们对我写的东西不信任，对我的立场不赞同。

那时候《申报》的副刊总编是卜少夫，他后来去了香港，我跟他并不熟悉的。我的顶头上司是管政治新闻的。他不太用我的稿子，只是用中央社的。我的一个朋友叫沈毓刚，他去《申报》工作，就当了副刊编辑，不需要辛辛苦苦跑新闻，把副刊编好了就可以早早回家了，我很羡慕。最后我见他时，他已是《新民晚报》的副主编了。

我的一个很要好的朋友杨复冬，他那时候在一个小报工作——当时上海有十几种小报，生意都是非常好——他们非常需要编辑。正好 1945 年抗日战争胜利后，他们告诉我有一份小报，背景跟别的很不一样，是国民党大佬潘公展办的。杨复冬说，他要编副刊部分，沈毓刚负责新闻版，这份报纸一共四版，杨复冬两版是中外文艺，他编中国部分，他就邀请我帮着翻译和编辑外国部分。最后一版是体育新闻，由体育名记者桑榆主编。

我当然很高兴，这个工作比《申报》有意思多了。于是我毫不犹豫就辞掉《申报》而到这份《辛报》去工作了。

由于这份小报是游乐消遣的内容多，所以做事都是晚上做的。要晚上挖新闻，到娱乐场所交际和到夜总会跟舞女、电影明星和各类人等交往。但是我们的报纸毕竟比别的小报还要严肃认真一些，他们经常让我在一些美国杂志上编译一些新鲜题材，介绍一些软性的外国情况。我做得得心应手，读者们也是十分欢迎。

我的工作时间一般是这样的：上午睡懒觉，下午起来以后，到南京路有个叫新雅酒店的广东馆子去聚会写稿子。不仅仅是小报记者，就是大报的记者也都到那里去聚集。那里的侍者都知道，常年给我们留着一个大桌子，永远有可口的茶点。各报的记者常常在这里聚会谈玩，互相交流情况和新闻。

那时候的生活我们觉得真的有意思，日子也非常简单。经常有记者带着红舞女和电影明星来这里跟大家一起谈玩娱乐，谈玩以后就一起出去吃晚饭，然后再去报馆。报馆的工作大概两三个小时就完了。完了以后就一起到虹口的夜总会去宵夜，跟舞女跳舞等。当时我住在静安寺附近，离虹口很远，但是我仍觉得愉快。这样的生活大约持续了两年。我后来写过文章回忆说，这大约是我一生中活得最惬意的时光。

《辛报》体育版主编桑榆是最出名的体育新闻记者，擅长足球，是体育新闻的权威。他对我很欣赏，他英文也非常好。有一天告诉我他要到《东南日报》去主持新闻。这份报纸原来在杭州，是国民党的报纸，曾经非常出名，销路也非常好。抗战结束后搬到上海来，要编地方新闻版，希望我帮着他当助编。桑榆非常豪爽，所以我就同时帮他编两份报。

我其实在国内做记者只有两年时光，但这样的工作使我学习了很多东西——不止是新闻，而且学会了认识世间百态和世故人情。

当时也见识了很多有名的人和有名的事。

在《申报》时我们的地方新闻编辑叫吴嘉棠，他是美国密苏里大学新闻系毕业的（这跟我后来去密苏里有些关系），他也编辑英文的 *Shanghai Evening Post*，他是主编。他同时编两份报纸，他的中文不好，但他会设计和出选题。记得有一次，他曾经遣我们去采访四马路的妓女集聚区的情况。他替我设计的是假装成一个花柳病人去看医生，述说我自己昨天晚上跟妓女有染但是今天感到紧张，要去看医生检查情况之类。这件事我记得很清楚，这篇采访的目的是找寻和揭破花柳医生的骗局。

我在《申报》和《辛报》工作时，采访过美国的军舰。上海是个大港口，常常有外国军舰。我时常有机会见到外国名人。我采访过美国大使马歇尔将军。我在上海外滩的最高级的饭店华懋饭店采访过马歇尔将军并有机会跟他谈了一些简短的话——当时高官和名人云集，马歇尔炙手可热，能跟他单独说上几句话应该是不简单的。

还有就是当时的《时代周刊》主编亨利·鲁斯从重庆到上海召开记者会介绍他们杂志情况，我有机会跟我崇拜的这位主编有过直接的接触。后来，我也认识了很多美国最著名的记者，这些是后话。

第三个印象深刻的是魏德迈将军来视察美国兵营，只是一次美国军人的内部工作检查，但我们一些记者随行采访了此事。中央社的女记者陈香梅也参加了这次采访。魏德迈将军身高七尺，步幅也非常大，一般人很难跟上他的速度，他的随员都是连滚带爬地快步走追他。陈香梅身材矮小而且穿着高跟鞋，当时她准备很认真，涂脂抹粉地去采访，可是根本跟不上魏德迈，一路跑得非常狼狈。陈香梅家庭出身是很高贵的，后来嫁给了飞虎队的陈纳德将军。

还有一件印象深刻的事情是有一次我们到一个英国军舰上去采访，看到船上有一个不到二十岁的小水手，士兵问我们是否知道他是谁，我们当然不知道。可是一问却是大吃一惊，此人正是刚刚取代英国著名的战时首相丘吉尔而当选新首相的艾德礼之子，他只是个默默无闻的小水兵。这件事让我印象很深刻，让我从最基本的层面上看到了西方民主政治最朴素的一面。

这里还有一个尾声小插曲值得一提：因为我对《大公报》印象非常好，结果几十年后我的《天下真小》一书中的相关回忆文章出版后，《大公报》编辑看到了我当年那么喜欢他们，就非要请我替他们副刊写个专栏。

后来《文汇报》也请我替他们写文章，这些都非常有意思，为我青少年时代跟中国报纸的缘分画上了一个圆满的句号。

## 第七节　美国的报纸经

——好，咱们下面谈谈我印象深刻的美国报纸。

美国报纸中我喜欢的大报比较多。1947 年我被著名的密苏里大学新闻学院录取以后，那里的图书馆让我印象深刻。新闻学院图书馆里各种报纸齐备，全美各城市的大报纸都订。

我当时心想，美国的英文报纸浩如烟海，不可能有时间读完它，我应该花时间研究最有名的几份。于是我主要读《纽约时报》和《华盛顿邮报》。我的志向是以后要去纽约的，自然而然地，我的注意力就集中到了《纽约时报》上。读《纽约时报》的习惯自那时候养成到现在，六十多年了，我几乎是每天花几个小时去读，连一天都没有间断过。即使是我放假和到外地旅行的时候，我的报纸也是如期送到。我到家后马上不顾一切先浏览和阅读出外时错过的报纸，补齐我错失的信息。我对《纽约时报》非常敬重，我觉得它的办报方针非常非常好。

我说的我的兴趣很广就是这个意思。因为报纸包罗万象，我每天接触的信息很多，它们大都引起了我了解这个世界的浓厚的兴趣。因为读报接受信息快，就差不多世界上所有发生的东西我都知道那么一点。

《纽约时报》上百页，当然谁也不可能每一页都认真读完，但我至少要看看标题方可安心。像体育版我没有兴趣；但别的版上像地方新闻啦、商业新闻啦、旅行新闻啦甚至于是有时候的专刊如食品新闻之类我都喜欢看一下到底有什么新东西。我认识事物和做学问的最大动力就是好奇心。这使我跟得上美国的潮流。有时候跟美国朋友谈话时我的话题总是跟得上他们而且在大部分时候我都比他们知道得多，使他们惊讶不已。

说到最早在美国的发表，我在密苏里大学新闻学院时曾经写过一篇介绍陈独秀对共产党影响的特写，投寄到中西部的大报《堪萨斯城星报》（*Kansas City Star*）发表，那是我首次在美国报刊发表文章，稿费十五元。

像《纽约时报》，有人说它是份左派报纸，它讲话比较中肯一点就被某些人恶谥为左派报纸；美国报纸我最喜欢的就是《纽约时报》和《华盛顿邮报》。

——你问我《纽约时报》和《华盛顿邮报》有什么不同吗？

它们当然有不同。《华盛顿邮报》注重的是政府消息和政治新闻，比如说，报道当年把尼克松总统拉下马来的“水门”事件时，《纽约时报》和《华盛顿邮报》就在不断竞争报道第一手消息和相关评论等，结果《纽约时报》比不过《华盛顿邮报》。其主要的原因就是《华盛顿邮报》都是当地的记者，人熟地熟，又有积累已久的人脉关系，它报道政治新闻更是拿手和当家。

而《纽约时报》就更加包罗万象，包括各个领域采访新闻它都是权威性的；甚至说连书评、影评、音乐会的评论乃至包括舞蹈类的单科芭蕾舞的评论，都是具权威性的；所以《纽约时报》的声望是非常高，它被公认是全世界最好的一份报纸。

另外，美国报纸中我也读一些其他报纸，比如说《纽约邮报》和《每日新闻》我有机会也时常翻一翻。《华尔街日报》注重商业性的新闻报纸我兴趣不是十分大。

另外说说《洛杉矶时报》。它的标准跟《纽约时报》是差不多的，它在华盛顿驻扎记者也不少。不过最近它裁员裁得不得了，因为这份报纸被芝加哥的一份报纸买过去了，新老板为了赢利而考虑大量裁员——这样它的质量会下来。几乎完全下来了。它的记者和编辑们好的都到《华盛顿邮报》和《纽约时报》去了，不好的当然就失业了。

## 第八节　E时代的冲击

经济问题影响了新闻业。当然，其实还不止是经济问题，还有的就是网络问题。

网络是致命一击。当年电视出现时，对平面媒体就重重打击过一回。因为一般人就看电视新闻了。现在英特网网络新闻一发达就更糟糕了，一般人就更等不及看报纸了，有事情发生根本不必看报纸，心急一上网什么都晓得了。所以有的报纸就不能生存，就关门了。

我现在最怕的就是《纽约时报》因此而关门。要是这样就糟糕，我就要没有什么东西看了。

你说不能关门？——你想想呵，单纯要想知道新闻的话在网上完全可以做到。但网上的东西很粗糙，没有趣味和风格。这些跟看书看报的目的完全不一样。

单纯从阅读而言，上网和读书读报的确不一样。但从求知而言，有时候网上来的更实惠、更便捷些。这样就值得忧虑了。按照时下的说法，你买个“E”——就是电子之类的（如e-mail、e-news或者e-book等等）就一切都有了。

让我说，看书就是看书，这些电子的玩意儿是不能代替的。你说的对——大概《纽约时报》关不了门的，它可能会缩减一些读者或者经济效益，但是可以肯定的是，在我们目前看得见的将来，纸质图书和报纸还是不能关门的。

我希望这样，在我余下来的一生中可能还不必担忧这件事。

## 第九节　最得意的写作经验

——你问我一生中写过和出版过很多书和文章，如果让我自己评价和回忆，哪一本或者哪一篇我特别喜爱或觉得发表时特别痛快、印象特别深刻的？

坦率地说我一时很难想起来了。我自己觉得在英文方面，我最荣幸的是在《纽约时报》上发表的关于中国的文章。那是当年中国刚开放时，我最早去中国，回来后写的报道中国的文字。因为《纽约时报》影响力大，所以文章刚刚发表就响声四起，很多读者打电话来咨询更进一步的消息，让我感到震惊和激动。

另外就是在《纽约时报·书评周刊》的书评和《星期六评论》上的一些文章，我感到很得意。在中国发表的东西我觉得能够发表就已经不错了。还有，我是《新领袖》(*New Leader*)半月刊的特约书评者，评了许多有关中国的新书。此杂志着重时事与政治批评。美国的要人如基辛格等都要阅读它，虽然它的销路不大，稿费不多，但影响却很大。后来停刊了，在网上继续，我因年老已停写了。

你看，（展示书作）这里有我在美国的《星期六评论》上发表文章的合订本里重新选刊的精彩文章，在当时影响还是比较大的。

这本是《巴黎评论》的精华选本，里面还有我翻译的董乐山的小说。里面也有评论。我写文章介绍过新中国的文坛。

当年董乐山在《文汇报》上发表了这篇小说，我又帮他翻译成了英文在《巴黎评论》发表。

大致上我一生的写作和发表经历了三个阶段。第一个阶段是青少年时代到来美国前的这个时期。那时候少年得志，发表过不少作品也感到很风光。特别是那时候有种神童般的自豪感。文章受欢迎，随后又加入了报界，在媒体上春风得意；自己感到发表东西特别容易，同时又业余兼写小说，拥有自己的读者群。

第二个阶段是到了美国重操旧业当学生。毕业后开始尝试用英文写作。就是刚才介绍的英文文章等等。

第三个阶段就是我在改革开放以后跟《读书》结缘以及后续跟其他报刊合作，大量写作漫谈中西文化和文学以及出版了大量中文作品的阶段。我自己把这部分的写作看作我生命中的第二个写作生涯。

在中文写作方面，我最为得意的大约是在《读书》时期的写作部分。因为当时全国那么多的读书人跟我呼应，渴求通过我来了解西方世界，特别是通过文学来看人生。那的确是一个不同寻常的时代，这情形诱发了我不同寻常的写作激情。

那时候的编辑是沈昌文，他时常打电话来约稿，他是三联书店的策划人，他的上司是范用。他常说我的文章一到，范用等就非常有兴趣，马上拿去第一个阅读。当时这是一本非常通俗、具有可读性和知识传播性的刊物。那的确是一个让人怀念的时代。

我的运气好，赶上了人们求知若渴的时代，整个中国的读书人特别是大学生都喜欢读我的文章。我在中国大陆受到了意想不到的欢迎。我曾经被山东大学和宁波大学邀请去长期讲学，其间复旦大学也邀请我去讲演。听众之多简直让我诧异。数百名学生在聆听，他们的求知欲之强令我感动。所以我谈得高兴，学生们听得也高兴，我发表了很多关于美国的信息，大约在那个时候，这些对于国内读者和听众来说都是很新奇的。

我记得有一次在北京国际关系学院巫宁坤请我去做讲演，讲完了以后学生们都挤上来让我在他们购买的我的书上签名，对待我像个电影明星一样，的确让我感到很得意。

若问我比较喜欢自己出版的哪一本书，我觉得《天下真小》比较有意思。因为它是第一本，它当时介绍的信息量也比较大。那时候中国跟西方已经隔离了好久，读到的任何东西都是很新鲜的。我此后也时常再拿起它来读读，觉得这本书还真不赖。它不止是谈文化，也谈到了生活，两个世界，等等。

这是喜欢的，但我觉得比较有深度的是《纽约客书林漫步》。这本书谈得比较深刻。

另外有一本台湾出版的，我觉得装帧比较漂亮。此外《旅美五十年》我也喜欢。

## 第十节　我为什么要写作

你问我为什么要写作？

我没有什么伟大的目的——比如说，像中国的古人或圣贤们写作是“文以载道”、要立言和匡正时弊，要改造社会。西方的作家写作要表现自我或传播思想等等。

我初始写作的动力是因为早期阅读多了、看的多了就想积累和发泄，就自然而然地想写下来，灵感一来你非写下来不可。写作，那时候就像是小便和大便积累多了就要排出去一样，不发表不舒服。

真的是这样。开头是这样，第一步当然任其自然发生。第二步就开始不太一样了。因为发表后你就有了动力，不再是任性而动的宣泄。你要发表什么样的东西，什么样的东西能够被发表，这些你就要认真考虑了。这个主题应该是什么样的才能引起编辑的兴趣、文句应该怎样写才能富有表达力等等应该认真考量。而到了最后一个阶段，你就是非写不可了。——你自己也是写东西的人，一定会有同感的。对吧？

现在时常有人会问我，你这么大年纪已经是九十多岁、朝着一百岁走的人，何苦那么匆忙给自己找事添堵，每天忙着写，这么累干什么呵！

我说写作会给我带来乐趣，写了一篇东西之后看到它变成铅字、读者喜欢读，他们读了以后跟我有同感，我的文章能够影响社会，人生就很知足了。“You have something to look forward to”（你应该有些期待的东西），这可能就是所谓的发表欲吧。

至于你说到某些中国古人的写作的原始动力大概是一种改造社会和救世济人的雄心，比如孔子。而西方人的传统有另一种倾向即任性而动地表达自己。比如从古罗马贺拉斯等人开始的一种表述宣泄即“愤怒出诗人”的传统，他们没有那么多的社会大义和人生的责任感而是要忠于自我和表现自我。

这些我都同意。孔子喜欢教训人。而西方认为爱和恨的感情很重的时候你必须发泄不可。比如说，你有时候会看到我会写一些批评和讽刺类的文章，其实谈到的事情跟我本人并没有关系，但是我可以表达我的感情、评价和社会责任感。这不是发表欲而是发泄欲。

我认为写作应该有两种，一种是创造型的写作即创作，就是无中生有，创造出一种小说和故事。它强调原创性和“挑起”一件事情和故事，这要靠自己的创作和想象力。这样写作的人叫作家。

而我不认为我是一个创作家，因为我没有创造力。我写的大都是评论，是另一种写作。都是看到别的东西后有感而发，这两者有本质性的不同。写理论性的论文的，写讨论类的东西跟文学创作是完全不同的两类写作。

像有些科学家、心理学家、社会学家，或像我们这类的批评家是批评别人的，不是原创性的工作，只是在别人基础上的研究。所以诺贝尔奖主要是发给原创性的艺术家和创作者，像我们这样写评论的不属于原创类的艺术家。

——嗨！你说对了，我曾经也是一个创作家。我早年写过很多以令狐彗为笔名的小说，它们在当时颇受欢迎。可后来为什么不延续这条小说创作的道路而走了另一条路呢？

我觉得，创作是一件很困难的事情。作为一个艺术家，要想有原创性，就必须要有很多想法。如果你的灵感来了，你被激励，觉得你有故事要谈出来，你必须全力以赴写出来。

年轻时比较有激情。但是到了我这个年纪，已经没有创作欲了。我们写东西用不着原创性的思考；比如说，我读了一篇文章或者了解了一个新闻事件，就是有感而发的。

——你问我，当年如果不出国，我会不会接着写令狐彗那样的小说或做小说家？就像当年张爱玲那样写下去……

我想不会。我对“令狐彗小说”并不喜欢，我自已瞧不起自已。我对那些东西并不看重，我觉得那简直是小孩子时候的事情。虽然从艺术上说，它们还并不算很幼稚，也并不有什么孩子气。但问题是，我当时的写作并不是抱着很严正的、严肃的态度的。真正写小说应该是很严肃的才可以。

——你说西方的小说家写小说也未必都是很“严肃”？

我觉得西方的小说有两种。一种是写严肃小说的，这些作品往往名气很大，但稿费却不多。另一类写娱乐小说的都是百万富翁，比如写政坛小说、言情小说和色情小说的——现在国内不是也有这种风气的吗——因为这类作品读者多，所以是赚钱的所在。而我们写的东西读者并不会太多。

当年赴美时我想，我最多在美国读两年书就要赶回去，我在那时候的中国新闻界一定会很有出息的，可没想到命运弄人，现在一切不堪回首了。

我的志愿是在新闻界里当记者或当编辑，出自己想出的东西，编自己喜欢的书。没有想到自己要当作者，当时觉得当作者是个业余的事情。

当时当作者就是你一生一世要过一种住亭子间的生活——亭子间就是在旧上海厨房楼上的一种阁楼房，日子过得很是清苦。

那时稿酬极低，即使到了现在，我一篇文章也还不够吃一顿有好菜的饭。一般的作者生活是没有保障的。我始终认为每一个作家都要有一份正当的工作或职业做保障，然后再写作。比如说当老师、当记者或者当律师，然后再写作。

不能靠写作和纯文学吃饭，当时靠写作吃饭的大约只有鲁迅。鲁迅当时的稿费多，说是“多”，其实跟今天的美国作家还是不能比。但是他至少可以靠写作维持一个起码的中产阶级的生活。

那个时候一般作者靠写作根本无法维持生活。这是我直到今天想起时仍然感到深深遗恨的。就是在中国，人们往往瞧不起写作的人。像我现在写东西根本不是为了钱。比如现在我给《侨报》写专栏所得的稿费连吃一顿午饭也不够，这些真正是莫名其妙的事情。国内稿费大概也是这样的。

——啊！现在国内居然发展这样快，也有靠畅销书发财的了？大概现在读者多、销路大，出书可能已经不一样了。不过我自己是到现在，一生一世还没有靠过稿费生活过。

所以我现在给海外报刊写稿只是为了发发牢骚，根本不是为了那一点可笑的稿费。

其实国内市场的图书运作方式的局限也很影响销售。比如说，当年我的《天下真小》这本书很畅销而且市场潜力很好，这本书的编辑和出版者都盛赞它受欢迎，但是我仍然时常听到朋友和读者们抱怨买不到它，出版不久这本书就脱销了。我跟出版者打听，也让我的弟弟董乐山去问询，可是那时虽然这本书受欢迎，出版社却没有再版和重印的计划。那时候在中国出书大概只是个任务，出完了一本书就等于是把这件事做完了，没有人考虑到后续的动作和相应的利益。

其实一本书出版后，如果它受欢迎，进行再版是个利益很好的事情，因为你的前期投入早已做完了，重印和再版几乎只是花点儿纸张和装订的钱而已，这样才是赚钱之道，像美国的图书商人最懂得这些。

一边是读者抱怨买不到书，一边是出版社眼看着到手的钱不去挣，吃亏的是读者和作者。这种机制怎么能让作者有写作的动力呢！

也许20世纪80年代出我的书那时候基本上还没有赚钱意识，现在却是大不一样了，现在市场也是出版者考虑的一个重要因素了。现在的问题大约应该是只担心找不到读者的兴趣和读书的热点了。

---

**注释：**

【1】《红玫瑰》杂志，前身是《红杂志》，于1922年8月创刊于上海，周刊，32开，世界书局发行。1924年7月18日出至第100期后改组为《红玫瑰》，1932年终刊。严独鹤主编，施济群、赵苕狂先后主持日常编务。它是以普通市民为主要读者对象的消闲性文学刊物，其取材宽泛，不尚题旨宏深，只求轻松有趣，形式活泼无拘，文字诙谐滑稽，讥谑嬉骂皆成文章。此刊对于今日读者观察彼时社会颇具认识价值。《红杂志》及其一脉相承的《红玫瑰》是《礼拜六》衰落后鸳鸯蝴蝶派在变异改革时期持续时间最长影响最大的一种刊物。在与茅盾改革后的《小说月报》及同类刊物《紫罗兰》的竞争中，从1922年持续到1932年，它保持了令人惊讶的生命力，然而文学史对此时期的文学状况描述中，《红杂志》及《红玫瑰》始终处于一个名不见经传的位置。

第五章

# 我所经历的美国总统

## 第一节　美国的领头羊们

——今天我们来谈谈大家都关心的美国政治和社会发展。你说最好先谈美国的核心人物即总统的话题？好。让我想想……到今天，我来美后已经经历了美国十一位总统了。

包括我即将来美国前当政的罗斯福总统，应该一共是十二位。

罗斯福是我最喜欢的一位总统，他也是在一般人眼里美国历史上最伟大的一位总统。

美国历史学家也是喜欢将历届总统进行排位的。罗斯福总统的成就被认为比建国之父华盛顿和宪法起草者杰弗逊的地位还要高。

他做的好事我首先不以当时的中国人站在共产党或者国民党的立场上去谈论。我主要的是以美国人的眼光来评述他。我们先谈一下由胡佛总统引起的美国大萧条时的情景。而到了罗斯福的治下，美国开始变得很兴旺。当然，这种兴旺也跟战争有关。因为战争状况下，美国的军火生意变得非常好，美国的工厂都开业了，兵士到前方去了，连女士们都有了工作。

大家都有了工作，经济就自然好起来了。这一方面当然是因为罗斯福把大政处理得非常好，另一方面他跟斯大林和丘吉尔中间协调得也比较好。丘吉尔和斯大林中间有麻烦，罗斯福在其间分寸把握得比较好。至于说到当时罗斯福在中国国民党和共产党之间关系和他所持的反共立场，这本不足为奇，因为那时候西方政客没有不反共的。那时候国民党是美国的盟友，宋美龄在美国非常会作宣传，她到处讲演很受欢迎，舆论自然是在他们一方。就现在以普通美国人的眼光来看，至今有许多人仍然是非常尊重罗斯福总统的。

唯有一点大家对他批评的是在二战期间希特勒对犹太人进行大屠杀的时候他没有想办法进行阻止或者帮助把这些犹太人搞到美国来。因为当时犹太人实在众多，虽然当时美国的犹太人在政治上势力已经很大，他们希望罗斯福能够派船将在欧洲受难的犹太人接到美国来，但罗斯福没做到。

大家评论在第二次世界大战以后的西方政策对战后日本非常宽容、扶持甚至是旨在利用，但这些政策其实跟他并没有太大的关系。因为当时他已经不是总统了，那时候的总统是杜鲁门，罗斯福在 1945 年就去世了。

## 第二节　罗斯福与杜鲁门

罗斯福是在欧洲胜利以后去世的，后来的日本政策应该是杜鲁门制定的，包括投放原子弹也应该是杜鲁门批准的。今天仍然有人批评杜鲁门下令掷原子弹是不人道的，原子弹杀死的不止是军人而且包括大量的平民。

可是在当年，大家并不这么认为。因为当时的战争太残酷，大家都希望这场灾难性的战争快快结束。战争不结束的话，死的人会更多，而且大多会是我们自己人。所以当时大家都是同意这样做的。但现在，即使是原子弹的发明者欧本海默也后悔自己发明了原子弹，认为这个太不人道。

你问在跟斯大林等人私下秘密签订的“雅尔塔协议”把中国的蒙古分出去一个“蒙古共和国”这件事应该是罗斯福支持的，是吧？

这个也不能说是罗斯福的主张。它是那时候三个胜利国的共同主张，那时候他们将很多东欧国家分给了苏联的势力范围，将蒙古分出去让它“独立”，这些是斯大林的主张。他想把这些都变成他的苏联共产党势力；俄国人把波兰、南斯拉夫、罗马尼亚、爱沙尼亚等这些国家划入了它的势力范围，并且把苏联周边的小国都变成了苏联（苏联解体后它们又分离成了许许多多的小国家），俄国人只不过是其中一部分。这种势力范围的划分是一种妥协的结果。

中国应该是那时候这种秘密协定的牺牲品。

你说得对，那时候我已经在美国了，我熟悉这段历史和你的提问。

我觉得在当时，美国并没有把日本作为其殖民地的意思。美国跟英国不一样，杜鲁门对日本宽容最主要的可能跟其对日本丢原子弹以后的负疚感有关。况且，我也并不觉得美国对日本特别宽容。

比如说，美国保持日本天皇的地位是为了当时日本的安定的考虑。美国要想占领日本并让它有起色，就必须保持它的安定，当时美国是占领日本而不是把它当作殖民地。说到杜鲁门，我们不能忘记当时美国占领军领导者麦克阿瑟，他当时在日本有着像太上皇一样的地位，麦克阿瑟是美国在日本的政治代表。像美国对战后的日本“宽容”并利用日本来钳制中国这样的话我从来没有听说过。你是在哪里听到的这些说法？我觉得这些是一种宣传的话语。

——好吧，为了行文方便和让读者了解咱们彼此的观点，让我来复述你的问话。你说：但是，当时日本投降，美国对对日战胜国的中国有种种限制，制造障碍、不让中国军队去日本参与受降等等，这与美国战后扶持日本的政策是否有关呢？

我觉得你说的这些观点有些奇怪，是一种偏见和不符合事实的想法。那时候中国人亲美亲得不得了，而美国人很尊重中国人，因为那时候美中是盟友，宋美龄战时到美国做讲演在全美大受欢迎。你们这些年轻人并不了解当时的历史……

——好，你问，那么又如何解释这些强权大国不让中国军队去日本受降这样的事实呢？

我想，为什么中国人要去日本接受受降呢？那时候国民党的政府完全腐败，它根本没有钱也没有兵能去参与这些活动。你问这些其实是一些基于党派利益的道听途说。我们在当时从来没有想到过要派兵去日本占领和受降。

大家这方面的观点应该改过来，这是一种自作多情的想法，你看到的历史大约都是后人写的这些历史，这应该是些政治化的诠释。

好，你这些观点我们暂时存疑。但让我复述一下你的问话，你认为，后来朝鲜战争发生，美国显然利用了日本的力量。这些也是历史上不争的事实。是不是？

——对杜鲁门总统的评价嘛，当年，我们作为见证人，觉得杜鲁门跟罗斯福总统怎么能够相比呢？罗斯福当时是指挥二战胜利的伟大领袖，而杜鲁门刚上台的时候，大家都感到很害怕：这样一个小地方出身的没见过什么世面的参议员怎么能够当美国的总统呢！我们一般人开始时瞧不起他。

可是现在回过头来看他，历史学家认为他的确也应该称得上是一位伟大的总统。特别是他的欧洲政策和他的"马歇尔计划"。将欧洲复兴起来是对的。那时候的欧洲被打怕了，美国花一些钱将欧洲的经济复兴起来对全世界都是有好处的。所以历史学家和美国老百姓后来对杜鲁门的评价是很高的。

我 1947 年来美国时他正在竞选连任。当时保守党人看不起他，而民主党人还是要投他一票，但是民主党人里面有个进步党派所谓第三党选出了亨利·华莱士，其人本来是杜鲁门手下的农业部长，他思想非常进步，我上次跟你说过，我的美国朋友间互相说过，“你为什么投票时不投华莱士？”而另一个回答：“我为什么要投华莱士？虽然他思想更激进或者说更对我的胃口，但是我若投他，就会让我们民主党的票源开始分散，徒然让共和党的候选人渔翁得利。所以为了我们民主党人的利益，我要忍痛割爱。”

当时一般美国人对杜鲁门从感觉上看还是很支持的，特别是对马歇尔将军的政策，当时大家都是非常看重的。马歇尔本来是国防部的三军统帅，后来应杜鲁门总统的邀请担任国务卿，他做国务卿时制定了“马歇尔计划”，而且他本人也曾经亲自到中国来给国共两党讲和，可惜没有成功。

## 第三节　冷战与麦卡锡崛起

我认为，冷战不是“制造”出来的，它是形势所迫产生的。这些跟麦卡锡主义有关。当时因为宣传的关系，美国人认为苏联人非常可怕。

麦卡锡主义那时候非常反对苏联、非常反共，他那时候造声势说苏联势力非常大，而且拥有原子弹；共产主义势力是威胁西方的力量等等，这造成了恐怖。冷战就是那时候发生的，这是两大阵营的互相竞争。

那时候美国比较进步的人士开始反对核弹和核战争，我们到麦迪逊广场去集会和游行。

现在人类制造的原子弹已经具备了无数次毁灭地球的能力，这是极端非理性的。

好，下边我们谈谈艾森豪威尔总统的情况。

到了艾森豪威尔选举的时候，我已经有资格投票了。他是共和党人，而我是民主党，我赞成的候选人是斯蒂文森，他是一个知识分子，非常聪明，学问非常好，当时的民主党进步分子都投的是斯蒂文森的票，结果选出来的是艾森豪威尔。

艾森豪威尔是二战时的英雄，当时声望非常高，他那时是哥伦比亚大学的校长。共和党请他竞选，他能够当选应该是不成问题。他做的一点非常好的事是，朝鲜战争发生时，美国人已经经历了第二次世界大战死了很多人，刚刚取得和平竟又来了战争。大部分老百姓对什么战争都是反对的，很多年轻人都战死疆场或死在了外国的土地上。艾森豪威尔在竞选时宣称，我若当选，就会尽一切力量去停止朝鲜战争。结果他坚守了自己的诺言——不过，我认为这场战争结束得还不是那么彻底：战争过去那么多年了，到今天美国还在韩国有那么多驻军，这是浪费了普通纳税人的钱。

但那时候正是麦卡锡主义兴盛的时期，那时候参议员麦卡锡的势力很大，艾森豪威尔为人比较正派。他故意不去见麦卡锡，对他的主张也不予鼓励，故意冷落他，使得麦卡锡渐失市场，最后此人因肝病忧郁死去。

艾森豪威尔当年还连任了两届，他在民间的声望很好。我一般是持民主党人的看法，我的观点有时候不代表老百姓。

他把国家治理得不错，艾森豪威尔在第二次世界大战时的功绩很卓著，老百姓对他评价很高，老百姓的确都很喜欢他。

## 第四节　是是非非肯尼迪

肯尼迪是我们很喜欢的总统，当时的年轻人非常喜欢他。他那时候跟尼克松竞选，尼克松当时显得很不像样，几乎根本不像是个合格的对手。

今天回想起来，那时候美国刚刚开始普及电视新闻节目，很多人说尼克松败给肯尼迪跟电视有关。

那时候肯尼迪和尼克松在电视上有公开的竞选讲话。这是头一次两个总统候选人在电视上进行辩论讲话，肯尼迪年轻，面相好，显得风发扬厉很有气势；而尼克松的形象不够好，而且态度显得很拘束，给人的印象非常不好。

当时听无线电广播的人就说，尼克松当选的胜算大，因为他很会讲；但看电视的民众则认为肯尼迪的派头好，有把握赢。结果肯尼迪当选。

我至今还记得肯尼迪被暗杀时的情形。

那是 1963 年的一天，我还在哥伦比亚大学读书，在黑暗的书库里我苦读了一天，并不知道外边发生了什么。

当我有些累了出来想休息一下的时候，外头一片阳光灿烂，校园里最大的巴特勒图书馆对面行政楼前草地上一大片学生在聚集高声讲话，有的在哭。

我觉得很惊讶，就问一个女同学，“发生了什么？”她却反问我，“他死了吗？”我又问，“谁死了？”她紧跟一句，“肯尼迪死了吗？”

那是我第一次知道肯尼迪被暗杀，他还在被抢救。我才发现他的被暗杀，整个美国民众受到了多么深的震撼。

那时候肯尼迪的太太也很漂亮，这一对非常英俊漂亮的美国总统夫妇到欧洲访问像是一对电影明星一样。美国人对他们非常爱戴和欣赏，他们代表美国的形象，尤其是他们到柏林去演讲的时候，那正是和苏联冷战最厉害的时候。他们到西柏林去，意气风发，开头就用德文说“我是柏林人”，当时好几十万德国人在倾听他的演讲，他们在西德受到了空前的欢迎。

我们可惜的就是他死得太早。那时候越战发生了，越战发生主要是法国的关系。当时法国人在奠边府帮助自己的殖民政策和吴廷琰政权，支持他们跟越盟打，但当时的越盟非常厉害，甚至法国兵根本不敌他们，奠边府被包围起来了。那时候我每天都看报了解战况，非常关心。

结果是法国战败了，奠边府危险，所以美国就帮助法国人。美国的官方和民间那时都有些怕，美国人怕越南又会变成共产主义国家，当时胡志明的声望在越共中非常大，而且越共作战非常勇敢。

美国政府担心如果越共成功了，就会在亚洲变成一个坏的榜样。这样，西方在亚洲的其他势力也会一个一个倒下去，共产党会不断地得手，亚洲很快就会变成共产主义世界了。这种结局是他们不能接受的。他们怕这样会产生多米诺骨牌效应，当时的老挝、柬埔寨也都处在同样的情势，其情况岌岌可危。

在当时，美国未必想一下子就全部卷入进去，它刚开始是派军事顾问去并帮助其培训军队、支持南越吴氏兄弟政权。跟眼下的阿富汗形势是一样的，当时的越南政府非常腐败，开头肯尼迪不愿意派兵去越南，因为上面说过，当时美国人民已经开始厌战、反对战争。

海外军事介入这种东西是不能开始的，只要一开始就会被拖进去——现在同样的历史正在重演。我们每当看到美国的年轻人被派到遥远的外国去送命、去死亡就会感到非常难过。

不应该有这类事情发生的。花了这么多的钱，何必到别人的国家去管别人的事情呢？！美国就是喜欢干涉别的国家的事情，好像是我们美国是一个国际大国，我们是民主国家，我们可以支援别的国家，输出民主和正义之类。

实际上却是适得其反。比如当年中国内战时他们支持蒋介石；而不了解当时中国老百姓的民心，其实当时老百姓对蒋介石的民愤很大。现在美国也是常常越俎代庖隔靴搔痒，比如美国支持南美的一个个的独裁者，凡是反共的它都支持，结果现在这些反共的国家一个个都腐败得不得了。所以美国也一直没有吸取过这方面的教训，仍然在一直支持着腐败的政府。

回到当年肯尼迪的话题，他在当时情况下，慢慢地就开始派军队到越南去了。既然军队去了，战争就一发而不可收拾。军人的使命是打仗，而且军官们喜欢打大仗。打仗，他们才有机会升迁、当将军。一有战事他们的升职就快。

当时冷战的兴起跟苏联的卫星和太空竞争有关系。那时苏联的加加林已经上了太空，这对美国是个极大的震动。那时肯尼迪就誓言要在十年或二十年之内送人到月球上去登陆——这件事最后实现了。那时候的竞争不仅仅是竞争核战争，而且也在太空领域里进行着竞争。苏联比美国早了一步，这对美国是一个巨大刺激。

苏联那时能够这样进步，是因为他们在应用二战时的德国科学家。这些人其实是战犯，他们利用这些人，给他们好吃好住好薪水；美国人也是一样的，靠这种人成功。

肯尼迪的时代是很短的。在肯尼迪当政时另一件事是他的绯闻不断，这是事实。肯尼迪当时人又漂亮，他又喜欢女人，又兼他当时位高权重，别的女子对他时常倾心，他的外遇很多。

在那样的一个时期，作为一个总统经常出现这样的事情，应该是比较负面的。其实这些消息都是在后来才知道的。

当时美国的新闻界有一个自律信条，就是政客的私生活不去管它。肯尼迪的绯闻其实当时记者们都知道的，但是没有像现在的媒体这样到处大肆发表。

当时在美国，这类事不能说是“不敢”发表的。没有“不敢”这类事情的。美国的记者情愿去坐牢也要发表新闻——

而且为此坐牢的也是有的——，不是不敢，好像是道德上的关系。那时普通美国人一般不去求全这类事，因为男女之间的这类事应该是很普遍的，多得很。哪一个记者没有外遇？哪个女记者没有男朋友？当时认为这是个很普遍的、很私人的事情，跟国政有什么关系啊！

今天则大不同了。今天领导人的一举一动大家都知道。最近的一个国会议员曾经在 facebook 上散发自己的裸体照片引起的丑闻人人皆知。

还有上届的美国总统候选人约翰·爱德华兹的绯闻，他的故事又完全不一样了。他那时只是一个总统候选人，其情状一经揭露和发表，马上就引起了选民的关注和唾弃，就当不成总统了。他的情形跟肯尼迪不是一样的。

肯尼迪在当时是这样的。他的太太出去旅行了，他就邀请别的女人到白宫去。这些事情当时很多人都知道但不声张，他有很多绯闻是不容否认的。

这个话题我们以后可以开辟一个专门章节去谈，我会有很多材料告诉你，我们现在专门谈政治好了。

近年来新闻说肯尼迪有性病或要靠吃止痛药等才能保持正常生活之类的种种揭发不可能，这些是谣言。止痛药之类的是因为他有一种特别的病，是靠医生专门配方给药的。这是当时白宫的秘密，不传出来的。

说到这些，我突然忆起要补充一件艾森豪威尔总统的往事。艾森豪威尔统治时期即 20 世纪 50 年代后期 60 年代初期黑人民权运动已经兴起，当时黑人民权运动领袖马丁·路德·金已经开始大兴，很多年轻的白人和激进的思想者开始支持黑人并跟他们结合在一起行车游走南方，叫做“Freedom Riders”（争自由的乘车者），坐着大巴士去南方——南方黑人在大巴上是不允许跟白人坐在一起的；同时，在餐馆也是一样。这些激进的白人故意在大巴上跟黑人混坐在一起，在餐馆区跟黑人一起点菜吃喝，当时有的白人观此很气愤、甚至叫警察来将他们赶下去。这样的事情当时闹得很大，后来三K党就出现了。他们有一次将巴士用火烧掉了，烧死了几个人。

那时按照宪法黑人白人可以同校，但是南方的风气保守，州长也是支持保守的。后来由艾森豪威尔下命令派兵去维持、保护民权和民主的想法，支持黑人白人同校。

这些表明艾森豪威尔总统还是比较开明的，他支持民权、支持男女同校等等。我提到这件事实的目的是证实美国的主流社会和主导思想当时也是在不断进步、走向开通的。就像当年杜鲁门总统执政时一样，他是南方人，是从密苏里州即我读书的那个州来的。他当年曾经给军队发布命令，提出在军队里不能有黑白分别和歧视。这一点我们不能忘记，这是一个大功绩。

在美国近代政治史上，黑白的矛盾是一个非常重大的议题，这个话题非常重要。这样一来，艾森豪威尔马上就获得了很大的人望——可是他在南方州当然受到了反对。

到了肯尼迪时代，他的思想就更加进步了。慢慢地，肯尼迪开始受到黑人的拥戴。肯尼迪被暗杀，有人说是被苏联和古巴派人杀死，有人说是被中央情报局不满他的人杀死，还有一种说法是被不满他取悦黑人政策的白人集团杀死的。当然，这些都可能是谣言。

## 第五节　被暗杀改写的一段历史

肯尼迪死后，美国又有两个政治巨人被杀死：一个是鲍勃·肯尼迪，一个是马丁·路德·金。后者是被恨黑人的白人杀死的，而杀死鲍勃·肯尼迪的却是一个阿拉伯青年，真是匪夷所思。当时鲍勃·肯尼迪的声望非常之大，如果不被暗杀，他一定会当选新总统，后来的约翰逊总统一定不会当选。

鲍勃·肯尼迪我是非说他不可，他是美国现代史上的巨人，他在纽约当参议员的时候就做得很好，他特别到黑人区去了解黑人的生活，到黑人区的小学去了解黑人孩子受教育的情况。美国黑人对肯尼迪家族有一种非常特殊和感念的心情，把他们奉若神明。当时差不多任何一个黑人家庭里都有两张图片：一张是耶稣基督，一张就是肯尼迪总统。

所以，对后来的鲍勃·肯尼迪也有很多人支持，希望他做总统。

他是美国的司法部长，跟中央情报局没有关系，但是他跟联邦调查局的头子胡佛有竞争，联邦调查局是他的属下。

他的灵柩是用火车运到华盛顿的，铁道沿途的美国百姓都自发地对之迎送、哭泣和悼念，现在想来让我仍然感到非常的心恸。

直到今天美国仍然有人作这样的假设：如果肯尼迪不被暗杀，也许越南战争就不会被扩大，扩大是因为约翰逊总统的关系。约翰逊总统用一种大言不惭的口吻说：只要是在我当总统期间，我们美国永远不会输。所以他就拼命征兵。

当时美国的政策有一样好，就是无论贫富阶级的儿子都要去当兵，都要被送到前线去。当时反战情绪越来越激烈，反战之所以能这么成功也是因为这个原因。

因为当兵去前线全国老百姓人人有份，每一家人的子弟都有可能去送死。当时美国国防部长麦克纳马拉的儿子也参加反战游行，——这件事如果在中国大约是不可能发生的，而在美国，这类事在当时是很多的。同时也有很多巨富和很有势力的人的儿女也加入了反战的行列。

今天大家还记得约翰逊，他最大的政绩就是所谓的“great society”即“大社会”政策，这政策主要就是为贫民说话的，它有点儿像是“社会主义”。我们现在老年人的医疗保健等等制度应该说是托他之福，而当年缘起的社会保险制度是罗斯福总统制定的。有人非常反对他们，将他们恶谥为“社会主义”，像今天的奥巴马总统也面临着这类恶讯。

我本人的意识形态当然有早年在中国受共产党人思想的影响，就是认为政府应该帮助老百姓，就是要大家有饭大家吃。

现在美国一般人都是很自私的，都是反对这些公平思想的。

就像我们谈到过的去年有些无知的老年人参加极右的“茶党”，每有茶党开会，总有一些农民和不读书不看报却跟着起哄的老年人喋喋学语说他们反对这些平民保护制度，岂不知他们反对的正是自己将来要赖以生存的制度。

事实上在社会政治和福利方面，约翰逊也做过不少好事，特别是他对黑人很好，他把黑人领袖马丁·路德·金请到白宫去，他的思想也比较开明。就是因为越战的关系，他竞选连任失败了。

另一件值得提及的事是在马丁·路德·金被暗杀的那天晚上，美国很多城市都有黑人暴动，像洛杉矶、华盛顿和费城等城市都有，而约翰逊跟一般黑人领袖都有关系，就是想博得黑人领袖的同情来支持和理解政府，刺杀马丁·路德·金并不是政府的主使或政府的动机。

这是一个表态的行动和政治信号，作为政府高层他是支持黑人运动的。

## 第六节 “中国人民的老朋友”

好，咱们下面谈谈“中国人民的老朋友”尼克松。

谈到尼克松，他最伟大的地方就是建立了跟中华人民共和国的关系。我记得那时候我恰好开刀住在医院里，在医院的电视上全部消息都是尼克松访华的、他在杭州的一切，这让我看来非常感动。我想，我不应该住在医院里，我应该赶快回家去。

我那时候已经离开中国好多年了，看到了美国总统访华，就觉得我去中国有了希望。听说那时候中国跟加拿大有关系，一般美国的左派人士若想去中国就会受欢迎，都是能得到支持的。我就开始给中国驻加拿大的机构不断地写信，申诉我想去中国、去探家。

那时候我并不了解中国，也不知道关于中国的任何细节。只是向往着去，还并不知道害怕。

我一直想回国，也不太知道当时中国的“文化大革命”的情况，因为在美国基本上没有中国的消息，从“大跃进”以后我们对中国的消息就知道得越来越少了。

大约是 1972 年，我住院前一直给加拿大机构写信请求探亲，可是去信无数封，都是石沉大海。我在医院里突然从无线电收音机上得到消息说是基辛格经过巴基斯坦秘密访华，这些让我感到有了希望，非常兴奋。

过了不久，尼克松政府跟中国建立了关系，中国派来了黄镇，黄镇就跟我联系，不久我就得到了去中国的签证，也是通过加拿大的领事。

后来我去了中国。中国的情况是百废待兴。

虽然尼克松在中国大名鼎鼎，但是美国老百姓对尼克松是很轻视的。不过尼克松跟中国建交和结束越南战争这两件事使他得了很多分。

尼克松最大的问题是“水门”事件。

这件事的确让美国人对他评价很低。这是犯罪的嘛！总统怎么可以犯这么大的罪！他偷窃文件、说谎，这些都是要被革职的罪，所以他后来被弹劾。其他方面他没有什么别的大不是之处，但对尼克松，这些就够了。你不能拿中国老百姓的看法来了解美国人的态度，政治伦理和民主政治的规则，这在美国是一个极大的问题。

当时的舆论当然一致批评他的“水门”事件，对他的评价跟我们上边说得差不多。

我知道，虽然如此，在中国，对尼克松的评价还很不错。因为他建立了中美关系，所以从上到下都对他还有一定的感情。[1]

但，我认为那主要是对基辛格，总是说他才是“中国人民的老朋友”。

福特总统接任后，赦免尼克松的事件，大多数人不同意，很多人认为尼克松应该去坐牢。不过有识之士还是认为福特在这件事上做的是对的。因为尼克松这样一个深具影响力的人物如果被送去坐牢，事情会大乱的，社会也会引起动荡。

一般民众或者媒体对福特总统的看法是他没有什么建树，是一个相当平庸的总统，而且，他并不是当选的总统，是尼克松下台后替补的。他没经过竞选，因为美国人并没有选他。

## 第七节　任上不火卸任方火的卡特

咱们下面谈谈卡特，美国人对他的评价也不高。他是个事实上的好人，是个人道主义者，他到南美和非洲国家去访问，为民众疾苦说话，到处呼吁人权，但他也是一个受争议人物，有的人喜欢他，有的人对他没有好感。

他是个基督主义者和和平主义者，所以他拿到诺贝尔和平奖应该是对的。虽然他执政时的政绩并不好，但他是个好人。我记得他执政时美国经济真是萧条，我跟我太太在街上走，看到一家一家的商店都是关着门，觉得美国的经济真是让人悲哀。他的确没有把经济治理好，所以他没有竞选连任成功。他对人权的呼吁和对无家可归穷人的关怀都是非常正确的。

他退任后仍然致力于世界和平的事业，特别是参与一些非政府性质的人道活动，在棘手的人质事件中起到过不小的重要作用。

下面我们谈谈里根，他是个评论上最两极分化的人物。里根比较能够引起一般人的好感，因为他是影星出身，神气、性格等等容易讨好。可我是民主党，我并不认为他的政策好，特别是他的经济政策等等我并不赞成。

刚才说到卡特时我忘记了提及一件事，这件事对他的竞选连任影响极大。那就是美国大使馆的伊朗人质事件，这是他刚刚竞选时遭遇到的问题。像最近奥巴马面临的问题一样，他派直升飞机去杀死了本·拉登，可奥巴马成功了。卡特也想去伊朗解救人质，但他失败了。这个对美国的民气影响很大，老百姓当然非常生气，不愿意再选他当总统了。就像奥巴马这次如果失手也会受到大的打击一样。

而那时候正好里根讨了这个便宜。因为伊朗故意声称，如果美国有了新的总统他们就会放人。这样，里根就顺理成章接了这个风。其实此事跟里根的“成功”根本没有关系的，他的运气是遇到了机会。伊朗人质的释放是伊朗试图用它自己的方式来挑拨离间干扰美国的政治，里根应该说是运气使然顺利摘到了胜利的桃子。

我并不认为里根是个好演员。我看过他的一些电影，甚至当年在香港时就看过他出演的电影了，他是好莱坞的一个 B 级演员即二流的角色，但他在美国政治上却出演了主角。里根在表面上看气势很好，会讲话，对苏联和社会主义国家很强硬，他后来还跟戈尔巴乔夫变成了好朋友，因为戈尔巴乔夫将苏联解体了。这些也都是大事情，中国大概不会发生的。

可是，现在解体的俄罗斯或者前苏联的格局差不多在普京的努力下又回到了原来的方向，普京的确很厉害。人的本性是很厉害的，这些跟主义和思想差不多是没有什么关系的，都是为了自己当权。权力应该说是世上最重要的事情。

里根开启了星球大战计划，主要是考虑到对苏联的攻防问题。里根在经济上进行了一些改革，主要是因为卡特时代的经济情况实在是太坏了。

美国人往往有一个误解的观点，认为里根是一个好总统，说他的时代生活多么富足。事实是里根提前预支了资源和后来的成果，用了未来国库的钱，看上去那时候人们舍得花钱和经济繁荣，但是已经超支消费了，这预兆了后来经济上的危机形势。今天尚有人津津乐道所谓的“里根盛世”实际上是一个笑话。

美国的经济应该是到了克林顿时代才好的。

里根的政策是让富人愈富，赚钱愈多，声言穷人愈能从富人的剩余财富里得到一些好处。他的这些策略明显看不起穷人，我是很反感的。

但他那时的经济的确比卡特时代好一些，因为卡特时代经济的确太坏了。不过经济的好坏未必完全是某一个人的功劳。经济学家认为，经济的发展自成规律，并不机械地受人为的规范。它每过一段周期就要有一个潮汐性的循环，也许里根的运气使他赶上了涨潮的时候。也就是说，这事儿未必一定就是他做好的，换了任何另一个总统也会做好。这是一个自然的循环。照道理今年应该是很好的。

## 第八节　布什父子档与克林顿

奥巴马现在执政仍然没有做得很好，这是小布什遗留下来的，是伊拉克战争、经济衰退等等因素遗留下来的。

好，下面我们接着谈谈老布什。

老布什家里是很富有的。他当过美国最早驻中国大使，而且也做过中央情报局的局长，但他的政绩平平，他的运气是赶上了苏联解体。我对戈尔巴乔夫很欣赏，但我对叶利钦非常不欣赏，他是个酒鬼。戈尔巴乔夫跟美国的关系搞得很好，那时的苏联外交部长我非常欣赏。苏联解体跟里根有些关系，但却是在老布什时发生的，其实是里根时期奠定的基础。

老布什最大的功绩其实是第一次伊拉克战争。他跟他的儿子不一样。他在发动战争前，跟世界上各国领袖都商量过，也得到了北约的支持，而且在伊拉克军队从科威特撤退后，美国的战争已经胜利了。有人主张那时候美国应该乘胜进军一举摧毁伊拉克政府。可是老布什没有这么做，或者没有做到。

此后人们一直抱怨批评他，可是我觉得他当时这样做是对的，因为这场战争完了就是完了，而且美国人受到的伤害很少。

结果小布什又继续了这场战争。他本意是想帮父亲报仇，因为他父亲曾经进行的这场战争受到了抱怨，他想把这件事做完。结果却是做得乱七八糟、一塌糊涂。这样，小布什实质上是把美国引上了下坡路，这是后话。

好，下面咱们谈谈克林顿。

克林顿是个很智慧的人，他执政时经济好转，赤字下降是对的。他是唯一一个在其任内国库不但没有亏空而且有节余的总统。这是很难得的，是个最好的事情。大家都有安全感，对他印象也很好，认为他是第二个肯尼迪。

当然，他也闹过白宫绯闻的事情。

克林顿除了经济政策上的成功以外，在别的方面还没有什么大的事情。当时国际上基本太平，而国内只要经济好就一切都好。而且他的民望比较好，经济一好，一俊遮百丑，什么都好。那时候经济真好，白宫丑闻是后来的事。

我们接着谈谈小布什。

我认为小布什是个丑类。他的家庭是很富有的，他一事无成，但靠家族势力当过德克萨斯州的州长。

他年轻时成立过石油公司，靠家族势力做过生意。他在越战时曾经避免当兵，他利用政治势力和跟参议员的关系没去战场而是只在国民预备队服役。

当年的媒体更多地是说克林顿留学期间躲避兵役去了欧洲。其实，克林顿当时是得了奖学金在牛津大学读书。有人攻击他那时去了苏联，但是当时作为一个大学生，去苏联，多了解一下国际形势有什么坏处呢？我觉得我们应该鼓励年轻人去看世界。美国人的这种态度其实是偏激的，是另一种极端主义。

那时候美国有个制度，就是说，你家如果有人读研究生院的话，此人不必当兵。因此，有很多人就一直读下去，读到研究生。而当时克林顿在牛津读的就是研究生院，他拿到了著名的“罗斯”学者奖学金，这个奖学金很难，只有非常聪明的人才能够得到。

别人批评小布什时也批评克林顿，其实他们两个人的情况是不可同日而语的。

小布什执政时“九一一”这件事使他名望大增，好像他是个反恐英雄，一切都要靠他了。他誓言要抓住本·拉登，不管是死的还是活的，口气很盛。

结果他跟手下商量了到哪儿去找本·拉登。其实凯达组织的培训基地在阿富汗，但是小布什不去专注此地而是硬要去攻打伊拉克。这样做一是要替他父亲报仇，二是因为他跟副总统切尼有自己的私人利益在内。

切尼是做石油生意的，他们要打伊拉克，最主要的是因为石油的关系。萨达姆·侯赛因跟“九一一事件”根本没有关系，他们打伊拉克主要是为了石油而要绑架全部美国人为他们买单，这是最可恨的。让这么多美国人牺牲，现在搞得国库亏空，他们白白花了国家这么多钱，经济上又是一塌糊涂。2008—2009年间这么多银行倒闭造成经济衰退都是跟他所倡导的政策有关。

因为共和党倡导所谓不干涉的政策，对经济投机和炒作行为政府无动于衷。政府不去管理，不去给以规范而自由放任，等到一些投机人士或经济危机都发生了、做出来了时再解救就晚了。

还有跟此有关系的是房贷危机，政府为了刺激消费而鼓励根本不能偿贷的平民买房子，最后没有钱还，因为事先没有任何防范之法，后来把国家搞垮了。这都是小布什时代的结果。

我认为小布什有两个祸害：一是伊拉克战争，另一个是把国家的经济给搞垮了。他应该是美国历史上最坏的一个总统，恐怕要比卡特的名声还要坏。

大家其实也都在骂的还有他的副总统切尼，他完全是为了自己赚钱，其他一切不管。

## 第九节　尚未盖棺定论的奥巴马

好吧，下面该说说奥巴马了。

现在奥巴马还没有盖棺论定。我们只能先谈谈对他的感觉，奥巴马在一开始时非常受到老百姓的爱戴，因为他是第一个黑人总统。这真是美国历史上一件非常不寻常的大事。

你想一想，在几十年前黑人还在南方争斗生存权和渴望平等，现在竟然当了总统，这足可以表现出美国政治制度的开明，最主要的是表现出美国年轻一代的思想进步。

这简直像是美国人制造的一个当代神话，但它不是神话，而是一个事实。究其因缘，白人选他不一定是因为他是黑人的关系，而黑人选他却是因为他们的共同种族原因。

白人选奥巴马大都跟我的想法是一样的，那就是因为我是对人来看，并不是对皮肤来看。现在美国一般老年人还是不喜欢他，而我的女儿这一代年轻人对他很喜欢的。他已经干了好几年了，到现在为止我觉得他干得不好，我觉得不满意，我觉得最可怕的是经济方面。最主要的我不能忘记，我觉得他对两个战争都搞得不好、经济搞得不好实际上都是小布什留下来的负面遗产。好像他留下来的烂屋子要奥巴马来收拾，我觉得奥巴马在经济方面让我很失望，而且在军队方面也让我失望。

我觉得美国军队应该全线撤退。奥巴马在竞选时也这样声言过。我看到在伊拉克的美国军队撤出了，我认为在阿富汗的美国军队也应该马上撤出。我完全不同意美国的军队到外国去占领，美国有什么理由去攻打一个别的国家？——如果说攻打阿富汗尚有道理，因为本·拉登在那里；那么，攻打伊拉克就完全没有道理，因为它的领导人是个独裁者就应该去攻打？这种思想完全错了。

奥巴马当时在参议院里是唯一反对攻打伊拉克的议员，他竞选时说也要撤离阿富汗，但是他非但没有撤退却增加了兵力，这让我失望。同时在经济方面，他到现在还不能做出起色，实在让人失望。

老百姓已经等了数年了。如果一个总统已经完成了他执政期的一大半时间国家还不能走出困境，那么需要期待一个总统干几届才能治理好国家？

可是我不能同意你来“打一个不恰当的比方”即如果是克林顿接下来这个摊子，他能不能干出起色来。

我们当然不能这样比较。克林顿那个时候没有伊拉克的事情，也没有眼下的阿富汗战争。

我觉得眼下即使换了克林顿当然未必能干好。因为局势已经坏成了这样，这些都是前任总统小布什留下来的，坏到这种程度，任何一个人在短时间之内都不一定能干得好的。

我知道你挑起这个话头是因为在纽约经常听到有人这样说，若是让克林顿现在来领导，眼下的问题应该早都解决了云云。

其实这种想法失之于太过简单了，依靠一个救世主，好像一个人振臂一呼就什么事都解决了。

你觉得提问的人会不会是根据其经验和智慧程度来判断这两个人的不同？会不会是认为克林顿比较有处理经济问题的经验，而且他当过多年的州长，处理过很多行政类的问题等等。——而奥巴马却是缺乏实际管理经验，他没有当过州长甚至连个市长都没有做过，从来没有处理过具体的事务，等等。

我觉得这个也不一定。你看莎拉·佩林，她倒是做过阿拉斯加州长，她却连一点常识都没有，就连我们现在这样的谈话估计她也是一点也听不懂，那么，这些所谓的“官职”和“经验”又能说明什么呢？

我现在最大的愿望就是美国的经济好起来，失业的人会找到工作，到了明年选总统的时候我们能看到希望。现在经济出现问题，有另一个因素我们不要忘记，就是现在电脑和科技愈来愈发达，今天的情形跟旧时代完全不一样了。现在若想投资之类你在电脑上几乎一秒钟之内就什么都解决了，根本不需要像过去那么多的人手。这也是一个现实问题。

我并不认为让奥巴马继续干下去会对美国经济能更好一些。我只是觉得假如因此要选一个共和党的人来当总统，我宁愿让奥巴马继续干下去，因为共和党的每一个人说的话都是乱七八糟。他们说是不能相信政府，这是对的，但是如果按照共和党的理念和主张，让贫者更贫、富者更富，所谓的“小政府”，不去干涉资本运作甚至金融欺诈和潜在危机等等，这个社会会更糟糕。

我反对共和党不是反对某些人，或者说并不是因为某个人的关系，而是不同意他们的政治主张和他们基本的教义。

如果下次竞选总统投票，我当然仍然愿意让奥巴马去连任、去尝试，而不愿意把票投给共和党人。民主党不可能有其他人选，至于共和党，我还看不出来他们有什么好的主张和候选人。对奥巴马我还是有信心的，我还是愿意让他继续试下去。

当然，对他我还是并不满意，可我不满意也是对的，不满意却并不是说没有信心。但是现在你让我挑，我还是挑他，电视上其他人的挑战根本谈不出见解来嘛。

——你假设的这个问题很有趣，但是不可能。下一届竞选如果克林顿真的也跳出来当候选人跟奥巴马一起竞选，我当然选克林顿。

我认为克林顿比奥巴马有本领，当然是。我没有考虑种族的观念，我甚至于属意于希拉里·克林顿，其实我上次投票的时候是捧希拉里·克林顿的，可是她初选没有过关。我认为现在若是希拉里当选执政的话可能会比现在奥巴马当总统当得好。

你不能比较过去的事情，现在这些都不可能了。

我觉得若是克林顿处理眼前的经济等问题，要比眼下总统处理得好一些。一般人都会这么想。

美国政客里面克林顿的资格应该说是很不错的。

我觉得若是比较的话，我们能看出，克林顿刚刚接手的时候，美国的情形也是问题很多，也是刚刚打完了伊拉克战争，也是面临着经济问题，等等。

我并没有讲这两个人一个聪明一个不聪明。其实，衡量一个总统的成败主要是看有没有治国的办法，主要看政绩，看办事的成绩和现在办事的情况。

或就像你说的那样，就是看谁能把这个国家治理得更好，让老百姓过更好的日子。老百姓并不介意那些空头的政治支票，大家想的就是日子过得更舒服一点，钱花的更宽裕一点。作为老百姓，并不每天跟政治绞缠在一起，他们关心的是怎样活得更自在，国家和政府怎样给自己提供更多的保障和福利。

## 第十节　对一些政客的看法

——好吧，下面我们谈谈美国历史上跟中国有关系和影响力重大的一些人物。首先谈谈基辛格好吗？

基辛格是一个伟大的人物，在中美关系上他是有贡献的，但是在美国也有很多人不喜欢他。

我前面谈到过，他跟中国好，在很多方面而言也有着他的一些基本上是自利的考量。我以前很看重他，觉得他学问很好，是一个出色的政客。当然，他是一个杰出的政治家这一点不容否认。

至于希拉里·克林顿，我觉得她当国务卿当得不错。奥巴马当年邀请她的时候说过“希拉里，我需要你”——这话说得一点儿不错，他有了希拉里替他主管外交方面的事情对他是很有帮助的。我对希拉里和克林顿都很有好感。

你觉得希拉里对于中国的政策有些方面是很强硬甚至是过于强硬了。——不错，但你这是中国人的看法，我是美国人的看法。

你觉得希拉里有时候的看法是有偏见的。当然她是有偏见的，每个人的看法都会有偏见，你不能说只要她同情中国就是没有偏见。

你能给我举例子说明希拉里偏见的内容么？

你说的这些，比如讨论中国时，她说话语气中时常有些居高临下的口气，批评中国的执政党时把政府和老百姓一起提及，俨然是自己更高贵更自由的口吻。她其实并不十分了解中国一般老百姓的生活和想法，但这种优越的口气和态度让人觉得她对中国不是关心而是伤害。

我却觉得这种情形她是很难真正了解的。别说是她，甚至我是从中国出来的，我也很难真正了解中国的情形。我已经受到了美国的熏陶，觉得什么都是绝对的，完全自由，什么话都可以讲。

但我觉得这个问题未必是她的优越感而是中国人的自卑

感，这是中国人自己的理解问题，我觉得中国人的畸形的自卑和盲目的自大是个问题。我们可以找机会来专门讨论这个话题。

美国人谈到别的国家时他们骨子里的优越感是免不了的。不要说是外交家，即使是一个普通美国人有时候也免不了存有这种优越感，一个普通的美国留学生到中国留学也会感到中国事事不如美国。

——除了前面的人物，我们能否谈谈美国其他令你印象深刻的国务卿和政治人物？

我可以谈谈我熟悉的艾森豪威尔时代的杜勒斯和朝鲜战争时的国务卿狄恩·拉斯卡。

我对杜勒斯并没有好感，但说起对中国有偏见和优越感，他才是对中国怀有优越感的美国行政领导人中最充分的代表。我记得清清楚楚，这就是没有外交家风度的表现。我对杜勒斯没有好感并不仅是因为此，还因为他是一个共和党的政客。

狄恩·拉斯卡也是越战时的国务卿，我对他也没有好感。他说北京时故意不说北京而刻意叫“北平”——当然这是小事情，跟政治没有关系，但是听到这种刻意会让人反感。这也显示出他的一种政治态度，其“守旧”表示他的一种顽固的态度。

另外，我还记得杜鲁门时代的一位艾奇逊国务卿，他是那个时代最为人崇仰的国务卿，能力强，为国际社会所赞誉。

当然，还有一位伟大的国务卿马歇尔。二战以后的“马歇尔计划”拯救了欧洲，造就了今天世界的基本格局。

我想提醒你的是我现在说的这些观点可能跟你的并不一样，但是我是代表着美国人的观点的。

你可能觉得我也是中国来的，但是这些中国背景跟我现在的情形没有什么关系。

你可能会想到你也是美国人，这我承认。但你来美国只不过二十年，而我在美国生活了六十多年，一辈子，我们的观点有分歧是很正常的。

---

**注释**

【1】据尼克松女儿朱莉回忆，1976 年 1 月 1 日她和她的丈夫戴维·艾森豪威尔作为私人旅行去中国，却得到了格外破格的招待，毛泽东亲自接见了他们夫妻俩。朱莉给毛泽东呈上了尼克松给他的私人亲笔信件，毛泽东在会见时关心尼克松的身体，请他们代问尼克松好并邀请他访华。毛泽东对他的“水门”事件轻描淡写并不特别介意。当时，毛主席还告诉她：“我将等候你父亲的到来。”果不其然，尼克松在战胜了病痛之后，于 1976 年 2 月再次访问了北京。

# 第二部分　对　谈

# 第六章

# 你的美味或是我的毒药

## 第一节　中美关系，民间的和政府的

**董：**咱们今天谈谈中国政府和民间对美国的看法以及美国政府和百姓对中国的看法这个话题吧。

我想我们当然都知道，这两个方面是不平衡的。中国人很了解美国，而美国人基本上不了解中国。

但中国人了解的美国其实也不一定是对的。有些是片面的，有些却是一厢情愿式的。

比如说，记得复旦大学陆谷孙曾经请我跟冯亦代、董乐山去讲话，好几百复旦学生听讲。有一个学生问我一个问题，就是我们中国人几乎翻译了美国所有的名著，而且我们中国人口比美国人口多得多，为什么美国人不了解我们中国的作家、没有翻译我们的名著到美国去呢?

我的回答很简单。我说你提到的这两个问题没有可比性。那就是中国人对美国人的兴趣远比美国人对中国人的兴趣大得多了。对中国人而言，美国是世界的中心；而对美国人而言，中国只不过是世界的一部分。那时候他们的关注点还不是中国而在前苏联，还有世界其他国家。

美国人倒也不一定认为中国是边缘，而只是觉得它是世界人口众多国家中的一个。我们青年时大学生出国去留学都要去美国，当时到英国、法国和德国去的都很少。当然也跟那时二战胜利美国势头很旺有关系。

那天在会场上我问到，咱们今天会场上的同学，希望去美国留学读书的请你们举手，结果我发现几乎每个同学的手都高高举起来了。我说假如在美国作这类演讲的话——甚至是我做专门关于中国的演讲，而听众都是有目的的、对中国感兴趣和筛选过了的美国人——我问他们中有多少愿意去中国留学的话，举手的也是非常少。

这样一说，你们就大概知道美国跟中国之间有互相了解愿望的这种不对称的关系了。我们往往以为中国文化伟大，你们有海明威，我们有鲁迅。海明威几乎是在中国家喻户晓，可惜在美国基本上没人知道鲁迅。

在今天事情有了些变化。今天美国其他大学的学生想去中国留学的人数增加了很多。因为经济的原因，更加上报纸的宣传和鼓动，中国好像是21世纪的领头人。在美国，甚至有些没有受过很好教育的老百姓也想让孩子学中文，这些现象就有点像是我们小时候对美国的某些想象那样。

但是他们的想象也比较盲目。美国的有些老百姓比较不读书而且喜欢跟风。从极度自大到没有根基地盲从和轻信只有一步之遥。而相比之下，中国人当时对美国的概念相对是更清晰、更实惠和实际些的。

当然是如此。美国人对中国根本不了解。其实，中国人对美国的了解比美国人对中国的了解强多了。

说到文学方面的问题，告诉你一件事情，我在《读书》杂志上写过了，那时我在报上看到了一条新闻，是刘心武参加了一个作家代表团去法国参观。他到一个儒勒·凡尔纳博物馆去，凡尔纳当然算不上是一个著名作家，是写探险小说的。这个博物馆的一个工作人员或守门人跟他随便攀谈起来，说你们中国人来到法国看作家博物馆很好，你知道不知道法国的这个作家、知道不知道法国的那个作家，如莫泊桑、福楼拜、巴尔扎克等等，刘心武当然知道。谈话之间，刘心武告诉他我也是中国作家，你们法国人对中国的鲁迅知道不知道，法国人回答不知道。

这件事刺激了他，刘心武事后很有感触，对此非常失望。写了篇文章说我们的鲁迅这样的大文豪他们法国人居然没有听说过，他对此感到不满和遗憾。我读了此文后觉得非常好笑，就写了一篇文章，我说外国人对中国人的文学不是这样认识的，别说是一般民众不知道鲁迅，即使是大学生也并不知道鲁迅，而刘心武对一个博物馆看门人或售票员问这个话就看错了对象。

这样的看法是非常幼稚的。你问鲁迅他不知道不足为奇。你如果反问一个中国的博物馆看门人知道不知道海明威，他也当然不会知道。他怎么会知道海明威？你问问题的对象就不平等——我不是批评具体人，我只是觉得这种问法奇怪。

不止是法国人，你在美国问文科的大学生也没有人会知道鲁迅的。这要怪我们的宣传不够，他们一般人对中国的文学、中国的作家根本不感兴趣。另外，中国近代以后的文化势力也小，没有人对这些感兴趣。他根本不关心你的东西，不关心你在做什么，你有什么办法？你总不能逼人注意你吧？

他们只对孔夫子感兴趣。也对政治、思想和意识形态感兴趣，他们的着眼点并不在文学。而一般美国大学生连曹雪芹是谁也不知道，别说是鲁迅了。

巴金的名字人们大概也不知道，美国人也许知道北岛。北岛是现代的，而且也是年轻的，他跟美国当代文化有点儿互动，跟美国媒体的宣传有关。而美国老百姓也不会知道北岛，也许大学生或知识分子听到过他。

虽然像余华、莫言这些作家的作品因近些年被拍了电影的在美国还有人知道，但对他们所知其实也是非常有限。我读小说的这些美国朋友都不知道他们。就是文科学生对这些所知也是很少的，或者简直一点都没有的。

你说《红楼梦》，书名他们大概还听说过，但是你若提到作家名字他们简直不知道的。像《水浒传》有人听说过，当年赛珍珠翻译过，叫《四海之内皆兄弟》。其实在文学交流上，中西文化是不对等的。

美国文化对中国最主要的影响是美国的传教士，他们在中国传教，办医院，开学校。他们的教会很富有；当然，还有电影好莱坞的影响。好莱坞的影响绝对不能忽视，远比什么小说、文学之类的影响要大得多。

## 第二节　美国的反共立场

**王：**相较而言，美国的历史很年轻，中国的历史很悠久。这是一个很生动的对比。记得十几年前我做美国汉学史研究时发现过一些史料，就是美国建国之初，其著名的政治家富兰克林等人曾经想组织一个政治代表团去向古老的中国取经和了解如何写宪法。当然，后来由于相隔遥远和很多其他的因素没能去成。

可是我想，即使他们当年成行，后来的美国也必然要中途改道。中国到了晚清，国家的政治经济都渐趋衰落，像一个老人气数将尽；另外由于时势不同，中国的国运不再，跟当时的世界列强也走不到同一个步点上，捉襟见肘，现出了弱点，受到了世界强权的觊觎和侵略。

**董：**那时候中国开始被称为“东亚病夫”。

总的来说，近代史上，中国跟美国的关系还算是好的。这些也跟美国的传教士文化有关系。美国人一进中国就喜欢办学校、办医院。那时候中国各地大部分教会学校和教会医院都是美国人办的，当然也有一些是英国人办的。

考察那时候一般人对美国人的感觉时好像他们对中国比别

的西方人“好”一些。特别是在第二次世界大战时美国人帮助中国人民抗日，支援中国并且身体力行；同时在国际战场上美国同中国又成了战时的盟友。

所以中国人对美国人的感情会好一些。那时候美国应该是中国在国际上最好的友人。

排除掉政治、历史和政府间的人为情结，中美两国的民间感情应该说还是不错的。美国人比较慷慨，除了办学校和医院外，还用返还的庚子赔款在中国办文化。

中美当代关系不好的最主要原因就是美国是支持国民党的，不是支持共产党的。那时候美国曾经想在国共两党之间进行调解，而且马歇尔将军也曾到过中国处理此事。当时有美国人谢伟思等人奉派到延安考察、同情共产党人，他们曾经向美国当局写过有关的报告。可是这些报告因不受欢迎而被搁置了。这些人后来被麦卡锡等人骂为共产党。

当时还有一批记者比如斯诺等人也是同情共产党的。一些年轻的外交官也同情中共，他们当时的想法跟我的想法是一样的。

这里有理想主义的成分，但更多的是瞧不起当时中国国民党政府的主张。国民党政府的确是太腐败了。所以中国人的希望是在共产党的身上。

那时候他们看到毛泽东的身上承担着那么多人的希望，受到那么多人的拥护，他们就从实报告。可是从实报告的却是华盛顿方面不喜欢听到的。因为美国人有个坏脾气，就是不管其他，只要是沾上共产党的它就无条件反对。不止是中国，当时南美洲的国家如智利、阿根廷等等的执政者都是压迫人民的，但美国支持他们的政府，只要是反共的他们就支持。

所以在抗战以后，中国民间对国民党印象坏，因此对它的扶持者美国的印象也就坏。在 1970 年基辛格到中国之前的中美关系就一直很坏。

不仅是很坏，而是没有关系。

那时是中美互骂，中国说美国是美帝，美国称中国是赤色中国。也叫“毛共”或“中共”。它从来不说中国政府而是说“北京”，用北京这个称呼来代替中国政府。因为它认为台湾的国民党政府才是中国政府。

但老百姓间却不完全是这样。像你们这一代受到新中国教育的人或许会认为“美帝”如何如何；但是在中国民间，特别是老一代的人却对美国还是有好感的。尤其是经过战争时代的老一代人。

在抗日战争时，中国人看到美国人的飞机在打仗时被日本人击落，都冒着生命危险去把飞行员保护起来。

中美两国的老百姓之间还是有着某种感情基础的。大家之间有着某种好感和一定的情谊，到了尼克松访华时因为有了这些积淀的残存就比较容易恢复起来。

其实到了尼克松之后也不是一下了恢复起来的。中美那时没有复交，两方面都有责任。两边互相都没有和好的愿望。比如说越南战争——

奠边府战役是一个震动西方的事情。当时一个主要的西方强国（法国）的正规军队被东方的一个小小的共产党国家的游击队给打败了，这件事的影响相当大，可以说是超出了你今天的想象。

那时候，美国就感到害怕了，肯尼迪总统的国务卿拉斯卡，国防部长麦克纳马拉都决定要派兵。他们想，如果法国让共产党打败了，那么老挝、柬埔寨、泰国和印度支那等东南亚国家一起效法，都成了共产党国家，连成一片，苏联得势和中共得势，那还得了！

就是在这种背景下，美国刚开始是派军事顾问去培训，但是万事就怕起始，只要沾上了就很难拔出来。美国很快就陷进去了。

美国参加，中国当然也就加入了。死了好几百万人，真可惜。

我觉得他们不是要打中国。他们为什么要打中国呢？越战的事情根本跟中国无关。他们是为了防止东亚各国都变为共产党天下。

**王**：朝鲜战争的时候美国的将军麦克阿瑟的确是想把战火烧向中国东北甚至想动用核武器了呀。

**董**：但他不也是遭到了美国政府和民间的反对了吗？麦克阿瑟不也是被革职了吗？美国根本没有意识是去攻打和侵略中国。——这是不是就是你的想法？你自己就是这样认为的吧！

**王**：我想跟您澄清，我这里问问题的目的是想把话题讨论起来；对话或许会用假设的口气和第三者的立场，但我的问题并不是我的疑问也不代表我同意这些观点。请不必局限在问题本身或认为这是我的理解。

## 第三节　意识形态和分歧、误导

**董：**我认为从你提问里就可见很多中国人对美国人的偏见和误解；就是你们根本不了解国际形势，认为美国就是敌人。美国那时候绝对没有意识去攻打中国。那时候美国人最怕的是核战争，他们的主要关注点是苏联，因为那时候的苏联原子弹很多，美国人，特别是美国民间最担心的是核战争。

当时我们有理性的人也骂美国政府：这么拼命地去搞核竞赛有什么意义呢？事实上只要几颗原子弹就能毁灭整个地球和人类，已经搞到几千颗了却还在竞争，这种狂妄无知和无视事实的竞赛的意义又在哪里呢！

我可以负责任地说，冷战是美苏核战争的大较量。假使美国跟中国要发生战争的话，按照美国人的观念，他们会认为我“你是美国人了，你应该对美国尽忠”。但是如果是美国人跟中国发生战争、对中国发射原子弹的话，我当然会有爱中国的立场——那是我的祖国，这是毫无疑义的。

你大概听说过我跟董乐山的争执和立场——

可我们为什么事情而闹你知道吗？我是想用美国的民主派

董鼎山与董乐山

或左派的思想而不愿意用非黑即白的判断来评价中美间的问题。我对这件事想追根溯源，想找出这样做的原因——我不愿意情绪化地简单贴标签和做结论。可惜乐山不愿意客观地分析原因，这让我有些失望。

起因是我写的一篇分析理查·伯恩斯坦的文章。我评论他的《即将来临的中美冲突》，这本书认为中美之间的冲突不可避免甚至会发生核战争。这个作者我认识，我的文章说，他的大部分观点我赞同，此人在中国做过记者，比较了解中国；有一点我不能赞同的是，我认为中美之间未来虽然小的冲突和摩擦不可避免，但不会有核战争。因为中美两国都知道这样的战争之危害和它的毁灭性后果。

董乐山看了我的文章就对我非常生气，就骂我，认为我是在替中共说话。我也反驳说这怎能是替中共说话呢？难道中共希望有核战争吗？那天董乐山非常激动，他受刺激很大。见到那种情形，为了兄弟感情我只好不说话。——乐山可能生平受过政治刺激，受过苦而且没有得到公平对待——当时还有我另一个弟弟董名山和他的太太也在，我们四个人皆在；那时董乐山激动，我却一语不发让他说，没想到这种意气相争后来却引起了一些误解甚至被人利用和曲解。我想，有事实在，是是非非不必受人拨弄。

至今已经又是三十多年了。中美关系并不是建交以后就成了朋友而是一直有争执和互相批评的。不止是批评……

**王：**据我近年来回国观察，在西方世界引起很大关注和讨论的这些话题，在中国的老百姓那里并没有人感兴趣或者说并不真正是个社会问题。有些国外闹得风雨很大的“话题”在国内却无人介意。

**董：**是不知道还是不介意？你说这些话题原来是西方媒体和某些民间“激进人士”刻意关心的，似乎并不代表中国的老百姓。

**王：**这可能还因为你不太了解今天中国的情形。中国是个很大的国家，人口多就容易出现问题并受人利用。政府不愿意出现容易勾起问题的话语和行为，怕的是国家出现诱导不稳定的因素。老百姓的教育程度不一，有各类怨气的老百姓也不少，政府怕的却不是某些激进人士——这些人在一般老百姓中并没有多少市场，但怕的是由于这些诱发引起的社会不稳定因素。

**董：**我现在理解了你所说的为什么美国某些人喜欢批评中国的现象了。不过，这方面我倒是绝对赞成美国政府的立场的。

## 第四节　“民主”并不是一切

**董：**我们今天看到中国的经济现在非常好，这说明市场经济在社会发展过程中是一种正确的选择。印度倒是一直是采用市场经济，它也应该发展得那么快的，但它为什么一直不成功呢？这里面有个问题：那就是中国的管理方式，其效率高，办事能力强；而印度的民主政治影响了它的效率。

**王：**我觉得印度的落后并不只是因为它的“民主”制度。它的整个效率低、腐败、懒惰等等是其根源所在。它那里并没有体现出“民主”的优越性。

**董：**但它的制度还是民主的。

**王：**但是这种“民主”却滞碍了国家经济的发展而不是促进了它。政府不作为，没有起到作用。我们最近读报，发现美国报道印度这方面的事实特别多，也很真实具体。

**董：**我这里跟你谈的是制度，谈的是客观性的。印度是一盘散沙，它的民选民主政府也是贪污、不作为或效率低，你陈述的这些事实都是对的，我同意。印度应该有个强人统治，我对印度一点没有好感。

**王：**这些恰恰证明了印度是一个“民主”制度的坏榜样。如果它的“民主”证明它不如一个“专制”的国家或者它的“民主”比专制效率更低，那么，其所谓“民主”的先进性和优越性又在哪里呢?

## 第五节　美国的“中国威胁论”

**董：**好，咱们下面就谈谈关于中国新一代的民族主义情结和美国人宣扬“中国威胁论”的问题。

美国怕中国强大主要是怕军事方面的。这些跟它当年怕苏联一样。美国最大的军事方面的敌人就是这些，现在中国也有原子弹。另外，美国还怕中国在经济上的发达。前面说过，美国的世纪是20世纪，21世纪可能是中国的世纪。所以美国就怕这个。

你说中国青年一代有民族主义倾向这一点我完全同意你。这是完全对的，这是免不了的。中国近年来这些青年一代中有知识的、有钱的、有职业的年轻人完全是靠近年中国经济发展而发财和兴起的人士，他们当然是在一种自尊心和自大心中成长和长大的。他们当然对今天的美国反感。

我如果当年跟你一样留下来在中国，而且中国也给我提供机会发达，成为像什么“百度”的总裁，让我发家成亿万富翁，我当然也会这样认为而且有这样的言论。这个是对的，尤其是20世纪50年代以后出生的中国人当然跟我们这一代人的想法不一样。他们对美国的感情也跟我这一代人不一样。他们对美国只有羡慕没有好感。

五六十年来，这些人对美国的情绪很多是单方面反对，对美国的感情却是既羡慕又妒嫉，既恨又爱的。

最近这些年美国那些惧怕中国和围堵中国的策略当然刺激了中国年轻一代有民族主义倾向。美国的企图心也是明摆在那儿——其实在军事上和其他实力方面中国现在还根本没法跟美国比，美国人为什么还那么疑惧中国、怕中国强大呢？

我理解这些想法。我被某些人目为“左派”，我们美国的左派人士也常常这样质疑：美国的国防费用和军事力量是这样强大，跟中国在这方面简直不成比例，那么政府为什么还要宣传和闹动静呢！但是美国的右派却不这样认为，他们认为美国非强大不可。这大多是右派宣传的关系啊。

我现在最担心的就是下次总统竞选时共和党的右派势力得势。现在至少奥巴马身边的人和他们的主政者还是相当开明——有什么可怕的呢，美国现在的军事势力要比其他任何集团强大得多了。它拥着不止可以将这个地球毁灭无数次的核武器却仍然制造紧张空气，实在是匪夷所思。

中国担心和警觉美国当然是对的。美国在台湾海峡有牵涉，用心当然明显。

但美国民主最大的好处就是媒体和知识分子能够批评政府。

**王：**但是这种“民主”和批评并不能制止甚或防止政府犯错误或阻止其政府出兵去侵略别的国家。

**董：**但是这种民主制度所允许发出的呼声和舆论可以影响民意，民意可以影响政府的决策。民主的好处主要是这个意思。

**王：**如果美国的民意在某个时候或某个阶段出现了问题或错误了呢？或者换句话说，如果民众的选择出了问题或民意出错了怎么修复？

**董：**民意选出政府，民意真的错了我们就没有办法了。我们唯一的办法就是尽量让人讲话，尽量发挥民主。

**王**：好的，我们今天讨论的结论是，不管是一个专制集权国家还是一个民主国家，如果它的民意或大多数人的观点出了问题，这仍然是一场灾难。民主本身并不能保证它所做出的结论的正确性。

**董**：对，如果这种情形发生，我们只能寄希望于Human Nature。"人之初，性本善"，只能这样想，希望民意是对的。

我现在回想，在我少年时代十几岁加入共产党先锋队，去反对那时国民党的腐败，就是受到了当时民意的影响。我看到了许多批评国民党的文章，当时共产党的宣传办法非常好，那时候国民党应当说是专制的。

美国为什么现在骂中国执政党呢？除了一些老生常谈的问题外，我想，大约还有一些就是经济的问题。就是美国有人认为当前的经济恐慌是因为中国出口太多，导致美国的工厂关闭；中国利用廉价劳动力来倾销货品使美国人失业，影响了美国经济的发展这一类的问题。

我还记得在抗战以前发生的我们当年抵制日本货的情形。因为日本货便宜得不得了，我们中国人常去买，我记得清清楚楚。现在这方面或许也是美国人恐慌的一个原因。

**王**：还有一个值得关注的话题是，美国有一个政治上突出的现象，就是每当在美国选举之时不管属于什么党派，不管是民主党还是共和党，不管是左派、右派还是中间派，为了争取一般选民的选票他们都以批评中国为号召，而且他们往往以此招徕并获胜——没想到，反华或反中国这样一个口号竟这么有号召力。

他们不管是批评中国的政府、政治和人权等，不管其政治倾向上持左中右的见解，都有着罕见的一致去批评中国来造势，这一点时常使人困惑。你觉得他们这样做有意义吗？美国老百姓真的那么不喜欢中国和反中国吗？如果是，那因为什么？如果不是，为什么又成了一个现象？

**董：**我觉得这种现象并没有你说的那么重要和值得关注，而且其作用很少很少，这一点有点像冷战时代的现象。并不是这些政客一定是反对中国，他们想找一个话题，特别是说到失业问题他们就会血口批评中国。但这并不是政治上批评中国，他们是为了具体的利益，为了获取选票。

**王：**说到人权问题，美国有一个让人困惑的地方。那就是这些年在中东国家由西方国家策动操纵的所谓“茉莉花革命”。西方的媒体把这种“革命”称为人权的进步或者是“民主”的进步。但反观事实，受他们支持的力量未必代表着民主或“人权”的实现。这种战乱、残酷、混乱和虐杀完全违背西方所宣传的那些民主和人权的原则，反倒是那些原来的政府力量把国家管理得更加符合其“人权”的秩序。

从另一个角度上讲，美国和西方在伊拉克、阿富汗等战争中所表现出来的道德标准也未必是依据至高无上的“人权”作为其根本标准。这里面起决定作用的大多是以其利益作为标准的吧？这里面的所谓“人权”的口号是极其虚伪和苍白的。

**董：**我同意上面说的，这就是美国的矛盾，而且这些正是我们可以谈的地方。

这些跟美国的民意有关系，牵涉到我们——这里的“我们”是指美国思想进步的这一部分人，就反对美国的伊拉克战争，反对阿富汗战争，这是一部分民意。

至于谈及中东的所谓“阿拉伯之春”，美国的民意就发生矛盾了。比如说，埃及的原来政府是非常倾向美国的，完全是协助美国政府来镇压恐怖分子的，现在它“革命”了以后，美国倒是陷入被动了：它应该支持那一边呢？这就显现出美国虚伪的一面了。一方面它需要支持所谓的“革命”，另一方面这场革命如果带来的是对它利益的伤害、它要表态就要为了自利的因素作祟了。

美国老百姓希望埃及仍然由穆巴拉克执政，这样对美国有利。但是革命后的结果可能会是伊斯兰激进教派掌权；这个伊斯兰兄弟会却完全是反美的。对这样的“革命”，美国如何表态呢？

美国这种对中东革命的态度完全是自相矛盾的。我对这件事是觉得要批评的。中国人假如在这件事上要批评美国，我是完全同意的。

美国人的民主中是有自私的成分的。

美国式的民主会有它虚伪的一面。我说过，美国在中国革命时支持腐败的蒋介石就是虚伪的，而在南美洲支持右派的独裁政权也是虚伪的显例。

在今天的中东方面它也是虚伪的。

在今天的巴勒斯坦问题上我认为美国的立场也是虚伪的。

我看问题完全是看事实的，我没有根据什么党派和国家的利益在内，我完全遵循言论自由的原则。

**王：**那么，在美国今天对中东“革命”的态度上，你认为它是在支持“人权”呢，还是在以自己的利益做准绳呢？

**董：**根本不牵涉人权。它到伊拉克去本身就是错了。说现在的伊拉克政权是所谓的民选政府，什么“民选政府”？阿富汗政府腐败得要命，他们在偷钱，而美国政府还是要支持他们。我们就在反对这一点。民意在反对，政府做错的事情我们在反对他们，这一点你要搞清楚。

**王：**所以我刚才说过，虽然老百姓可以批评政府，但是这种批评的作用很有限，有时也很无奈。

**董：**有时候情况比较复杂。比如说，舆论认为美国不应该侵犯别国领土。不应该派直升飞机到巴基斯坦去暗杀本·拉登，这是对一个主权国家的利益侵犯。

这方面说起来我倒是完全赞同美国政府的决定。因为巴基斯坦完全不诚实。它表面上跟美国政府合作，暗地里将他们藏起来。他们政府当然知道哪里藏了人——

**王：**你认为他们知道，是吧？

**董：**美国政府假如打算派直升飞机过去，若是事先通知了巴基斯坦军事方面说我们要派直升飞机去，那么本·拉登马上就逃掉了。

像你刚才谈到的民主问题，美国现在跟巴基斯坦还保持着相当要好的关系，给他们很多很多钱，这些都是错的。政府做错了这些事，我们一直在批评；政府允许这种公开的批评存在，这就是民主。最主要的一点就是我能够批评。

**王：**很高兴你这么直率地谈出了这些观点。

**董：**我们不是谈过吗？你曾经问我如何给自己定位，是一个学者还是一个教授、一个作家？我说过我是一个新闻工作者。我每天读报、关注新闻和眼下发生的事情，了解每一个新闻事件发生的根源、经过和结果，所以我掌握的资讯很多，而且我喜欢思考和刨根问底，因此在讨论上述问题时我大多是有看法、有答案而且不隐瞒自己看法的。

# 第七章

# 谈书，谈女人

## 第一节　在美国，畅销书是怎么炼成的

**王：**咱们今天谈些轻松的话题怎么样？就说说美国的畅销书吧。

**董：**你问我在美国，一般什么样的书可以成为畅销书呢？是不是都是小说类，或者别的书？

我前一段时间看到中文报纸。上面中国畅销书的排序很乱，阅之时常让人感到一头雾水，很难看出其分类。或者这些所谓畅销书干脆就没有分类。

其中字典、医药保健、儿童读物和时事政治手册、菜谱等排在一起，好像畅销唯一的排序标准就是钱，大概完全是以卖了多少本、赚了多少钱作为排序依据的。

这样，就促使作者和出版社造假和“灌水”，有的作者和出版商为了制造畅销假象，甚至出现雇人买书、网上假购和发动熟人亲友买书的奇闻。

而在美国根本就不可能有这些事。因为他们对畅销书的分类是很严格的。一般而言，一种是 fiction 即虚构类作品，一

种是 non-fiction 即非虚构作品，另外还有一种类别是技术、用具，家用。这些书本的排列都是分开的。即使在文学类内部亦分创作跟评论方面的不同。否则就太混乱了。

文学书不能跟所谓的《人体经络手册》等在一起；《家常菜大全》《新华字典》等怎么可以跟文学和经典类读物放在一起排序呢？这真正是好笑和荒唐。

你前几天给我提供让我参考的这些国内畅销书的排行榜很有意思。我们手头上这份国内的畅销书单上这些东西都是混在一起的。你看，比如说什么看病保健、疗养、导游的书都有，这些跟严肃读物一起排列的所谓畅销书跟真正的畅销书会有什么可以同日而语之处呢？

美国有各种各样的畅销书评比榜单，其中最著名的畅销书榜应该是《纽约时报》的榜单。

一般而言，一个国家的畅销书榜单代表着这个国家一般老百姓的文化关怀和人文兴趣乃至于文化水准。

我认为，non-fiction（非虚构）的作品榜单是最重要的。这里指传记、历史、时论、哲学等。从中你可以看到最近人们关心的热点和人们的兴趣、评议如何。比如说，最近有右派作家写的一本书，它是一本质疑美国总统奥巴马的出生地的书。这本书认为奥巴马是出生在非洲肯尼亚的。它一出版就立刻排名在畅销书榜第一位。不过我要跟你说，这本书虽然排名第一，但它的书名后面《纽约时报》给它标上了一个标记符号，这个符号表明这本书是大批出卖的，所谓大批卖就是右派团体大量团购，买了以后分发宣传赠送的。那么，这样的畅销数字就不够可信了。这个标号很重要，它向读者客观提示虽然这本书畅销，但是这种畅销并非是真实的。

据说国内其实也有这类组织团购或作者购买、包销、宣传而造成出版数字增长的例子。但这些却并没在畅销书榜单上表现出来。

那么，这样做好像就有骗人的效果了，它可以给人故意制造畅销的效果来推销。《纽约时报》在这方面是非常诚实可信的。它从来不骗人。假如它发现其报道有错的话一定会在第一时间刊文纠正过来，哪怕是错几个字也是这样。

比如说上次咱们谈话时《纽约时报》编辑给我打电话来，因为我给他们写了一篇短文，他们打电话来确定其中的几个字眼的问题，在一篇文章发表前，纽约时报非常注重核实其内容的真实性和客观性，以尽量避免产生任何谬误。

还有一种现象也值得留意。美国有一种自费出版社——据说国内现在也有一种所谓自费出书泛滥的倾向。这一点我坚决反对。我认为一个作家自己有能力和才华写书的话就应该让商业公司出版才像样。

自费出版根本就是不赚钱的，这说明真正的书店根本不要它们，它们出版的资质不够。我有一些朋友发表欲极强，自己花了钱到大陆印书两三百本专门去送人。我会告诉他们这样做毫无疑义，因为这类书既没有广告又没有书评，而且你的名气也不大，有谁会来买你的书?

当然，美国也有这类书商专门以此赢利。这类出版社叫vanity press，即虚荣出版社。他们主要目的是为了赢利，按照出钱人的意见装帧排版印刷，有时候也煞有介事地做一些小广告。用这样形式出书能够成名的人非常非常少，偶或稍微有一个的话就会成为大新闻的。

即使是有这样的事例，其实证明的也是作者的出名并非是因为他自费出书而是他真有才干，书好才会有人愿意写书评。一般的虚荣出版商出版的书，报纸杂志都不作书评，严肃的学者和书评家基本上更是对之不看不评、不屑一顾的。其原因我们在前面已经说过。稍微好一点的书出版过程中都要经过出版社的筛滤，不经严肃出版社法眼的书鲜有值得真正书评人瞩目的。

## 第二节　保护性的出版条例

在美国一般的正派出版社有两种。一种就是我们现在谈的商业性出版社，他们瞄准市场和赢利，努力做好书扩大市场，书印的越多赚钱越多。另一种就是大学出版社，比如哥伦比亚大学出版社、哈佛大学出版社等等，他们专门为自己的教授和学术界出书，以此促进学术研究和提高教授和学校的学术声誉。比如像科研和医学之类的著作市场不大，购书者也少，大学出版社也有编辑部，会努力发现好的文章和著作来发表。当然这些人也需要钱财来养活自己。

但是这些大学出版社也会有各种政府和社会团体支持甚或民间的各类基金来支持、赞助他们，以便他们能够无后顾之忧地出版优秀的学术著作。出版这类书也对教学有帮助。因为这样也利于教授们的科研；教学相长，提高教学质量和满足学术职称要求以及满足教师们的发表欲及提高升职晋级的可能。

据说现在国内的出版社也面临着很多挑战和问题。就是说，现在他们开始慢慢走向市场化和商业化。其实这是对的，这样最好。

**王**：可是他们也遇到了空前的挑战。就是说，国内跟美国的出版不一样。出版业要迎合市场和老百姓的趣味，这就是为什么出版了那么多保健、减肥、菜谱之类的书，特别是还有各种各样的儿童书一哄而上，用这类书来赚钱。

**董**：想赢利是对的。市场有需要就印刷、就卖这是对的。但是国内出版业过去不考虑赢利。比如我的《天下真小》20世纪80年代出版后很畅销，但是他们不再版。包括我的朋友，那时《读书》杂志的主编沈昌文都说那本书市场好但书却脱销，他们只说好但就是不及时再版补上。

我的感觉是那时候人们做事就是不以赢利为要素，而是当时负有责任出版书，等书出版了责任就完了，想要再版却成了额外的麻烦。这是一种无视市场和经济需求、人浮于事的官僚主义态度，出版了书就算完成了任务，就一切都完了。

这件事让我感到很生气和沮丧。在美国就大不一样了。如果书出版了受欢迎，出版商就不断地运作、宣传、进一步大量地出版，不断受到市场的测试；只要市场有需要、读者欢迎，他们就不断地出版，这一是为了赚钱，另外也可以让读者有机会买到自己喜欢的书。书的命运由市场决定是对的。

这件事如果发生在美国就不一样啦。美国出版则完全靠市场运作，有市场就大量再版，利用市场机制来推动和创造畅销书。而那时候我对国内的感觉是它不是以利益为要素，而是把出书当作任务，书出版了任务就算完成了。不管市场如何，就不再关心后续的事情了，把再版当成了负担。

**王：**今天这种情况已经得到了改观。现在其实出版社的机制已经不一样了，畅销书很快就会再版。如我去年出版的书《曹雪芹笔下的少女和妇人》出版后很畅销，出版社在几个星期以后立即就再版重印了。现在中国出版业也引进了市场运作模式。

**董：**一个社会能够得以发展跟这个大有关系。就是说要给人 incentive（动力和鼓励机制），有了赚钱的动力人们就能把事情做好。现在中国引进这样的机制是对的。

**王：**说到出版的动力和鼓励机制，似乎又引来了另一个相关的话题。但是有一个问题，比如说，色情方面的书不能出，这样，出版的内容和有些话题当然是受限制了；其市场也就相应受到限制了。出版业要想生存和发达，就要另辟蹊径，于是就泛滥开了那些能够发表且雅俗共赏的大众医疗、保健之类的书。

**董**：让我们谈谈美国的例子和他们怎样处理这些问题。其实说穿了，这也还是要由市场来决定。比如说，虽然这里出版自由，但是正派的、有自尊自律的出版社还是不会去出版色情小说的。

## 第三节 不成文的出版自律

**董**：虽然在美国出版商有出版任何作品的自由；但这种行为会跟他们出版社的名誉有关。如果他们因为出这些赚了点钱而毁坏了自己的名誉，以后正派的作家就不会在他们出版社出版自己的作品了。比如说，你将我的书放在出色情小说的出版社出版，我肯定不会同意的。这个就是要让市场来选择，其实很简单。当然，眼下中国禁止色情的作品，这一点我倒是不反对的。

**王**：你说让市场来决定，这一点我完全同意。可是中美的市场和读者意识有时候未必是相同的。比如，眼下如果中国有一家出版社出版了某种色情的出版物或者打这样的“擦边球”，它可能大卖受欢迎，市场好，但却并没有影响出版社的名誉，因为读者未必如此挑剔和有成熟的鉴赏力，他们并不用自己口袋里的钱来对出版社做道德审判，这样，如果没有监管，出版社会乐得趁机捞它一票。读者和作者也未必会去抵制这家曾经畅销的出版社。这方面，读者和作者的觉悟并不是决定市场的重要因素。于是，政府出面了。

**董：**这一点我相信。政府的介入有时候还是需要的。比如说眼下卖假货的人也是泛滥如潮。再比如说，还有卖害人的假奶粉之类的行径；这些完全是为了赢利不顾一切违法犯罪的。这就需要法律来解决了。这些色情小说对少男少女的影响跟毒奶粉的影响是一样的。

**王：**你刚才说政府不应该采用行政手段去捆住市场，要完全让市场去决定，去自由选择。但是现在你又对某些话题比如色情之类同意政府去出手控制它们。

**董：**在中国这些诲淫诲盗的作品是犯罪的，当然政府有权利控制。

**王：**但是在美国出版上述的作品不算犯罪，是言论自由的一个方面。

**董：**在美国提倡的是自我控制和自律。我前面说过，如果一个素以出色情书的出版社出版我董鼎山和你王海龙的书，我们怎么敢跟他们拧在一起呢。

说到底，这还是牵涉到一种市场选择、道德自律和政府约束三者之间的一种平衡和抉择的关系。中国的图书出版、媒体市场的读者与美国的不同，因此他们的政府也在采用不同的方式来处理相关的问题。

美国的书业竞争激烈，同行时时刻刻盯着，读者也很挑剔。虽然出版自由，但出版社又怎么敢自毁名声，出些乱七八糟的书呢？但是中美的图书市场和读者的选择也有不同。

在美国，裸体色情倒也不是问题。像《花花公子》《藏春阁》等很多的。但现在在中国，目前大概还不能达到让老百姓和读者即市场来决定出版的这一步。

## 第四节 畅销书的奥妙和读者经

**董：**眼下最畅销的书是女人小说，是女作家和大部分女读者的小说。这些倒不是色情小说，而应该说是言情小说。它们大多是女人们讲自己的故事。

最近有一本书是一个南方的白人女作家讲自己童年主人家的三个白人女孩与黑人女佣之间的成长故事。这本书成了畅销书，已经畅销了好几十个礼拜了。

这种书故事很动人，它不一定文学趣味很高，作者可能根本没有名，但一出版畅销书马上就有名了。还有一种畅销书是所谓惊险小说，比如以前冷战时的间谍小说。另一类的则是神怪小说。这些作家也是很出名的。它们不但内容有兴趣，而且文笔很好。神怪小说最出名的是斯蒂芬·金（Stephen King）；间谍小说最出名的作家是英国的约翰·勒·卡雷（John Le Carre）。此类小说的销售量很大，因为他们写得好的关系，甚至真正的文学界对他们也是褒奖有加的。比如《纽约书评》也评论他们。虽然它们不算是我们所说的严肃的文学作品，但是它们的销路也是特别大的。

女人小说销路很大，是女人当主角的。最近畅销书榜名列前茅的一个华裔小说家叫邝丽莎（Lisa See），上个星期她的书成为畅销书第一名。它主要是写这位女作家小时候在中国生长的情况。中国华裔女作家在美国出名的相当多，因为这一位作家是相当年轻的，所以我特别提出来。其他几位像过去的如汤婷婷、谭恩美这些都是家喻户晓，她们两位已被美国文坛认可为是真正严肃文学的作家，在电视上经常露面讲话，非常出名；在美国文学界出名的女作家很多。

其实即使是美国主流写作里女人小说和以家庭妇女为读者的作品也都是很多的。她们的作品往往拥有大量的读者，甚至比真正严肃作家的作品还叫好又叫座。因为中产阶级的家庭妇女基本上有钱（不需要特别的有钱，但是买书之类的附庸风雅只需要有小钱就能成事）有闲，有的参加形形色色的“读书会”来丰富作为家庭主妇的业余生活。

的确是如此。这就是言情小说，就像当年中国的张恨水风格的小说，人人都看一类的，销售量是大得不得了的。像严肃的文学作品如诺曼·梅勒、菲利浦·罗思、约翰·厄普代克，还有我最欣赏的戈尔·维达尔，像更新的一代作家的情况，我已经慢慢落后了，跟不上了。近年来中青年作家出名的也相当多。

至于非虚构的作品，难得的有近来第一畅销书基辛格的《论中国》，这是理所当然的事情。一是因为他的名气，另外因为它是谈中国的。基辛格在美国名气如日中天。同时还有一些极右派的作家批评奥巴马和批评政府的书也很畅销，不过这些畅销书书底下一般都标有特别符号，表明它的畅销跟利益团体和政治党派买来用于赠送和宣传有关的。另外比如有怀疑和议论奥巴马的出生地的书等也很畅销。此外，畅销书里也有谈哲学的书。

宗教书当然有很多畅销书，最近时髦的比如有美国人谈论摩门教的书。现在 *Book of Mormon* 现在这本书很畅销，连带着在百老汇歌剧院同类的题材剧本大热。另外，还有关于现在谈论中东、反恐之类题材的也很畅销。特别是最近出版的一些记者所写的到中东实际采访和参与的阵地生活等情况的如伊拉克和阿富汗战地纪实之类的作品。这一类也可以被看作是跟时事有关的。另外，一些人物传记类也很畅销。如出名的政治领袖人物、新闻人物或者演艺界名人等。

这些人物的传记永远畅销。比如说莎拉·佩林。她曾是著名的所谓“茶党”中坚。不止是茶党，她也曾经做过阿拉斯加州的州长。这是个不知羞耻的女人。也在竞选，也在写书，当然是有人代笔替她写。她的书销路很好，也可以借机敛财。她的书右派人物很喜欢看。

畅销书里还有科学家和其他杰出人物的传记之类。传记文学的一个特点就是传主是要有声望和受到人们的关注的人物。如果是默默无闻的人物，大家根本就不了解，那么就不会有人对他们感兴趣，它如何又能畅销呢？——比如有些商人自己出版一些书来介绍自己，他们大部分是雇佣一个捉刀人（ghost writer），用于商业目的或虚荣心作怪而自吹自擂，但这类书又何能畅销？！当然，如果有人能披露他们的成功或赚钱的秘密的又另当别论。这样的书往往也能够畅销。

像比尔·盖兹这样人物的传记当然会畅销，这些都是出书的动力和诱因。

另外比如一些丑闻之类的书也是很热门畅销的因素。大家最要看丑闻，尤其是那些电影明星的传记之类的，一定畅销。特别是那些结婚十数次的电影明星，美国人对这些最感兴趣。

这些明星丑闻之类的满足一般人的偷窥欲，而且又不是明目张胆的色情书，当然是畅销书的首选。比如说中国的所谓畅销书也有这样情形。像一本所谓的《上海宝贝》的书，在中国似乎有些影响，但这类题材在美国有什么新鲜？记得那年有人请我跟这本书的作者一起去做个演讲，我觉得跟这样人一起演讲真是看不起我自己。有一次在新泽西的作家协会主事者认为此人是个人物，告诉我，董先生，我们这次要请几位大作家去做个演讲，一位是你，一位是《上海宝贝》的作者。我说，你将我和那位作者放在一起我就不能去，怎么可以将我和她不伦不类地放在一起呢？此人回答因为你们两个都是读者感兴趣的大作家。我只好回答，或许读者对此有兴趣，但我却没有兴趣，这真是一个笑话。主持者以为请我是抬举我，真是莫名其妙。这类书我根本不看也真瞧不起。

有趣的是，美国读者也是对此类的丑闻、名人或者一种混乱生活描写感兴趣的。这些跟国内应该说是完全一样的。

另外，像一些领袖人物的传记似乎也是很畅销的。比如像肯尼迪，已经死了那么多年了，仍然是人们感兴趣的话题。政治领袖的人物传记自然而然是永远畅销，用不着问的。比如肯尼迪、罗斯福、杜鲁门的传记都是永远畅销的。幸亏你问，不然我或许不会提起它了。

体育界和演艺界的明星也是如此。

千真万确。这些用不着说。凡是在报纸上出名的人物，各类球星，他们的生活和丑闻一样，永远有市场。有多少球迷就有多少读者。

甚至有些坏人，比如说美国人的敌人，如萨达姆、本·拉登的传记等等也都是很有市场的。

对。这就是另一种情形的热门。比如说像斯大林和其他一些领袖人物的传记等等；他们的影响力还在，是所谓的新闻人物嘛。只要是其影响力还在，就会有人对其感兴趣。他的传记，他的生活和观点就有人要读的。

还有，工具书当然是畅销且常销。但工具书我不去管它。另外有些实用类的书比如菜谱、如何做法国菜和“如何动手做×××”等等这类的实用性书籍也可能很畅销，但我根本懒得去提它。它们根本不在读书人讨论的范围。中国畅销书榜把这些莫名其妙的东西搞上去真正是匪夷所思。

## 第五节　我跟《读书》的因缘

**董：**咱们下面谈谈我当年跟《读书》的交往是一个愉快的话题。

那也是一种巧合，刚好什么东西都凑合在一起了。那时候我刚刚回国、正好赶上《读书》刚刚创刊出版，也是大家刚刚开始对美国的事情感兴趣。

**王：**每谈及此你总是喜欢说这是一种巧合或你运气好，但我认为任何巧合或者说机遇都是为有准备的人而设的。何况你的这些扎实而知识量丰富的文字和它们的意义远不是可以用“巧合”这两个字囊括的。而你的知识准备特别是带有观点性的洞察力的确与众不同。其实坦率地说，当时在美跟你同样情形的华裔学者并不是只有你一个，搞文学和评论介绍的也有其他人。

**董：**没错。应该说，那时候大家对海外的事情都是喜闻乐见，并想多了解一下隔绝了多年的方方面面的美国知识。美国，那时候就像是一个全新的世界。大家对那里的一草一木、任何一件琐事都充满了好奇。

所以，就像我们在本书前头你说的那样，一个人哪怕是来美国短短一段时间就敢声言是美国通，大写特写美国的一切。比如费孝通来过美国两次，就变成了美国通了。他的书销量也相当大。后来我觉得其实是因为他名气大的关系。他写的美国和关于美国人的生活就是都有花园洋房、一般人家都有两部汽

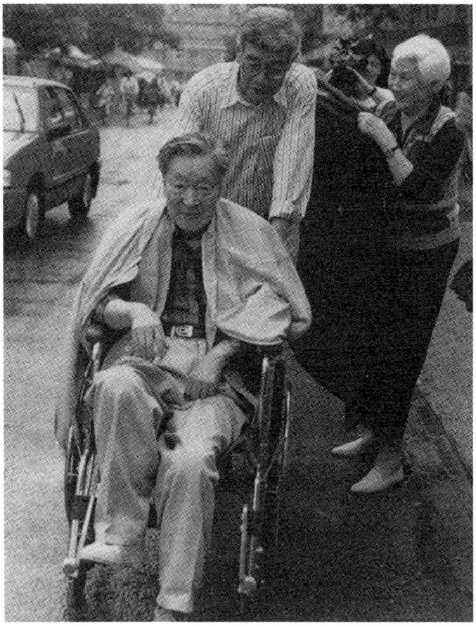

董鼎山（中）与《读书》负责人冯亦代及其夫人黄宗英合影

车，一般都去超级市场买东西等等。——这些都是最普通的关于美国的知识，像我们在这里住得这么久的人看这些简直是平淡如水，有什么好写的呢？——今天这些想来非常有趣。

我跟早期的《读书》合作对读者和后来的读书人有影响，至今想来仍然感到温馨。当时我最感到高兴的是刚写完就能够发表，跟中国的知识界交流觉得无比畅快。这些写作的愿望跟发表机会直接相关。

能这样顺畅写作也跟我几十年来的知识积累的确有关系。那时候脑子里的东西多，记性也好。

那时候让我最感动和欣慰的是我能用自己的努力对中国民间特别是一般知识分子包括年轻人介绍了一些美国的知识、美国的民主和文化、文学方面的东西，就给当时的他们一种豁然开朗的感觉:“原来美国是这样一回事！”给他们的思想一种启迪。

那时候一切都新鲜无比。我赶上了机遇当了一回解说员。

咱们现在回顾这些，咱们间的这种谈话比我写自传、写回忆录要好多了。如果要是让我自己写，我把很多事情和话题都会忘记了，都想不起来了；而在这样访谈中你不断设计话题和发问，让我回忆和想起很多内容。你在挖掘，掘呀掘呀就把这一切都掘出来了。

## 第六节　现身说法谈跨国婚姻

**王**：我们下面想谈的话题是跨国婚姻的问题。近现代这方面有很多有名的例子。我举一些大家熟悉的例子。比如说，杨宪益和戴乃迭大概你认识。他们一生应该算是美满的。

还有过去国民党宣传部长和以后的立法院长张道藩的个案，他的太太是他当年留学法国时娶的法国人。他跟太太结婚甚至在抗日战争时在中国死生流转，可他几乎并不爱她，张道藩终生恋爱着徐悲鸿的前妻蒋碧薇。几乎终生抛弃了自己的妻子在跟着蒋碧薇厮混。

这是第二种情况，就是说这些人虽然有外国夫人，但是一生中总觉得“隔”，难以在情感上有完全的交流，所以需要一个中国的情人。他们对这段情感的交待是跟外国人虽然可以耳鬓厮磨朝夕相处，但永远不可能跟他们分享一切，所以这种回归本民族找情人偷情的美其名曰是为了分享和情感交流。

**董：**对，我所知还有邵洵美和美国人项美丽。他们的故事也很奇怪。项美丽是极有才华的，是一个杰出的作家和编辑，在《纽约客》上写文章和发表著作。

好奇怪的是，邵洵美其实个子矮矮的、貌不惊人。他懂英文，是个艺术家。项美丽是个很漂亮的女人，她跟邵洵美不但发生关系，而且离谱的是，邵洵美的中国太太好像对这种关系并不介意，她甚至请项美丽到他们苏州的老家同住。好像是一种妻妾同居的关系。我根据记忆可能说的是错的，但这是我的感觉。请你注明一下，我这里说的并不都是可靠的。

我也觉得奇怪，第一是一个很漂亮的、出名的美国女作家为什么会跟这样一个其貌不扬、矮矮小小且有家室的中国人厮混。第二是在那样一个时代他的妻子为什么接受，而且这样大方一妻一妾地过生活。第三我难以理解的是项美丽这样出色、有身份的人为什么会甘心做妾，小老婆一样地过日子。

后来她回到美国去又嫁人了，嫁了一个英国人，是个军队的 captain 或者上校一类的。应该能查得到。我来美国时她还在，她在《纽约客》上常发表文章，文章写得非常好，我对她很敬重。她可能也写过自传。有一本叫 *China to Me*，恐怕有中文译本《中国与我》。

**王**：回到我们的话题，我刚才举的这些例子是想总结一下这方面的情况。比如说，杨宪益戴乃迭是个好的例子。

前面谈到的张道藩也算是成功人士了，做到那么高的官员，法国太太，表面上人人羡慕，但是他在婚姻上始终感到不如意。我们读到蒋碧薇写的传记，他始终跟外国太太不可能灵与肉地完全互相理解，这些似乎成了他另寻文化寄托甚至偷情的借口和理由。

而我们刚刚谈到的邵洵美则是第三种类型，项美丽如此漂亮有才华，虽然她跟邵洵美有着这样一段过眼烟云的遇合，最后还是回到美国，回到她熟悉的国度和文化环境中嫁人了事。

我们回到婚姻的这个话题。你刚才说羡慕杨宪益，但是你的婚姻也是很完美和令人羡慕的。你也是跨国婚姻，而且一生厮守，白头偕老。但是你的背景情况似乎跟上面的所有个案皆不太一样。因为上面说的人大都是在中国生活，而你却是一生在美国生活。

在这里，你是一个外国人。你的故事成了美国故事，而你跟太太在这里都是在异乡即第三国。故事的主题在这儿整个成了反串。还有，你为什么要在美国跟一个瑞典人结婚？比如说，你当年在这儿有机会接触中国留学生或者跟中国人结婚，为什么你在婚姻上做了这样的选择?

**董**：你现在就像要给我写传记一样了，要挖掘我这些人生经历的东西。

董鼎山和其妻女合影

你问我为何在文章和回忆中谈到女朋友大部分都是美国人和欧洲人，基本上没有中国人。我能不能谈谈这方面我有没有取舍和刻意？

幸好你专门提起，其实这方面可以说是“说来话长”的。你一定要耐心。因为我们的时代有些隔，我的一些观点大概你不会同意的。

我在年轻的时候，女孩子老是追求我。我那时候还不太懂事。因为我从小个子高，大概长得还不错。

因为中国的南方人像我这样高高大大的算是少有的了。所以在小学和中学的时候女孩子主动追求和向我示好的一直很多；所以我的女朋友一直都很多。

到了在《幸福》杂志以令狐彗的笔名写小说的时候，我写的大多是我自己跟女孩子的经验。那时候我年纪轻，所谓跟女朋友的经验也基本上是单纯和浪漫的，并不是发生关系之类；其实大多不过是亲嘴和抚摸之类的。我在写这些小说时我的读者和粉丝是很多的，有不少女孩子写信，并附有照片来，自我介绍。那时候我的照片在杂志上发表过，她们认识我。

那时候我每天晚上在上海新雅饭店吃茶、采访、写作和编新闻。那个时候上海滩的女性舞星和电影明星对我钟情的很多，有的甚至是主动献身的，我的处男童贞就是在那时候失去的。说起来很奇怪，那时候我完全没有了解我自己在这方面的魅力。我的自卑心是很强的。很怕羞，讲话也是怕讲错。

到了美国以后，同样的情形又发生了。那时候在美国的中国人老是受歧视的。一到学校里，有些中国人英语不够好，说话也说不清楚，常常被人瞧不起。而我却受到了奇怪的不同待遇。有的女同学特别对我好，晚上有教会的活动和社交舞会，我怕羞，可是美国的女孩子却主动逗引我："你为什么不跳舞？我们来一个吧！"——这样慢慢地女友就越来越多了，我一生一世这方面都是相当幸福的。

人要有自知之明是很难的。我一生就是怕失败。不太敢主动跟别人交往。到了纽约以后，我已经成人了。成人以后，也是在教会的社交舞会开始的。那时候我碰到了一个美国女孩子，她对我十分倾慕。那时一些志同道合的读书人和知识分子都喜欢在一个叫做"布鲁克林高地"地方聚会和高谈阔论。大

密苏里大学时代的董鼎山与女友

家谈的都是政治、文学的话题。这些人都是情趣相投、思想左倾的。跟她发生关系以后我很快就进入了他们的圈子，别的女孩子也一个一个对我表示钟情。通过她我很快就交往了其他好几个女朋友。

那时候称为女朋友其实很随意。大家有了交情就马上发生关系。我那时候有一个女朋友非常美丽，金发美女，身材高挑，是我今生今世最喜欢的女人。对她甚至比对我现在的太太还喜欢。不过这种女人太随便了，她后来很快就找到了别的男孩子，我跟她关系就断了。

我失恋了。我过去从来没有失恋过，这是我痛彻心扉的唯一一次失恋。那次当然还因为那个男人的关系，他跟我是朋友，但背叛了。那时候我自然而然地喜欢外国女孩子。纽约当时有个组织叫 China Institute 即华美协进社，它经常组织中国人的舞会。那是中国出洋留学的女孩子常出没的地方。那时中国女留学生不是富商就是高级官僚的女儿，都是神气活现眼睛望天的人。她们都是自视甚高、非常骄傲；都是非常势利、瞧不起别人的。

而那时候的美国女孩子比较坦率，不像中国女孩子那样扭捏、骄傲和势利。美国女孩子只要喜欢你就跟你交往甚至立刻把身体献给你，并非都得谈婚论嫁。而中国女孩子则目标明确，主要是要找个合适的人结婚，钓个金龟婿。她们往往一听我是学新闻学的，就即刻没了兴趣。她们要找学工程学的和化学的，或者学医的。她们要看的是你今后有没有钱途，能不能挣钱。

比如说那时候我有一次稍微看上了一个女的，跟我一搭话，就告诉我，你应该换个专业，应该去读博士等等。这一下子就让我感到很不高兴了：你爱我就应该是爱的我本人而不是我的职业，我说:“去你的。”从此以后我就不跟这些势利的中国女孩子交往了。

说到跟我妻子的结识和交往，其实还是跟那时的社交和国际学生会有关。那时候纽约比较有名的有两个国际学生会。一个是 Riverside Church 的国际学生会；另外还有一个组织。它们每个周末都有舞会，各种各样的活动很多。国际学生也是人

董鼎山与妻女

才济济、缤纷杂陈。阿拉伯人、非洲人、北欧人、美国人，美国南方来的也有，俄国人也有，法国的、意大利的都有。那些女孩子们有的当然很漂亮，有的也是很一般，不敢恭维。

我只看中了北欧女孩子而且跟她们几位都有交情。我发现我太太是瑞典人，她的本性最善良。她那时候很漂亮，现在她已是老太太，谈不上了……

她那时候是金黄色头发、身材窈窕，跟我个头儿差不多的。我发现北欧的女孩子我最欣赏。我也交往过丹麦、挪威的女孩子。我发现她们一般都是在农村出身的，家庭并不特别富有，都是来美国念书的。我跟她见面是这样开始的……

我当时有一个意大利好朋友，他们都是花花公子，喜欢女孩子的。我们一起去参加一个人家里的派对。当时那地方比较挤，我跟意大利朋友汤尼都躺在地上靠着墙。旁边有两个北欧的女孩子，一个是瑞典人一个是挪威人，都是瘦高的个子，金黄的头发，都很漂亮。我跟汤米在那儿讲话就像开玩笑一样，跟她们逗，就像调情一样。我们故意说，我们的嘴巴太干了，谁能帮我们去取一瓶啤酒呵！没想到两个女孩子马上就站起来去给我们取来了啤酒。

她们完全没有当时女孩子的娇纵虚伪做作的小姐气而是非常大方开朗。我一下子就爱上了她们。她们北欧的女孩子非常大气，我们中国的女孩子会这么干吗？绝没有可能。——我替你拿啤酒？你应该好好伺候我才是！饱含所谓的矜持。

这一点我非常欣赏。我的感情马上就来了。我们就开始约会。每当外出，她都很朴素，吃饭时也替我选一下简单省钱的馆子——那时候的社会风气应该是男人付账的。她老是说，这家就可以了，不要到那家（贵一些的馆子）去了。

说到这，我想起了一段往事，还是有话要说回来——我曾经交往过另外一个中国女孩子。这个女孩子的父亲开着一个古董店。在纽约的莱克辛顿大道上。在那种地方那时候一般开中国古董店的人一定是非常有钱的。

这个女孩子相当美丽，我跟她也是在China Institute跳舞的时候认识的。这个女孩子什么态度呢？完全是一副富家小姐的面孔。一出来，我说我们到哪家好的中国馆子去吃饭呢？其实我提议吃中国饭，因为第一我真是很喜欢吃中国饭，第二也是因为吃中国饭比较便宜。

没想到她马上就否定，并建议说我们应该到三条街口旁的那个匈牙利馆子去吃饭。那是当时一个很贵的处所，不但菜式昂贵而且时髦，有人拉小提琴伺候。我那时候也是很大方的，想想吃顿好饭无所谓，就想散步走过去。没想到她招手就叫出租车（其实距离只有大约数十米，而那时 20 世纪 50 年代出租车资是很可观的）。

对。其实就只有几十米距离，但她说我出去从来不走路的，我们应该叫出租车。

我当然首肯。那天我花了很多钱。她对我也十分中意和依恋。她觉得我的卖相不错而且大方，人也肯花钱。那次我当然也是告别时主动又叫出租车送她回家的，虽然她家也就住在附近的莱克辛顿大道上。可是从那以后，即使她请我我也从来不跟她打电话了。其实这完全不是个钱的问题而是我对她的一种悲悯。我觉得中国女孩子被溺爱或培养得太虚荣娇纵和不自爱了。

而那时我交往的一般美国女孩子却都是这样：为你省钱，虑事周全，而且懂道理。像那样的中国女孩子怎样可以结婚呢！还有一个好玩的小插曲呢。——就是这次约会时这个女孩告诉我她通常测探男友是不是爱她的方法：一个男人爱一个女人就该舍得为她花钱，给她买最高档的东西、去最贵的馆子，这才是爱的表达。她并且耻笑她的一个前男友没有请她去纽约

董鼎山和外孙女儿合影

最贵的西餐馆吃饭是没有把她放在她应有的尊贵位置上云云。

而我的太太蓓琪总是很朴实善良的。她从不虚荣撒娇，吃饭时总是找便宜的馆子替我省钱，在街上我要坐出租车时她总是说喜欢走路，走一段好了。她做事得体大方而且从不让自己和别人尴尬。

她有时候会主动拣便宜馆子甚至说我们今天就去吃麦当劳好了。麦当劳是那时候最低档的馆子——有时候她选的菜馆甚至我自己都不大喜欢吃，但我心里知道她是在替我省钱，也感动于她的懂事和善良，这其实并不是个钱的问题。

她到现在其实一生一世都是这样的。天性里面的善是不能掩饰也不必炫耀的。我们刚刚过了五十年金婚的纪念。我觉得我此生最大的幸运就是找了她。如果我是找了别人的话，不是早就离婚了就是要为了钱吵架、给老婆抛弃掉了。

对我的所有的东西她都同意、都赞成。从来不抱怨，她总是说她自己非常幸运跟我在一起。乐观、知足，我们现在靠着养老金和社会安全保障可以过日子，可她从不嫌弃、从不抱怨。

**王：**比得上传统的贤妻良母了。

**董：**那当然了！比中国式的贤妻良母还贤妻良母呢！我带她回中国，每一个亲戚都跟我说她是真正的贤妻良母。她非常关心别人，对别人非常周全，对所有人都好，对长辈恭恭敬敬。

她真是一个好人。我们这里曾有一个九十几岁的老太太，她们两人交了朋友以后，这位老人的身体不太好，我太太总是替她买东西、照顾她。这老太太去世以后，她的天主教亲戚说，蓓琪简直是个圣人。

我们还有一个要好的女朋友，她得了白血病，恐怕不久于人世了。蓓琪每天打电话问候，也时常做些她喜欢吃的东西送去给她吃。她唯一遗憾是不能每天去伺候她。蓓琪说，因为你年纪大了，我也要照顾你而不能离开你去伺候她。

我现在最怕的就是我的身体。我常常跟她说，我希望千万让我先去世，我一个人是绝对活不下去。她同意说，女人总归能照顾自己，而我女儿自己有两个女孩子，根本就不能来照顾我。

## 第七节　中西孝顺观

**董**：我现在非常没有安全感。我常常想，我如果有个儿子就好了。

**王**：你女儿也很孝顺嘛。

**董**：美国不讲孝顺。她完全管自己。

**王**：她中国文化方面的影响和知识不太多。我读过你的书。知道她中国背景较淡，但她瑞典文化知识还算丰富。当然，美国文化是她的根本了。

**董**：对，她会讲瑞典话，可是不会中文。她从小就说瑞典话而且几乎每年都回瑞典。可是她小时候不能见识中国。那时连我都不能回国。

后来，能回国了，我带她去了一次中国，她对中国一直没有发生兴趣，这令我非常失望。她从来没有主动说：我应该到中国去玩玩。

**王**：美国人不讲"孝顺"二字不怪他们。他们的字典上就没有这个定义。跟美国学生说中国的传统文化，说到"孝顺"（filial piety）他们根本不懂，说这不是英文。虽然字典上给了解释，可是他们根本看不懂。正是因为欧美人没有这个概念，在定义上给的概念对他们完全是一头雾水。同样，美国人也没有"义气""为朋友两肋插刀""风骨""苍秀""缘分"这样的概念，这是一个文化语义学的课题。

即使他们的字典上或许有，抑或中国人编的汉英词典上有一些类似解释，但是由于文化认知系统不一样，其味道也大相径庭、不伦不类；就像喝明前龙井茶或碧螺春掺上牛奶再加块方糖，你不能说它不是茶，但任何中国的茶人喝起它来却很难不皱眉头。

**董：**这话不错。文化概念上有些东西是无法翻译甚至不同国度的人们之间很难说清楚的。

**王：**记得我当年跟唐德刚先生回忆、闲聊以及他在文章中回忆那些20世纪40年代来美的中国留学生曾经有着一个所谓成功人士标志的口号，叫做“洋车洋房，白女为妻”！说是那时中国来美的留学生只有这样才能证明自己是成功的。现在看来，差不多你是达到这个标准了（笑）。而且难能可贵的是你不止是娶了白种女人并能白头偕老……

**董：**我当时倒并不是以上面的口号作为目标而行事的。我是想找自己华人同胞找不着，像我刚才所说的那样，一切都是偏打正着，一切都是随缘。而像刚才我说的那个中国女孩子，什么人真正能够娶得起她或让她欢欣？我想，这样的女子是一生一世都不会快乐的。

现在看来这倒像是一个幸运的巧合。我并没有专门设立一个目标但是一切都这样幸运这样巧合；反倒是我如果真正找到了那位华人女孩子却绝对不会幸福而一定会吵架的。她一定会骂我为什么不干这个、不干那个，一定会事事处处管着我，一定会每天抱怨：挣来的钱不够多，房子不够大，汽车不够好。非得逼我去读一个工程学的学位才能罢手。

## 第八节　我观女性美

**王：**下面还有一个有趣些的话题，就是你认为什么样的女人是真正美丽的女人？女性美有没有人种、民族、文化上的不同。另外，美有没有审美者主观年龄段的不同？比如说在你小的时候你认为什么样的女人美，青春少年时认为什么样的女人美，到了中年阶段认为什么样的女性美，而到了耄耋之年，你眼中美女的概念有没有随着年龄增长而有所不同？包括形象上的美，精神气质上的美，有没有不同？

**董：**要从小说起？

我小时候比较不太关心性格和气质好不好，主要喜欢形象的漂亮。我在十几岁的时候开始对女孩子感兴趣，我最讨厌的就是胖胖的女人。我最喜欢瘦长的女人。我认为女人的腿部是最重要的。一个女人如果长了两条胖胖的腿，我看了就会倒胃口。

换句话说，两条腿一定要纤细、有力、坚韧而秀丽。这个是关键的。至于才能方面呢，小时候根本就不去想。我十几岁就开始找女朋友，关心的是要高高瘦瘦的、美丽的。

到了美国以后，发现既然跟中国女孩子不成，就喜欢外国女孩子那种金发的或者是红头发的——我的女儿是红发的——外国人嘛，他们很讲究金发女郎。

其实我也不是刻意追求，如果脸相美丽的话，blond（金发）不 blond 其实没有关系，但倒也都是巧合，因为我的两个最爱的女人，我失恋的女孩子和跟我结婚的女人都是 blond，都是金发碧眼的女郎。另外一方面就是我刚才说的从小一如既往喜欢的身材高高、纤细窈窕的，腿部颀长而漂亮的。其后大概一直都是这样。

**王：**到年纪老了，到了八十岁以后你还是一样见解吗？

**董：**当然，一样看法，终生不变的。直到今天，到了我这种年纪，如果我留心到女人，仍然是喜欢看瘦的、脸部可爱的女性。

**王：**很有意思。小时候只着重形象，到了成年开始考虑到了性格和品格的因素了。说到这儿，我忽然想到你的文集中的文章分类的划分来了。你的《董鼎山文集》中的分类有“人的文学”“性的文学”“社会的文学”“家的文学”“书房的文学”，我想知道你为什么作这样划分。

**董：**不、不、不。我从来没有这样划分过。这都是出版社和编者的主张，他们给改的，跟我完全没有关系的。

我写东西时决不会这样搞的，根本不可能这样硬生生地划分的。写东西应该自然而然地表述。不可能会有“唉呀，我今天要写点儿性方面的东西”“我今天要写点儿社会的东西”之类的机械思考，这完全是编辑搞的，跟我没有一点儿关系的。

## 第九节　性当然是永恒的话题

**王：**但我发现包括你的很多评论文章以及现代西方文学特别是美国文学的一个重要特征就是表达人类的情欲和性的话题。这算是一个永恒的母题。包括那些特别著名的、严肃的作家也有很多出此，譬如说詹姆斯·乔伊斯、D.H. 劳伦斯、海明威、诺曼·梅勒、纳布考夫、萨特、波伏娃等等都会有大多数这方面的内容。

几乎可以说，性是人类本能的一个部分，自然而然地，它也成了文学的一个永恒主题。从古到今各个朝代和各个国家都一样。西方从荷马到今天，在历代文学中，性都是具有伟大的力量的话题。

**董：**我跟你说，刚才我们谈到的专门出版色情文学来赚钱的出版社和真正的文学应该是没有任何关系的。但比如 D.H. 劳伦斯的《查泰莱夫人的情人》里面性的描写跟人性的描写和人的性格是完全有关系的。

另外，像詹姆斯·乔伊斯的《尤利西斯》里的自白描写一个人的性格，它不是故事；真正的文学应该是表达人性的真实而不要拘泥于故事。要从描写人类的性格开始。写出深刻人性的力量才是文学，而靠生动故事的噱头的作品并不是真正的文学。

有时候为了写出真正的人性和展示文学的力量，写出性的内容是必须的，但不能把性的描写当作文学的要素来赞美。

比如说，写人的内心，写人心活动的潜意识都跟性心理相关。有人要想写出我们前面提到的项美丽邵洵美的传记、写出徐悲鸿跟蒋碧薇的情感经历，就免不了有对这些事实的描写与展示，就必然提到他们的性生活，而不是要为性写性。

**王：**我们拓展一下，谈一谈不限于文学的话题。比如说，探讨一下性和人性在当代社会中所扮演的角色的问题。比如，我们随便举举近年来这方面发生的一些丑闻，如老虎伍兹，还有意大利总理贝卢斯科尼；另外，美国刚刚下台的加州州长阿诺·施瓦辛格，还有去年因为召妓丑闻下台的纽约州州长斯必策；另外，还有上届的美国总统候选人约翰·爱德华兹……

**董：**还有美国总统克林顿，还有美国总统肯尼迪，都有外遇。还有最近刚刚发生的纽约州国会议员韦纳。

韦纳的例子奇怪无比。他应该是一个性变态者，在这方面能达到一种怪异的乐趣。送一张自己裸露的照片给女人看有什么意思，大概是有人阳痿，喜欢送一张自己性器的照片给年轻的女孩子看来找寻刺激。这跟发生关系是不一样的，是不同的。

**王：**他连收他照片的这些女孩面都没有见过的，奇怪。所以有人评论此人是 sick，是恶心、无聊。

**董：**这是不同的，他并没有真正跟这些人发生过关系。我觉得这些人不算是顶坏的。我如果有机会也会这样做的。这并不是什么大不了的事情。

**王**：但是有些人，比如意大利总理贝卢斯科尼七十多岁的人身居高位在家里组织派对诱奸十六七岁的女孩子总归是有违人类道德和法律的。

**董**：他的这个个案就完全不一样了，这是会给人瞧不起的，他应该完全是个色狼。到了这么大的年纪还花钱去雇十七岁女郎妓女和诱引中学生发生关系，用钱用势来达到目的就没有人格了。

假如说是两个人私通或者是两相情愿的事情，像约翰·爱德华兹，我并不瞧不起他。我觉得他唯一错的事情就是在他太太生病癌症的时候这样，这在人道上就说不过去了。一般情况下，他受到色情的诱惑或引诱而出此完全是人之常情，没有人会免得了的，世界上没有什么圣人。假使这个房间里有个美丽的女孩子在这儿宽衣解带献身给我，我不会拒绝的。

**王**：那，你说的加州州长阿诺·施瓦辛格这样的案子就可以理解了？

**董**：对。可以理解，因为他这里面临引诱。我不是说他就应该这样做，但是说这是一种人之常态，很普遍的事情。当然，他生了孩子这是不应该的。

**王**：但是，最近发生的还有那个臭名昭著的法国人、世界货币基金会主席多米尼克·斯特劳斯·卡恩的案子也是因为性的冲动毁掉了自己事业和前程的个案。

**董**：对。这个案子又有所不同了，他是完全错误的，因为这是个强奸案。这还不同于其他的个案。这个跟前面的话题没有牵连。前面别人的个案都是愿意的，即使前面谈到的召妓女也都还是愿意的，可以理解。这儿就是赤裸裸的犯罪。卡恩是个彻头彻尾的混账。他假如说，唉，我给你五千美元，你跟我睡觉好不好？——这就是另一回事。

**王**：那是嫖妓，是一种买卖关系。

**董**：强奸就是完全的犯罪行为。

**王**：你怎么看老虎伍兹的问题？

**董**：他也是完全错了。他有美丽的妻子，两个可爱的孩子。他大概是性的能力太强了。他完全靠他自己的声望到处去找，他是有意识去找的。不是萍水相逢，而是故意到处去找。他找人容易因为他是明星，就像好莱坞的明星一样；这种人挺多的，他这方面的机会特别多，有很多人愿意献身跟他发生关系，或者拿钱的。如果是偶然发生关系，可能就是失控或另一种情形。

他完全是荒唐的，是对自己的妻子的爱情完全不珍惜。我觉得找妓女倒是还可以的，但找妓女故意去找也是不对的。假设一个人在外地旅行时旅馆里头感到孤单了，刚好有妓女可找的话，花个几百块钱找个妓女这种事情是个小事情，完全可以原谅，这是人之常性。哪个人不愿意这样十？我这里完全是说实话，而不是正人君子的话。

**王**：我觉得有时候女人也会被性控制或做出一些使人费解的事情。比如戴安娜本人曾经是个王妃，但是后来也因为种种性的丑闻而搞得狼狈不堪以至于最后丢失了性命，这也是因为性的控制让一个人彻底发生变化的个案。

**董：**戴安娜的事情发生时她已经跟查尔斯王子离婚了嘛。女人也是有性欲的，尤其是像她这样一个女人，这样美丽，却又给王宫轻视、受到女王的轻视，她当然心里委屈，一旦离婚，当然心里孤单……

当然，在她离婚以前就有不少传闻。但大都是谣言。比如有人说她的二儿子哈利王子长得像某一个英国军官之类，这些都是谣言，谣言是另一回事。

老实讲，假如是真的话，当时她作为一个王妃，这么出名、这么时时事事受人注意，她怎么敢、又怎么能有机会做这类事情？而王子却又不同了，比如她的夫君查尔斯王子就是有外遇的，现在和他结婚的这个卡米拉在他跟戴安娜婚姻存在时就有关系了，这是事实。

戴安娜到了后来跟埃及人发生关系，但那时她已经离婚了，又有什么不可以交男朋友？有人辱骂她，是因为她曾经是个王妃的关系。但是，既然你王宫看轻我，我为什么又要尊重你这个王宫呢！

**王：**但是，综上所述的案子都能看出，不管是男人还是女人，性，在人的生活和生命中往往能扮演一个绝对不可控制的力量，有时候它能够成就或毁掉一些大事。

**董：**对。孟子说过，食、色，性也。最主要的是你肚子饿了要吃，性欲来了要干。这完全是人之常情，你不能概而论之批评有人做错了事情；这些事有的情况下可以原谅，当然，有的事情不可以原谅。

**王：**自文艺复兴以来西方人强调的所谓个性自由、个性张扬为所欲为，你觉得今天全世界的性泛滥和泛性主义、对性的纵容跟西方文化的纵容有没有关系呢？比如说，西方文化很强势，它会不遗余力地推行他们的意识形态，把他们的想法和理念扩展到世界各地。

**董：**那当然是可能的。也有可能这种影响是双向的，记得我们谈过，20 世纪 60 年代中国大陆发生文化大革命红卫兵运动，也影响到了西方，发生了反权威运动，有了所谓嬉皮士运动。宣扬个性张扬，奇装异服、个性化，各种各样的思想都有。从东方的红卫兵到美国的嬉皮士，是一条线索。

其次是美国的反对越战运动，当时为了政府错误的决策很多的美国青年到越南去送死，社会上进步人士开始组织反战，那时我也是积极参加者。

第三是当时的黑人和民权运动。反对种族歧视、争取平等和个人自由，我们谈过，当时其影响不仅仅在黑人，而且很多激进的白人也投身其中帮助黑人闹民权。那时候我也积极投入了这个运动。

还有是女权运动。性自由运动就是那个时代的产物。社会上的一切都解放了。记得我们谈过，那时候有一种 commune 即公社制度。这种“公社”并不是一定的政治组织而实际上是一种原始社团性质的“理想”社会。其中不需要结婚和离婚，滥交、杂交都是自由的，根本不需要我们认为的婚姻概念，这一切都是无所谓的。

**王**：你认为发生的这一切跟中国的“文革”有关系吗？

**董**：并不是一种直接的关系。你不能说是中国的“文革”引起的西方意识形态的变革和革命、中国的“文革”就造成了西方的性解放。其实这个世界上的年轻人都是一体的，地球上一个地方的年轻人造反或举事，另一个地方就会起连锁反应的。它不一定非得是互相连接甚或有丝毫的相似，但其失控的气势有相同。

**王**：你觉得这个影响的因素比较直接？

**董**：当然并不能就一件事来谈因缘。我们前面回顾了西方这方面的历史。我上面谈到的是几个比较直接有关的近因。西方在历史上对性的约束就是比较宽松的。当然，谈到近现代特别是社会因素的时候，我的回忆和亲身经历就让我一下子想到了这些直接因素的合力导致了这种现象。

现在中国这方面也是不得了的。现在中国男女同居、未婚生子的现象也是很普遍的，这也令人惊异，这些也都是西方流传过去的影响吧。在我还是个小孩子的时候社会上假使是未婚生子是非常丢脸的。但是现在我的女儿若是未婚生子我非但不丢脸而是感到非常高兴的。现在社会上的看法已经完全不一样了。

**王**：按照你的看法，西方也是从20世纪60年代开始兴起性自由、性解放的？在那以前西方也并没有现在这个样子是吗？

**董**：我们刚才谈过，一般而言，西方这方面比中国开放，但在 20 世纪 60 年代开始突然变得非常开放了。性自由运动以前是没有的，以前男女发生非婚性关系的确比中国多，但性关系的松动、公开的性自由或者是 free love，在地铁上写的大字“free love”这样的运动跟女权运动有直接关系。

为什么跟女权运动有直接关系呢？因为那时开始发明了避孕药，女人这方面的生活可以非常随便了，因为她们可以不怕怀孕了，不怕生孩子，她们的性生活可以与男人同样自由了。我是经历了这个时代的。女孩子和男人交往本来要求男人必须用保险套，后来只要她事先吃了避孕药就不怕了。

**王**：那就是说，这件事在其渊源上跟西方的文化意识有关系，但真正的直接原因是跟其社会运动和科技发达相关的。

**董**：对，是社会运动造成的。其实，虽然跟历史有关，但社会上发生的任何事情都是跟社会运动有关的。因为你年轻，没有亲身经历过这些事情，而我于 20 世纪 60 年代几乎在每天的新闻、通讯报道上都可以发现这些东西。它的发生发展是我们生活的一个部分。

**王**：回顾和述说你的亲历当然对我们今天来说，就是一份可贵的口述历史。你谈到上面的一些往事，使我感到一种异样的震惊。使我觉得人性里面有动物性的一面。

**董**：人就是动物嘛！人有时候会 out of control（失控）。人在某种意义上说，特别是在性的方面，人身上存在着兽性的一面。

第八章

# 美帝：美丽的帝国主义？

## 第一节　美国的强项和弱项

**董**：好吧，今天我们就来谈谈作为一个国家，美国的强项和弱项这个话题。

我想，美国为什么强大，大概而言就是因为它的移民的国策。世界各地的移民和人才它都吸引来了，这应该是它的优势所在。

美国不像中国、日本或英国那样人种比较纯粹——当然，英国现在也与别国人种混杂了；但是像北欧的瑞典、挪威那样的国家人种比较单一——人种多而混杂有时候是个坏事，像产生社会混乱、动荡、恐怖主义等等。

但很明显它也能够产生好事。比如自从19世纪开始，欧洲各国开始向美国移民，恰如自由女神像所代表和象征的那样，什么人都可以到美国这片充满希望的土地上来，贡献自己的能力，同时闯大运。

美国迎进来了许多欧洲的人才特别是犹太人的精英。今天我们看看世界上的发明和诺贝尔奖的获奖者，美国人得到的最多。这里说的“美国人”并不是仅指白人。其中中国人也有、日本人也有，当然其中白人比较多，犹太人更不少；吸引世界人才和移民应该是美国立国和强盛的一个根本原则。

另外我要说的是美国的土地辽阔，资源非常丰富，它的原始资源几乎从来没有被触动和使用过。这样，自有了大量的移民来，人们开始拓展这块土地，从东到西不断开发，后来又在西部发现金矿。连带着又大造铁路，使它很快得以迅速发展。

这是一个很年轻的国家，是在这个地球上类型全新的，它有着上述的有利因素，因而就有着很好的发展潜力。

另外一个不能忽略的因素是美国黑人的贡献。美国建国伊始，它地大物博但缺少人力。美国殖民主义者就到非洲抢劫黑奴并进行黑奴交易。那时候欧洲人亚洲人过来是供给了智力，黑人却供给了体力。而原来的很少很少的一些英国最早的移民及英国人却利用了这些自然资源和人力资源就在这个基础上发达起来了。

这批早期的英国人当然智力很高，像华盛顿、杰弗逊等人创造出了这世界上第一个民主自由国家。

刚才我们概略地谈了一些很重要的方面，谈了美国的多元的人才资源、丰饶的土地资源，同时也谈到了美国原有的政府行政资源基础即原来英国人的政治和宗教基础、管理人员和如何有效地利用其资源因素来使这个国家发达。

**王：**但是我们可以看到前面谈的较多的都是客观因素。除了这些客观条件外，还有什么其他主观的原因呢？换句话说，咱们刚才谈到的这些因素在世界上其他国家也有可能具备的。比如说像加拿大、澳大利亚等也具备。咱们最好也聊聊美国之所以是美国，其所独具的、别的国家无可替代的主观原因。

**董**：对！我思考过这个问题。澳大利亚，还有新西兰，我觉得可能在当时是因为过于远的因素。而加拿大有法国人的介入——坦率讲，这个问题我自己并不十分清楚。

我自己也时常有这种困惑，为什么这样一批国家同时崛起和发生在那样一个时代，而为什么它们又有这样大的分别？美国独独成为了其中的佼佼者？美国的自然资源应该是更丰裕一些吧？

**王**：除了自然资源外，我想，美国的多元化民族政策也是使其优胜的一个因素。美国强调多元文化的共存共建，但它又强调一种集中统一的原则，俾使它能有效地凝聚了民气同时又建立了一个完整的国家行政体制——不管一个人从世界上哪个地方来，只要是成为了美国人，他就要爱这片土地和这个国家，这是它的凝聚力和它的宗旨。它给每一个人机会和希望。

除了具有移民的人才资源优势和地大物博的自然资源优势外，我以为，美国另一个优势是它制度上的优势。

美国是一个看上去松散多元但却在实质上又是一个极度集中和高效率的国家。在这方面我们前面提到的其他国家跟美国相比就有不及之处。比如加拿大，就有比较明显的语言和族群分化的弱点。美国有着很强的国家认同性和爱国思想，美国的族群五花八门但他们都钟爱这片土地和这个国家。不管出现什么大风大浪和大是大非，反对政府的有，提出不同政见和主张的有，但要推翻和分裂这个国家的组织和个人却极为罕见——美国人的爱国心是非常强烈和有目共睹的。

但与之相比，加拿大就有些不同。它现在的官方语言就有英语和法语两种。说英语者和说法语者间虽然不能说势同水火但是语言和族群间的矛盾很深。加拿大的魁北克等地多年来一直在谋求独立，这种国家内部的民族间的撕扯和矛盾是一个不小的内耗，必然影响了它的整体实力和民心民气。这些在我去加拿大魁北克游览和观察时能够明白地感受到。这些问题在一个国家的发展和行进中都不是小问题，长远地看，它对国家的伤害是显见的。

**董：**这是有历史原因的，加拿大就像是两个国家拼接起来的。这种不能统一和分裂的现象当然对它是有影响的。记得我多年前到加拿大魁北克去旅游，那里根本不说英语，跟英语区完全像是两个国家一样，怎么能对它的发展没有伤损？咱们这里谈的其实是个好题目，应该有人去专门做研究的。

**王：**我们前面说的应该是很有启发。美国跟其他国家的不同凸显出了它的优势和成功。

## 第二节　移民文化

**王：**如果我们把这个话题跟中国的历史情形对照起来谈，

历史上中国的人口也曾经有过非常混杂结合的情形。你知道，中国甚至有几个朝代都是由少数民族创建和统治的。

**董**：对。比如元朝和清朝。

**王**：不仅止于此，即使是在汉族占统治地位的朝代其他民族也有其他文化的贡献和渗入。汉代是大一统，但有北方国家的匈奴等介入，有丝绸之路。到了唐朝，更是民族大融合的盛世。不止是中华民族的大融汇，而且跟周边国家甚至海外的日本等都交往密切。连今天的这些中东国家古代也跟中国交往，很多外国人在中国从政、经商和做各种营生。

除了那些少数民族大一统的王朝，唐以后的五代十国，宋时的辽、金、西夏，等等，不一而足。中华文化其实也是中华各民族的集体贡献，中国也进行过人口的大融汇、大结合和重新熔铸、创造的民族叠加的复合过程。这些也是形成今天的中华文明的基础和过程。

**董**：对，你这里讲得很对的。但是我想美国的发展跟上面中国文化发展的途径是不一样的。美国是英国的殖民地，因而它完全承袭了英国的传统，它的法律和制度都是照英国的办法来的。而中国的传统完全是汉文化的传统，即使是蒙古族和满族的统治也只是延续汉文化的规则。他们不是用自己的文化传统来改造汉族文化而是他们自己被改造和“汉化”。他们被中国文化同化了。这两件事是不能比的。

而且在历史上，中国的文化一直比异族文化和征服者的文化高。中国是个古老的国家，在历史和传统上，美国和中国是完全不能比的。中国的人口结构是土生土长自然发展的。他们在这块土地上生活了几千年。而美国是个新大陆，完全是一片未开垦的领域。来到这里的人一切都要重新开始。

面临着这样的境地，一切都是未知数。置之死地而后生，这些移民是在绝境上为自己创造着未来。

从另一个角度而言，依当时的交通、运输和文明状态而言，凡是要渡过险境、跨越茫茫怒海而到未知世界去求生存的人一定是被逼无奈或者有着较强的生命需求的人，对吗？那些养尊处优生活安逸的人一般不会去忍受这种长途跋涉、把自己的生命交给未知的遭际去拨弄。

也就是说，移民是一伙被逼无奈或格外勇敢、对未来充满着期冀和富有冒险精神的人。在那个年代，在移民的过程中，遭历过精神上和体质上的严酷筛选。我参观过纽约爱丽丝岛上的 18—19 世纪移民博物馆，那情景称得上一个悲惨或悲壮。这些还是多指欧洲地区的移民。那些倍受折磨的亚洲移民，特别是开初被劫夺来的黑奴就更不必说了。有人说过，移民，哪怕是最一般智力和体能的移民，即使是一个偷渡来的农民，他们能够来到美国和敢于来到美国，也一定是他们村里最勇敢的、最不忍受安定现状的一个。

不满于现状、期待更好的命运，不怕困难甚至不怕死，敢于把命运交给未知的世界——哪怕是为一种野心、一种发财梦想而去到远方闯荡。这是移民精神的某种实质。

移民是携带完全不同背景来闯荡的人。比如说，我们不能将藏族、蒙古族、苗族当做移民看待。因为他们虽然是“少数民族”，可是他们自己就是那块土地上的主人，他们拥有自己的文化和传统，他们是“自己人”。对吗？美国的少数民族跟中国的少数民族是没有可比性的。他们都是从外国和别的文化圈中迁移来的。这里本不是他们的国家和土地，比如说在美国的所谓少数民族是指黑人、南美人、印第安人、亚裔等等。但是欧洲白种人在这里不算是少数民族，虽然他们也是从不同国家来的。

**王**：他们应该也是移民，对吧？

**董**：他们是移民，可是他们不算是少数民族。因为他们只要来到美国很快就会被同化了，白人在美国是主流，虽然来自不同的国家和地方，欧洲人在这里算是同种、被看成是自己人。比如说德国人、北欧来的同化特别快，因为北欧是盎格鲁·撒克逊圈子，人种完全一样。从南欧来的，如意大利、西班牙来的又有点儿不一样；此外，还有东欧的斯拉夫语系的人等等。

细分起来，白人本身又有不同。他们的区分是由于细微的肤色和语言问题，但他们的表面形象是一样的。他们间的同化也很快，跟我们不一样。他们之间有认同感，所以互相融人和同化很快，来到后不久就是“美国人”了。仅从形象上谁也看不出不同来。

比如说，在美国，谁又能看出法国种和英国种的女孩子有什么不同？没有不同的。等同于这里的中国人、日本人和韩国人，在西方人眼里认为都一样。而黑人呢？从非洲来的，从西印度群岛来的，也都是一样的，只要是黑人就是黑人，无须细分。

而这里所谓的“西班牙人”却是不一样的。他们并不是欧洲西班牙人的后裔而是黑人跟印第安人和白人的混血种；因为他们原来是在西班牙人统治之下的那个区域中，所以被称为是Hispanics[1]，他们身上有白人的血液，不过因为肤色的关系，他们仍然受歧视。

**王：**其实移民是一个新的因素和新的名词，是个文化学的名词，它并不仅仅是个民族学和人类学意义上的词汇。

因为移民不止是种族，也是文化，同时还是一种社会意识。比如我们今天讨论了亚裔的统一形象和细分，黑人的族源以及所谓的“西班牙人”构成和渊源在美国都是很清晰的，而外人则很难了解其中奥秘。但是美国文化对白人的移民种族却是不太细分的。从肤色和人种来判断，亚裔人被认为较为难以融入美国主流，而白种人即使移民时间很短，他们只要语言关一过，就是“美国人”了。

**董：**对极了。你看我来这么久了，有时候在晚会上还会有人问我，你来美国多长时间了？我会告诉他 / 她，在你的父亲还没出生的时候我就来到美国了。

虽然很尴尬，但也很无奈。按照这样的判断，移民不仅是文化问题，而更是一个种族问题。我在这里待了近七十年了，但是如果一个前苏联的高加索人种[2]的后裔刚刚二十年前的移民来到纽约，看上去他比我更是美国人。可是他的美国知识和经验，他对美国的了解可比我少太多。

现在很多的美国年轻人甚至并不知道第二次世界大战是什么情况，朝鲜战争是什么情况，越战是什么情况。另外，我读的东西也比他们多，我切身经历的事情也比他们多。这样说我当然是比大多数美国人更美国人了。

**王：**那当然。我们今天讨论的移民是两个概念。一个是文化的概念，一个是种族的概念。作为移民，其贡献在于把自己文化背景中优秀的、独特的内容带到了这片土地上。

## 第三节　民主需要内外因

**王：**回到我们刚才探讨的美国为什么强大这个话题，我们可以看到美国的兴盛有着移民的贡献，它把世界上各个国家的文化精华集聚在一起；而且它有着世界上最为丰茂的土地资源；另外，它又承继了相对有效和进步的原来英国殖民者的行政传统。这些应该都是它的一些外在因素或客观原因。你觉得美国能有今天的强盛它有什么独特的、主观方面的因素吗？——比如说，它独有的意识形态或者理念方面？

**董：**这就要谈到它的民主方面了。对美国，我们一方面批评它的制度不好但另一方面它又很成功而且有值得赞扬的地方，其原因就是历史上世界各国大多数都是以皇帝制度和朝代更替延续其统治的。但美国却发明了一种全新的制度，它采用选举制和民主投票，开始用民意决策国家大事。

一有民主制度以后就是人人平等，那样知识分子和老百姓便是国家的主人；他们参与国家大政，就有利于国家建设，从而促进国家科技、经济和政治的发展，这样常常能使它立于不败。此外，这种制度还极力扶持和发展各种新兴工业，也注重宣传和营造自己的形象。

那时候在美国，只要你有才能就能让你充分发展，它充满了机会。比如说好莱坞吧，现在几乎全世界人都在看好莱坞的电影，一般人对美国的印象也大都跟好莱坞对它的有力宣传密不可分。好莱坞的起源和兴盛都是缘于从欧洲来的犹太人，没有一个是美国本地人。只要你有本领，它就能让你发达起来。

让你去做，你有能力就让你去发展、没有限制。这就会使美国吸引人才，从而刺激美国的进步；这是制度的优越性。

**王**：我明白你的意思。但你说的上述制度不是美国独有的，欧洲也有，对吗？——既然欧洲也有，欧洲为什么没有发展成美国这样呢？

**董**：欧洲的民主是在旧皇朝的基础上产生，所以它们的民主不可能像美国实行得这样彻底。而且美国地大物博在世界上也是著名的。

**王**：对。我想探讨的是美国的独特和其成功的终极原因。比如民主制度我们前面探讨了。可是地大物博不止是美国。世界上地大物博的国家也很多，像加拿大和澳大利亚等国家也跟美国是同样制度和同样地大物博。

**董：** 澳大利亚有一点我忘记提及，它是限制移民的。它曾经不准亚洲人进入、不准亚洲人移民，它曾经是施行大封闭的政策，它的建设历史上没有得到美国这样移民文化的支持；如果它也像美国这样开放，我想它恐怕应该跟今天的美国差不多的。当然，今天的加拿大，也跟美国一样开放和接受移民。但是加拿大是一个比较和平的国家，它没有像美国花费这样多的军费。这也是美国和加拿大的不同之处。

## 第四节　美国人的优点也往往是他的死穴

**王：** 我们前面想讨论的主要是两个问题。第一个主要是美国的优势。首先是地大物博，其次是人种文化聚集取其优势。当然，我们也论及了美国跟其他类似国家的比较，比如跟澳大利亚和加拿大，跟欧洲那些曾经在旧的中世纪传统发展出来的诸如英、法等国的不同。

下面我想引入另一个话题。任何一个国家，不管它有多么强大，它的制度多么完善，总还有一些缺陷和弱点，亦即那些值得反省和提高的地方。你作为一个“老美国”对这个问题观察了几十年，能不能谈谈你这方面的看法？

**董：** 我们其实刚才已经涉及到了这个话题。美国的优点也暗含了它的弱点，它们之间简直就是相反相成的。首先说移民，美国是个移民国家而且历史上是靠移民取胜，但是最近这些年美国的移民问题也成了严重的问题，它影响了美国的经济，也撕裂了民众的团结和情绪。

众所周知，移民对美国贡献居伟，但是现在世界各地到美国来的非法移民也在拖累着美国。这些移民跟早期的移民不同，制造了很多社会问题、他们在逐渐影响着美国的社会结构，也影响了美国的劳工市场和就业，同时也给美国的社会福利、教育、住房等等造成了问题；它可能会是未来潜在的症结。

另一点，美国人的优点和缺点是相对的。比如说，美国人很慷慨。在第二次世界大战结束时，它出手救助欧洲，有着著名的“马歇尔计划”，花了很多钱去帮助欧洲站起来。美国在一般情况下很慷慨，什么地方有水灾、地震或其他自然灾害它就马上行动，派大兵、送资源去救助；美国人的慷慨一向是很著名的。这跟他们本来的好客传统有关。因为美国人最早从欧洲到美洲谋生经历过艰难，后来又开发西部淘金、遍历险阻，养成了接待远方人和落难者的习惯。

小镇上的美国人常常有愿意接纳受苦的陌生人过夜和吃饭的传统。比如我刚刚到美国时在密苏里看到过这种民风的淳朴和良善，即使那时候存有着种族歧视的传统，当地人仍然非常友善、客气，即使是陌生人在路上，也是大家互相谦让，“劳驾”“谢谢”之声不绝于途。

与这个传统相对的坏的地方就是他们的侵略和干涉别的国

家。因为他们往往自命为“文明”和优越、教养好，认为别的国家野蛮、没有民主，我就要去打掉它，只有我是最好的。比如说，前不久的攻占伊拉克战争。你不能认为别的国家的制度不如你或者你看不惯就去干预、用你的想法去再造或者改变什么的。

结果，这次美国人到了伊拉克和阿富汗以后，反而受到了当地人的反对。美国人以为自己是在帮助他们，而当地人却认为他们是侵略者。这当然是帝国主义，可是美国人居然不了解这些，真是奇怪。他们老以为自己是在做好事。

在美国国会，政客们慷慨陈辞说这些他们派兵去的国家是些专制国家，领导人是独裁者，我们美国当然要出兵制止他们对老百姓的统治。没想到美国出兵以后反倒是把当地的情形搞得更乱，老百姓更是民不聊生。他们正是用这种意识形态去干预国际事务。

**王：**美国觉得自己老是比别人好，就导致了它喜欢指手画脚。它说别人是独裁者，可是在世界事务上有些国际舆论指它本身才是最大的随心所欲的独裁者，时常干涉别的国家。

**董：**虽然它自命为好，还不能去强制别的国家，美国还不能算是独裁者。在文化和思想意识方面不能用强制去解决问题。

美国社会人种之间的歧视也是它的一个问题。

**王：**在经济上和教育上你认为美国有没有问题？

**董：**当然，这些方面也跟上面谈到的有关联。经济上美国的势力比较大，想操控全世界的经济。现在“茶党”就是一股非常右倾保守的力量。幸好茶党现在还没有势力，它并不是领导力量。它们所有的只是舆论力量。

但是这样的倾向很危险。它仇视进步的力量和民主。把任何它不喜欢的东西都骂为“社会主义”，其实他们根本不懂政治却喜欢卖弄无知。他们享受着他们所诅咒的美国老年医疗保险等制度却又在咒骂给他们提供这种福利的所谓“社会主义”。其实他们不知道自己眼下所反对的却正是自己最需要的。

## 第五节　我经历过的美国大起大落

**董：**咱们谈谈美国历史上几次大的起伏和衰落。

美国现代史上最大的一次衰落是20世纪30年代经济大萧条时期。那时候的衰落是世界性的。当然，眼前的经济衰退也是一个世界性的问题，像希腊、西班牙、爱尔兰等全国经济都要破产了。

眼下的希腊问题跟美国虽然没有直接关联，但也有影响。那里的风吹草动都会影响到纽约的股票市场，现在世界上发生的事情已经不像过去那样单纯了。任何一个地方发生的事情都有可能影响其他地方。

这次的经济衰落主要是布什任内所造成的。你看克林顿执政八年卸任时国库尚有盈余，而布什上任后不仅花光了国库的盈余而且造成了历史上的又一个经济衰退。这里原因很复杂。

因为美国国内关于经济问题有两派看法。一派是认为政府不应该去管经济。经济有其自身的规律，比如说富人努力工作、他们工作能力强、用心去赚钱来创造财富；而穷人懒散怠惰不辛勤工作，那么富人富和穷人穷都有其道理。这符合社会的自然发展。共和党政府认为如果政府强行介入管闲事、出手去制定政策劫富济贫会影响社会的发展，这是他们的哲学。他们认为应该取消福利制度，不应该救济穷人。

而社会主义制度则是要消除贫富差距，做到用社会福利赞助穷人，对富人的财富用多征赋税加以控制，俾使人人在经济上相对平等。当然，美国左派的想法并不跟社会主义制度有关，他们有一种希望社会财富平等和支持福利制度的想法。

现在的美国政府是中间偏右派当政。虽然总统是有进步思想的，但是国会大多数是持保守主张的。共和党控制国会，不让奥巴马做事。他们强调“Dérégulation”（反对规则化）。政府有一种“Régulation agencé”就是政府要操控和管事——美国有一个好处，是罗斯福总统创设的，就是政府要管理事务。比如说中国近年来出现的毒奶粉事件，在美国就不能发生；因为政府有着严格的管理制度，有着各种管理机构在日常操控着方方面面。所有上市产品都要受政府的检查，特别是食品和药品。

而按照共和党的政策，这些都用不着政府管，要让社会“自然”发展，优胜劣汰。这样的观点我是完全反对的。我认为美国最好的一点就是政府作为，政府管事，对任何事情都有制度和规矩，政府是管着生产者的。

茶党的意思是“We don’t want government, government is no good.”（我们不需要政府，政府是没用的）。

美国这次的衰落是经济方面的。美国的思想很复杂，很难有一种黑白分明的说法。我们不能说是哪一种思潮具体影响了美国。

一般说来，共和党主张政府不应该去管制人民，而民主党则认为政府应该负责任去管好一切；包括媒体和电视节目，民主党也是提倡规矩，他们强调一些限制，比如说在电视节目上不能出现色情的，某些脏字，某些暴露和情节等，这是regulatory（规矩），各种各样的东西都要有规矩；如果做得不对，政府会将你的执照和资格撤销。但是在批评甚至咒骂政府与官员方面批评者则强调要完全自由。

共和党却不认同这些，他们的想法是很自由的，认为不应该设规矩约束——我不认为他们的初衷就一定是要鼓励做坏事——但人的天性是自私和有弱点的，他们为了公司自由行事而欺瞒购买者；为了自己的绝对利益而强调自由；一没了规矩，就容易出现各种各样坏事和违法的事情。我这里不是说共和党人内心就是要这样的效果，我是说共和党人的哲学和理念是这样的。“政府不应该管人民，人民应该凭着自己的意愿做事，这样国家就会发达”，这一点是我完全不能同意的。

民主党嘛，保守右派人士还有一种想法，如果他们再激进，就跟共产党的主张相似，就几乎成了共产党了。

**王：**上面你谈了共和党和民主党在哲学和意识形态方面上的分歧和领导信条。但是回到眼下的经济衰退，它必然有一个导火索和具体的原因所致。你觉得现在美国的经济衰退的具体因素即压垮骆驼的最后一根稻草是什么呢？

**董：**我认为是次贷危机造的祸，这个就要怪资本家了。这些银行家为利益所趋，为了赚钱、到处做广告吸引穷人买房子，说穷人付很少的钱就可以买到房子。结果这些人买了房子住进去，当然很高兴，却付不起贷款。付不起贷款当然要被撵出去，但这些银行也会因为这些贷款的烂账给拖累倒闭下来了。这个问题很复杂，但可以归纳到自私自利方面。这些都是缺乏政府监管带来的问题。

## 第六节　恶性循环和良性循环都是美国梦的要素

**董：**银行倒闭、保险公司倒下来，危及了整个国家的经济体系；为什么政府要救助它们呢？因为在这种情况下，政府如果不出手帮助它们，整个国家的经济就要都垮下来；大的银行比如说像花旗银行、大通银行、高盛银行这样的银行倒下来，美国的经济就会出现危机。这样，就逼得政府不得已、它必须出手用纳税人的钱去救助这些银行以避免对国家造成更大的伤害。

另外，像美国几家最大的汽车公司也是这样。汽车工业是美国的支柱产业，经济衰退导致美国人消费能力差、没有人有钱买汽车；而不买汽车就会造成汽车工厂倒闭，工厂倒闭则促成了更多的失业，而更多的失业当然造成了更差的消费能力，从而造成进一步恐慌——这些合力最后形成了一种恶性循环。这是最令人担心的一种惨淡局面。

**王**：若是这样看，你是否能够谈谈这次的衰落跟20世纪30年代的那次经济大萧条有什么不同？

**董**：上次是叫“大萧条”，而这次叫作“衰落”。那次的波及是世界性的。上次那场差不多七八十年前的恐怖，我到现在还是记忆忧新。那时我父亲每天晚上工作回家都会突然说到哪家银行关闭了，家里在银行存的钱突然都没了。这些我至今仍然记得清清楚楚。我现在担心的也是这些，怕这种经济衰退变成大萧条。

大萧条是影响到世界各地的灾难。

**王**：这次事实上也开始衍变成了世界性的经济灾难。

**董**：对。这就是我们刚才说的希腊的问题为什么跟欧洲有关，跟美国也有关。希腊倒下来后很可能会连带一批其他情形类似的国家出问题。

比如说，现在希腊出了问题德国或许有钱帮忙，但是并不是每个国家都有余力出手去救助别人。如果德国也出了问题，那么这个事情就会糟起来。

如果倒成了片，那就成了问题了。就会不可收拾。

那将是很可怕的。上次的经济大萧条说起来还是因为第二次世界大战给救回来的。为什么这样说呢？因为那个时候美国参战以后，美国需要军火工业、美国需要派兵到国外去，到处都需要工人，需要工作。那时候在美国甚至连女人都要去工作——我还记得那时候在画报上看到照片中的女人们要到工厂去工作，还真是第一次的新鲜事。因为男人不够嘛！这样一来，因为打仗刺激了经济。战争需要的物资和东西愈来愈多，必须赶着生产，从而促进了消费和损耗，也刺激了生产。做工的人越多缴税就越多；工作机会越多，生产的产品就愈益充实；国库充实了，国家就富有了。这件事看起来奇怪，但却是一个客观事实。

**王**：当然，那是一个人们不愿意看到的悲怆史实，没有人再希望看到战争。可是回到眼下这种令人沮丧的经济状况，你是否能够看到起色和曙光呢？

**董**：如果我能够，我就是杰出的经济专家了。我每天看报纸、关心时事和新闻，就是希望能够看到出路。我们应该有希望，没有希望就糟糕了。

希望在哪里呢？

希望就在于我们应该内心存有希望。我不是说我有希望的良方，而是说我们存在着希望之心就是希望。就像如果我太太生病，我希望她好起来而且有这种期待，并不是说我就是个医生能看好她的病。

**王**：我明白你的意思了。我向你问这些是因为你见多识广，经历过美国的很多时代和坎坷，见闻过美国近百年来经历的一些事件和历史，所以想知道美国在过去是怎么做的，现在是否有经验中的济世良方。特别是从你的个人经历和你一直紧跟时事、大量的新闻阅读中看看你能否归纳出一些有启迪性的想法。

**董：**最近奥巴马总统的讲话你留心了吗？

我从那里看到了一些希望。就是“Stimulus”，即刺激计划[3]，也就是政府要付很多钱——他上次投入的钱不够，这次要投入更多一些。比如说，现在公路坏了、地铁坏了、桥梁坏了，这些政府开发管理的东西出了问题，主要办法就是政府用借债、借钱的方式来进行全国性大规模的基本建设、创造就业机会；这样，人人都有工作做了，就刺激了经济。大家舍得花钱和消费，就刺激了生产；而生产提高了，经济就搞活了。这盘棋一走活，一通百通，不愁过不了难关。

现在美国经济一不好，连学校都给砍掉了。我觉得美国的教育不能撤，这是百年大计。现在有的地方经济一不好就砍删教员名额，有的地方开始裁撤警察和消防队员以减少开支。这些都是消极和有害的做法。

政府如果能够用借债和刺激的方式把经济搞起来——问题是现在共和党人反对借债，这个计划未被通过。

**王：**但是你觉得奥巴马这个政策能够成功吗？我们且不说前面已经进行过了类似的尝试。单说美国的内债与外债，想起来也是着实让人感到害怕的一个数字。这样拆东墙补西墙靠举债来渡难关、再去借更多的债能奏效吗？

**董**：关键是要做起来！如果不去做就根本没有希望，只有做起来我们才能知道有没有希望。

**王**：但是这“做”里面冒险的成分还是有的。关键问题是这里不是一般的做，而是要举债去做，是在债上加债的情形下去做；如果不妥，会让美国出更大的问题的。这应该是比较危险的一着棋。

**董**：在做和不做的问题上我同意奥巴马的意见。至于危险不危险，这些应该听经济学家的。我们都不是专家，经济学家有这种说法：越是让国家花钱多，钱就越会自然而然地来；税高了以后，政府收入也就有了。这些经济理论我们不太明白，是需要专业知识的。

**王**：美国的欠债的确是个问题，现在不止是欠国债和老百姓手上的债，更可怕的是欠外国的债，美国的债务问题已经是美国的巨大压力了。

**董**：是的。这就是为什么共和党人不同意奥巴马计划的原因。他们反对的就是这个道理。但是，你要做事就得花钱，你不花钱就不能做事。你要动，就得有资金；不动是不需要花钱，可是长期不动就会死掉。一直不动还不如死掉算了。想做事就要有本钱，就要花钱，明智的做法是哪怕是要死了也要去借钱买药救自己，要去买药治病啊！不能等死。

**王**：嗨，你说的这些有些意思。我基本上同意。但是像你比喻这么说，美国的问题是很严重了——完全靠借债来救自己，看上去让人忧虑。

**董：**这样的事情经济学家们一直知道，美国的总统们没有一个是不借债的。现在债务已经积累到了一个可怕的地步了。其实不怕积累，都是借，借了以后有钱了再还嘛。

这个经济理论比较复杂我很难解释，但简单想这就像是开一个商店，当然要举债去进货送货，等到生意好了再去还债，再借更多的钱来把生意做更大。用钱来生钱，这些都很正常嘛。

**王：**你用做生意来比喻，我很容易理解。当然，做生意的人借钱投资，赚了钱随时偿还，再多借、多赚——这些都有基于一个基本的道理和前提，就是你借的钱要赚钱，要生小钱。

但是奥巴马的计划中有的内容并不是赚钱的计划。比如说，美国有的公立学校的质量实在是差，教师人浮于事，整天混，拿着纳税人的钱不做事；整个学校的学生水平、成绩和毕业率之差之低到令人不可置信。而公立的邮局简直要被冗员拖到破产；有的地方的工会也是变了味，它们不再是保护工人和保障工作而成了惰性、怠工、不作为和影响绩效的保护伞。

现在有的公立学校删削了三分之一的冗员后人员仍然有富余。而奥巴马计划还要加大对这些机构的投资，不裁削冗员而要把裁掉的冗员再请回来，做这样的生意能赚钱吗？把辛辛苦苦借来的钱花在这样的生意上能有绩效吗？如果纳税人看到把这些钱投到水里或加注到没有希望的生意上，老百姓敢让他们这样花钱吗？如果投到赚钱的地方，我想老百姓还是愿意考虑的。

**董**：我知道你说的这些事。但我不愿意使我们的谈话钻牛角尖。我想那些决定政策的人考虑的是大事情而不是我们上面说的一些具体事情。这里我们讨论的是制度而不是某些具体部门的问题。

你谈到的现象我都知道而且我也是完全反对的，但这些跟制度无关。我年轻的时候也支持工会，但现在我也发现了它大锅饭的问题——这也是共和党极力反对的。我年轻时觉得工会是个理想的组织，是个好的、造福劳动阶层的团体。但是到了后来，发现人性并不是一样的，工会的理念不错，但是在操作起来就出现了不同的理解和解释，也就容易出现偏差。

你上面谈到的许多问题我并不能回答，因为我并不是这些方面的专家。

**王**：其实我们需要的是讨论而不是答案。世界上的很多事情是无解的，即使专家们对此也没有答案。我很高兴通过上面的讨论我们已经理清了很多我原来并不十分清楚的事实，而对这些事实的讨论让我更加清晰了思路，如果我们都如实地展示了自己的想法，就离问题的答案近了一步了。

对上面的大部分问题，若想寻找所谓的“答案”其实并不难，每天通过各种形式发表的连篇累牍的政见、报纸和电视上的专家和评论员们都在振振有词地说教，好像都是真理在握，只要用了他们的方略，一声“芝麻开门”就万事大吉了。其实，今天跟你讨论，我最想知道也是最感到享受的就是跟一个关心时事、有切身经历、用脑子思考而不为党派或集团利益所左右的智者在分析问题——更为重要的是，我是跟一个关心美国政治和前途的知识分子、世纪老人而不是跟所谓专家来讨论和交流这些看法。

我觉得你说得很好。你希望奥巴马的计划能够成功。

**董：**不过，有人说奥巴马的计划还是不够大。也有人说奥巴马应该把医疗保健方面的钱拿出来投入到拯救经济上。这是共和党的见解，但是民主党人反对。

**王：**你觉得在现在经济状况如此不好的时候他坚持提出这些医疗改革法案对眼下的经济复苏是一个积极因素呢还是一个消极因素？

**董：**这又是一个哲学方面的课题了。我觉得，不论早晚，美国的社会保险制度和医疗制度是一定要改革的。因为美国的这些费用太高了，费用大得不得了。怪不得共和党要嫌这些拖累了美国的经济。

社会保险制度据说有问题，媒体甚至常常讨论到再过二三十年以后这个制度有可能会破产。

## 第七节　最短的板块是最渺茫的距离

**王：**我们来谈谈美国的军队。美国的军队为什么会是世界上最强大的？

**董：**美国军队的强大我想始于第二次世界大战。那时候日本偷袭了珍珠港，让美国人极为震惊。他们感觉到了当时的形势下必须具备一支强大的军队，就倾其全国之力来进行军事建设。美国毕竟是一个富有和强大的国家，而且它也是那么值得民众去爱，她一经警醒就不遗余力。这样，美国人的爱国心一激发起来就非常浓烈和持久。

当时美国实行了征兵制度，举国之内，不论是富是贵是优渥还是寒凉，各个家庭的男丁都要去当兵。而且那时候美国利用其领先的科技发明了各种先进武器。在爱国心鼓舞之下，每个人都很努力；原子弹也是那时候发明的。美国人受到了战争的启发和刺激而一跃成为了世界上的军事最强国。

**王：**从第二次世界大战之后，美国已经成为了世界上的军事最强国，它现在已经是超级霸权，其任务早已不是防御而转向了反面。它不再可能受外国的欺负和侵略，还有必要发展和保持这么强大和超级耗费的军力吗？

**董：**我也是一再持对这方面的反对态度。美国过去跟苏联搞核竞赛，大家竞相耗费钱财和能源以及各种物资，其实有必要吗？几颗原子弹就足以毁灭整个地球，这种竞争真是愚蠢。我从年轻时就参加了反对核战争的组织，现在可怕的是世界上拥有原子弹的国家很多，一有战争就可能毁灭整个人类。现在冷战已经停了，再这样竞赛下去才真正是愚蠢和无聊之举。

现在右派的共和党人坚持其他都可以商量，而国防经费是不能动的。这些也是美国经济上的高耗费之处。

**王：**如果世界上大家都裁撤军队和少在军事上投入一些，

会省去很多经济上和政治上的纷争。

**董：**不会的！美国不会的，那时候的苏联也不会的。冷战停了以后照道理应该停下来了，可是没有。这就是我刚才说的美国人一方面非常慷慨、一方面又非常自大和骄傲的原因。

庞大的军费的确是拖累美国经济的一个方面。因为军事上面的事情并不赚钱而是需要大量的金钱去养它。军费是最花钱的地方。你看朝鲜战争现在已经结束了这么多年了，南韩还是驻扎了大量的美国军队；第二次世界大战早已结束这么久了，美国在德国还是驻扎了这么多的军队，这些真是没有必要的，这些真是极大的浪费，完全没有必要的嘛！我们是坚决反对的。——再加上眼下的两个战争。我们老是在说，现在若是像20世纪50、60年代那时候的征兵制度的话，这些战争就会很难打起来的。

眼下的战争很少涉及到富人和有钱人家孩子的利益，现在没有人讲反战，反正都是穷人家的孩子当兵。现在已经不是全民征兵的兵役制了。现在是志愿兵制度，当然也有的是富有的年轻美国爱国子弟当兵。但不实行过去那样必须当兵的制度了。若是像朝鲜战争越战那个时期的征兵制度，早就有人极力反战了。

## 第八节　最富有国家最难堪的事

**董：** 我们下面谈谈美国的医疗制度。美国的医药是世界上最好的，只要是有钱人什么都可以买得到的。它的仪器设备和保健能力也是最好的。但是美国有它的问题。

美国的医疗水平高并不代表它的制度好。

像在法国，甚至古巴、欧洲国家都是免费医疗的，都是政府供给的，而美国没有。在法国，女人生孩子不但放假多而且保有工资什么的。这些福利美国也有，但是跟法国等国家没法比。美国现在为老人和穷人设立医疗保险还有许多人反对，我认为这是美国最弱的一点。

这就牵涉到了我们前面谈到的美国政党和制度的问题。像茶党的无知不必说；共和党就是反对福利，反对这些关乎老百姓民生的事情、反对给人民好处，民主党这方面好一些。

社会安全保障制度还是罗斯福、杜鲁门时候开始制定的；老人医疗保险是约翰逊的功劳。现在我们老是在讨论和比较为什么加拿大搞得这么好而我们美国搞得这样坏。这一点我非常反对。许多美国人拍电影、写书宣传都没有用，因为大多数人都不赞同。政府一不组织就完成不了的。

像我所知道的瑞典，它的医疗也是很发达的。可瑞典的医生却要到美国来做医生。为什么呢？就是因为美国的医生收入高。现在是资本主义发展到了极点的地步，在这种制度下，穷人是要受伤的。因为这里有最进步的机械设备，穷人根本用不起的，像MRI、CAT-Scan这样的机器花费太高，穷人用不起或买不起保险，没有保险的人当然享受不了高级医疗和医药成果。

美国老百姓认为欧洲和加拿大制度好，但是美国的这种资本主义机制限制着它的内部发展和社会服务功能。

**王：**根据我得到的资讯，美国人常常为这事儿感到困惑。美国有着世界上最强大的医疗科研力量，美国是世界上最富有的国家——比我们前面提到的那些欧洲国家和加拿大等都富有得不可同日而语，更不必说跟古巴那样的社会主义国家相比，但是为什么美国不能实行它们那样的全民医疗福利制度呢？在这个号称世界上最富有最强大的国家里人们为什么还会为了看不起病和没有医疗保险而犯愁呢？

**董：**这就是我说的话嘛！奥巴马也是这个想法。这完全是政治的原因。好多人并没有享受到现代高级医学和强大国家的好处。

现在老百姓并没有直接到国会、到参议院大声疾呼的权利和资格，这些事只能由着政客在拨弄。在底层的老百姓深受其苦，但他们的势力小，富人掌控着政权机器和媒体，而这些人根本不需要全民福利的帮助，他们当然不愿意多纳税来救助穷人。

**王：**那么，你觉得奥巴马当前所做的全民保健的努力和试图立法来做这些是对的吗？他能够成功吗？

**董：**他做的当然是对的。我是支持奥巴马的。问题就是他能否成功要仰赖政治制度——这就是话又说回来了，他需要大多数人的支持，而他缺乏共和党和大多数政客的支持。

虽然他已经取得了初步的成功并通过了一项保健法案，但我估计他不能成功，因为很多人反对。反对他的人理由各自不同。有的人认为他太激进，有的人则认为他太保守。

他通过的那个法案实际上是个妥协的产物，很不彻底。我希望他能像加拿大所做的那样，是一次性付费的方式即政府将病人的医药费一次结清，有需要病人自付的地方我们再返还政府这方面的费用。这样病人看病时医生就会完全按照需要而治病，不会因为花销治疗费和医药费问题而担忧。这样，医生们会全力考虑治病而无须考虑经济问题，因而病人就能够得到应有的救治。

但是奥巴马的法案很不彻底。这个法案中病人看病和医药等方面的花销还要由保险公司先来承当。如果让保险公司承当立刻就会有问题。

因为保险公司首先考虑的是赚钱，为了利润和费用的问题他们就要控制医生和医疗单位的费用花销甚至医药方面的开支。比如说，医生认为要做检查，他们会说“这种检查太贵了，没有必要吧”。他们当然也会设置其他医疗和医药方面的限制甚至阻碍你去参与保险。比如说，他们会说“你先前已经有过很多病了，花钱太多，我们不能接受这样的客户”，等等。他们也会嫌某些检查费用贵或某些药品贵而限制你使用、他们会尽量省钱的；而且他们也会对很多必要的花销拒付账单，这样就会有无穷无尽的扯皮和麻烦。

因此，奥巴马的立法和“改革”就很不彻底而且意义有限了：它对穷人来说并没有解决主要的问题，而对富人却根本没有意义，因此他们坚决反对。

可是它的意义还是有的；对它的不彻底我是要反对的。它不彻底的原因就是怕它可能不会被通过，已经预先做了妥协。因为要是采用一次性政府付费的话，这个法案在国会肯定不会被通过，所以奥巴马已经预留了妥协的空间。但是一妥协，这里就失去了它的精髓。

这里争论的实际上是个制度的问题，资本主义制度发展到了这一步，有很多事情渐渐变得过于复杂甚至走向了它的反面。美国的制度跟中国是完全不一样的。在中国这类事情可能反倒好办。政府决定了，它说了就算。

这个法案还是不彻底的。比方说，这个法案具体地对于我来说，它做的不彻底就基本上没了意义，因为我现在已经享受的医疗保险也早已达到了奥巴马所希望的那样了，但是对我进一步的需求它解决不了。当然，奥巴马法案的本意还是好的，它能够帮助另一些穷人。

可对我而言，我不满意：比如你给了我四个油饼，可我们家有五口人，不够吃，有一个人没有。哈哈哈。

我不满意，而茶党和共和党人更是坚决反对，那么，受益者们呢？他们也觉得这个法案是妥协的结果，是个鸡肋，也不满意。这样看来，这个法案是欠缺和不完善的。

我认为原因是他妥协太多了。我觉得奥巴马应该更强势一些。他的政策对我们没有帮助。我们探讨这些只是一些哲学上的探讨而已。

他是在到处做好人，到处讨好而已。

**王：**既然这个保健话题牵涉到了这么多的精力而且受益者不多，造成议论纷纷、莫衷一是，我觉得他在这个事情上花的精力和时间太多了，何况又因此引发了无数新的纷扰。眼下美国面临着严峻的经济问题和失业问题，汲汲于纠缠在这类事情上不如把更多的精力放到挽救国民经济、创造更多的就业机会上更显重要。你说呢？

**董：**我同意，而且觉得眼下的经济问题应该是重点。

---

**注释**

【1】Hispanic（西班牙语：hispano, hispánico）这是一个英语称谓，描述一种特殊的文化渊源和语言、习惯族群。它起源于“跟伊伯利亚半岛有关的”词根，包括葡萄牙、安道里亚、直布罗陀和西班牙。在当代，这个词汇掺入了一些新的意思。比如在美国，Hispanic 通常指一些综合种族中带有西班牙姓名的族裔。

因之，在北美地区，人们言及 Hispanic 时大多不再拥有它本来含有的跟西班牙和葡萄牙相关的语义而跟拉丁美洲有关。这个语汇渐趋被用来描写那种过去曾为西班牙和葡萄牙殖民地区的文化和语言的人群。后来演绎成 Hispanic 美洲。这个地区包括墨西哥、大多的中美洲和南美洲国家，以及一些说西班牙语的加勒比海岛屿国家。

【2】高加索人种（Caucasian）有许多不同的定义，第一是指“属于欧洲、西亚、印度次大陆以及部分北美洲的人种”；第二是指“起源于欧洲的白皮肤人种”；第三则是指“东南欧属于高加索地区的人种”。高加

索人种的概念起源于19世纪的欧洲思想家，当时以此观念来作为种族归类的依据。而如今这项概念已经不再被科学界与人类研究相关的领域所使用。传统上使用这个词的意思是泛指白人。

【3】刺激计划：美国总统奥巴马于2011年在美国西部城市丹佛签署了总额为7870亿美元的经济刺激计划，这标志着奥巴马“新政”正式付诸实施。

# 第九章

# 为美国的未来把脉？

## 第一节 “美国人”的变迁

**董：**咱们今天谈谈美国的教育。

说到美国的教育问题，我有一个想法。我们现在很难笼统地议论美国人。“美国人”这个概念在今天极大地泛化了。比如说，我们应该澄清今天我们说到的美国人和我们传统概念中的美国人有差别。

在讨论这个问题之前，我们有必要廓清一下我们一般概念中“美国人 ”这个定义的变迁。

我们原来既定概念中的美国人差不多是所谓的白人。历史上有各种各样的美国人，但是我们心目中对此有一个历史概念，所谓的美国人就是指特定的那一类。可是美国社会在近代发生了急遽的变迁。当然，美国的主流文化还是保有一定的延续性，但是美国人的构成却是大大变化了。

因为，美国现在是个大熔炉，是由世界各国人和各种文化组成的。每个民族的移民都来到了美国，都带来了他们本民族自己特有的东西，然而到了今天，这东西却都成了美国文化的一种。所以，“美国人”的概念也就逐渐扩大和泛化了。

现在的美国人是各种各样不同的美国人。他们具有不同的政治倾向、不同宗教和民族文化色彩、不同教育背景，等等。

我们这儿观念当中设定基本目标的美国人是中产阶级、知识分子的美国人，不是泛泛而论的美国人；至少是像你我这样的、读书的、关心时政而且有文化的人。

我们这样事先说清楚非常好，因为我们的确不可能泛论和议题包括所有的美国人。美国人太多样化了，而且我们不可能泛泛地讨论到美国社会的各个阶层，其他阶层可能我们也不太熟悉。

我们这里说的至少应该是关心教育的读书人或者是知识分子，指平常喜欢看看书看看报和关心国事的人。因为在美国另外的人太多了、没有读书习惯的人很多——平时连报纸新闻也不看的，就看看电视算了。

这样廓清应该很好。不只是美国人，就是中国人我们也未必能统而论之。因为今日的人口构成太复杂，而且人们的社会、文化、宗教和经济状况的构成以及他们所关心的内容不同，我们的确不宜泛论。中国人在经济、文化等各种不同层面上的状况分三六九等，美国人同样也分三六九等。到底哪样的人是所谓的“美国人”的代表呢？

现在社会发展变化非常快速，多元化和人种、文化的拓展组成了更加复合多层次的结构。过去的社会则相对简单。

记得我小时候，因为我生长在上海，那时候美国人是很容易被一眼就认出来的。那时候上海的美国驻军大都是他们的海军陆战队员，所以我们眼光中的“美国人”应该是白人、高高大大、制服很干净、金发碧眼的那种人，差不多都是美国南方农村来的美国人。

他们大都帅气，比较憨直、善良，高大但教育不一定好，却有着遵守规矩、行为机械和服从的本性等等。

那时候的美国人给人的印象很独特，小时候的我们很羡慕他们。因为他们——不只是高大，而且很干净，看上去威武，像是从另一个世界来的。那时候中国人有些自卑感。当然这是不对的。——但那曾经是我们心目中正宗的美国人的概念。这种概念仍然根深蒂固地存在在好多人的心目中。记得我跟你聊过中国刚刚改革开放时我曾经应邀跟美国记者去中国采访，在中国东北遇到的老汉质问我——

“你怎么会是美国人？”

因为他对美国人的印象应该是白人、高高大大、黄头发蓝眼睛的——都是这样的。

现在的美国人概念却完全不是这样的。现在如果你在报纸上看到中东或者是世界某地的美国人被当地政府或者暴民什么的抓去了之类的，可是你在电视上一看便会十分惊讶——原来被抓的“美国人”就是些完完全全看上去地地道道的当地人。

也许你看到伊朗和伊拉克的报道，说他们政府抓走了美国人，可是事实上他们抓的却是看上去土生土长的伊朗人和伊拉克人，原来只是这些人有美国籍而已，他们是些美籍伊朗人和美籍伊拉克人。

**王：**现在“美国人”的概念已经扩散了，可你能说他们不是美国人吗？他们的确是美国人呀！好极了，今天提到这些话题，我看到董先生你是非常犀利的。很高兴今天咱们能从此谈起。

**董：**这方面是我们应该注意的。我们往往有一个先入为主的概念，想到美国人就认为应该是某种类型的而撇去了事实上的复杂和多元性。

我来美国后的这大半个世纪美国的确是变化太大了。简直是翻天覆地。

美国人的形象的确是变化太大而且有颠覆性了。现在除了有传统意义上的那些美国人形象外，美国人的概念无疑是扩大了。比如说现在的非洲裔、南美裔美国人、亚裔美国人、中东裔的美国人、东欧裔的美国人，等等，这些都让“美国人”的概念极度扩展了。

可是，在中国国内，我发现一般老百姓对美国的概念和对美国人的概念仍然保留的是过去的“老美国”和金发碧眼之类的认同。他们对美国的游客也是以这样的标准看的，其实这是很“隔”和早就落伍的想法了。

今天的美国已经多元化了，不了解这些是要吃亏的。

美国在多元性上是世界第一的。世界上没有哪一个国家在这方面能够像美国这样。

因为我们每天生活在今日多元化的美国，人们已经习以为常并几乎忘掉了其基本概念上的区分。

## 第二节　私立 vs 公立？——中美方式的不同

**董：**我们今天在讨论美国教育的目标时，我还是想以我们熟悉的一般美国中产阶级和关注教育的这一批“大多数”作为基本人群来讨论，这样才比较现实和比较有代表性些。好吗？——因为以此作为我们讨论的终结一般可以承上启下，而极少数的亿万富翁家庭不具有代表性，因为他们不管时代怎样变化，因为自己有钱，他们总是按照自己的理想和最传统的贵族式教育来塑造自己的子弟——他们甚至不必考虑社会，因为他们不需要服务社会、不需要工作而只是随心所欲；至于那些根本不注重教育的某些底层也不是我们研究的话题，这个问题有一般社会学家的研究个案在，是社会问题专家的关注点。

**王：**你生活在美国大半生了，你少年时当然受的也是中国式的教育，根据这些经验和你掌握的资讯，你感觉在过去的这个时代中美教育的最大不同有哪些方面？

**董：**我那个时代中国几乎没有公立学校，我们进小学是要付学费的，一般人上不起学的。不知道现在中国的情形怎么样？

**王：**现在中国儿童入学率非常高。现在的情形大概跟你那个时候相反，中国大部分都是公立学校，私立学校很少。大概

95% 以上都是政府建立的公立学校。

**董：** 这一点我就有点不同意你，因为我常常看到国外媒体谈到中国时往往强调中国上海北京的私立学校多得很，学费高得要命，有钱人家的孩子都送到私立学校去。

**王：** 你说得不错，但是上面的现象并不典型。为什么呢？为什么它会得到那么多媒体关注和老百姓的议论呢？这些恰恰说明了它们是些新闻，说明了它引起了媒体的注意和老百姓的舆论、眼红。这些学校并不普遍，是一些所谓贵族学校性质的私立学校，质量并不一定好，但收费昂贵，广事招徕。当然，还有一些是国际学校，这个类型的私立学校是为外籍和有国际背景人士子弟开办的，基本上与全世界各国的贵族学校相似，但是它们不对非外籍人士即中国普通老百姓开放——由于其不具备代表性，这样的学校我们今天的话题不涉及。

正是因为有了上面的因素，所以使你有了上面的误解，这些学校只是整个中国教育中的小小一部分，由于是个新事物所以新闻报道了，你就留心了。而占中国教育绝大多数的公立学校因为是主流或已然是常识他们不必讨论，而你这方面关注可能不多，所以会以为中国私立教育盛行。其实实情并非如此。

**董：** 谢谢。如果是这样，我就明白了。看起来国内最好的学校仍然是公立的。而私立系统除了所谓“贵族”化以外，学生来源和教师系统乃至传统方面仍然不能跟公立学校抗衡。国内的私立有好的，但大多是噱头，因为他们的资源远不能跟国家和公立系统比。

在这一点上国内和美国有着基本上的不同。在美国，私立学校老师的工资没有公立学校老师的工资高，因为公立学校有工会的关系。——在这方面虽然我是比较激进的支持偏左观点的，但我必须承认，美国的所谓公立教育办得非常不好。因为美国的工会强调的是尽量保护教工的利益和福利。你不能把他们革职的。

这样有点像是大锅饭，没有竞争和动力，可能会导致缺乏责任心。

我认为，责任心是因人而定的，虽然制度不同，可做老师的责任心却是一种良知。当老师的在各种制度下都会有好的和不好的之分。但是我所要谈的是工会导致了某种保护制度，这种制度成了一种滞碍力，会造成一种负面的影响。造成了学校不能解雇老师，有的老师有了问题或者惰性十足校长却对之无奈，一切都要靠工会作主。——这相当于是个铁饭碗了，对不对？

就是铁饭碗嘛，地地道道的铁饭碗！

这不真的就成了负面的因素了吗？为什么美国的公立学校就会这么奇特呢？为什么美国的其他机构，比如说像美国其他的机构也有工会呵，为什么其他部门没有这么胡闹。

这就体现了公立学校制度的奇特性了。在学校做老师不同于其他工作，它是 tenure（终身制）的。本来设定这个制度的目的是要保护老师讲话的权利、鼓励言论自由的。tenure 是专为鼓励高校老师能够后顾无忧地发表言论而设的。

但是美国公立学校老师的工会也有这个制度。就是说，开始工作三年以后如果没有出错的话你就得到了终身制。照理说，在开头三年校长要认真监督、严肃控制的。但是如果这是一位平庸无能的校长就很难说了。一般情况下，人的本性是积极向上的。但如果校长或老师是一个不努力的人或者人浮于事的、混事情的人就难说了。

也有其他干扰因素。比如说，如果某人工作不努力或者消极怠工，你若评议或者规范他们，他/她马上就会反告你是种族歧视或者性别歧视、年龄歧视等种种歧视之类，把问题马上转向其他复杂方面，让你吃不了兜着走。这些，显然影响了美国教育的质量。

——就是说制度本来没有问题或者说制度之设本意是好的，却被解释和利用到了不阳光的方面去了。

这样，如果某些人的责任心出了问题——有时候甚至不是责任心，而是能力甚或是某些人的标准或要求太低了。比如说，我的外孙女上的学校，原来的那位老师水平很好也会教书，孩子们在她的教育下进步很快。但是换了现在这位老师就出现新问题了，今天这位老师在教孩子们拼写 butterfly（蝴蝶），这个字太简单了，孩子们现在早已学过更多的复杂词汇了，而这个老师却炒冷饭地在教他们这些熟词，她的标准太低了。

学校本身未必有问题，有时候问题是在具体的人。现在我外孙女的学校很好，他们也非常注重严格要求，每天布置家庭作业而且认真检查等等。

## 第三节　家长+学生才是成功教育的关键

**董：** 说到美国教育的局限和问题，有一个方面我们不应该忽视，那就是我们不能完全批评学校，家庭和家长们的配合教育有时候也是个大问题。

在美国，特别是大城市，有相当多城市下层阶级的家庭是不管教育的。不用说是教育，他们连孩子的生活都不管的。其中有相当多的家庭是单亲家庭，其中有的家庭甚至连孩子的亲生父亲是谁都不知道；家里孩子多，靠吃救济生活，没有父教、没有母教，家庭的一切应有的辅助和配合都没有。家庭作业不做也没人管。所以结果当然就不一样了。像华人家长一般都关心孩子的教育，经常跟学校联系、跟老师讨论孩子的问题。比如说我们家庭的孩子放学回家以后一般都要做家庭作业，不做完家庭作业是不能看电视和玩的。而美国有的族裔的家长根本就从来不关心、不搭理这类事的。

中国人的家长都是配合监督和辅导孩子的。不管城乡、不管贫富都会这样。不必是“虎妈”【1】才这样做。

美国城市人口特别是那些贫民区的家长和孩子们普遍存在这样的问题。所以在美国提倡消除地区限制以便让不同种族混杂一起受教育时很多美国白人家庭就提出反对，认为孩子们学校的生源和种族、家庭背景不一样的确会影响孩子们的成长和学习。

所以这些所谓的白人和有钱人群体的孩子们就选择了上私

立学校。那里学费高，质量却并不一定好，但是私立学校服务好；而且因为它高学费的原因阻挡了一些中下层家庭子女的进入。

美国私立学校的孩子家庭经济和文化背景大致相似而让同等阶级的孩子归堆在一起，这样其家长们就放心而且觉得安全。这正是美国私立学校流行但它们的质量未必高，却能够大量生存的原因。

家庭教育问题的确很重要。美国最近也在讨论“Tiger mother”即“虎妈”的问题，但是一般美国的家庭教育或者华裔家庭教育并不是这样的。虎妈是个比较特殊的个案，所以现在讨论得很热烈。她管得太紧了，其实真正的中国妈妈没有管得这样紧。

不止是虎妈，还有 Jewish mother[2] 管得也是很紧的，在美国也是有名的。

Jewish mother 还有一个意思是管孩子的吃，让孩子吃得多、吃得胖胖的。教育方面当然现在我老是觉得华裔和犹太裔在美国是相当聪明的。

但是“虎妈”给美国人的感觉是中国人就是这样的，就都是逼孩子，这是不对的。中国人其实没有管得这样紧。比如说，你必须做完这个、必须做完那个等等。

“虎妈”可能说明了某种实质，但是被这本书的作者过于夸大了。她有些矫枉过正，她过分强调了某些部分。中国人当然非常重视教育，但不一定都像她那样地逼孩子。她的表现可能有那么一些中国方式。比如说美国人基本上不逼孩子，让他们爱怎么就怎么，而中国家长从小就介入指导过多，但他们肯定是“逼”的。

**王：**比如说，在你的童年时代和我的童年时代——我们当然是两代人，文化和时代背景都完全不一样，如果再加上我儿子这一代就是三代。你的母亲和我的母亲以及我儿子的母亲背景状况完全不一样，唯一共同的就是她们都是中国人，但是在对她们的孩子成长过程中，如果有共同点的话，那就是她们都参与了，都“逼”过。这应该是一种“中国特色”。

**董：**但她们却不同于虎妈。我觉得虎妈的方法简直是虐待。

虎妈的方法强调的是她的不妥协和她跟美国教育理念的一种对比。比如说，中国的孩子如果考了 95 分有的爸爸妈妈不会太高兴而是要问他们那 5 分丢在了哪里。反过来若是美国孩子考得 85 分回家，他们的父母往往很高兴，说考得不赖。甚至他们考得更弱一些，其父母们也能自圆其说地安慰自己说孩子是“He has done his best”（他已经尽力了）。

**王：**记得我儿子上小学时考了个 94 分回家我责备他，儿子鹦鹉学舌地说他 has done his best。我立刻勃然，问他：你的 best 就是这个吗？我下意识地告诉他，你是中国人，你 deserve more（配得上更好）。从此他不再说他已经尽力了这类的话。中国的家长一般对孩子要求是严格的。

**董：**而美国却是不同的。家长们有的在乎，有的不在乎的。当然，要求孩子都拿到“A”的家长也有的。这个虎妈为了写本书而强调某些标新立异的方面是可以理解的。

**王：**你觉得美国严格的妈妈有达到“虎妈”级别的吗?

**董：**我认为用这个所谓虎妈的名词就错了。不应该是以这个来作为卖点，这是个虐待性的话题。美国的父母也有管得严格的。

我有个朋友，是我女儿同学的家长，他们跟我的理念就完全不一样。她妈妈说，“孩子们要去上学，教育是学校的工作，我们不应该多管闲事的”。他们认为应该完全仰赖学校，家长不必干涉和掺入，这也是一种观点。但是我并不认可这种想法。

这方面在美国更主流的一种见解是家长要参与。最为普遍的是所谓“Parents Association”的组织，就是“家长协会”。

但这不是“PTA”,“PTA”是“Parents-teachers Association”，即家长和教师联合会。像我外孙女入读的那个学校，这样的联合会做事情很主动。比如说美国学校一般放学很早，他们学校放学后 PTA 希望组织课外活动来扩大学生们的知识和兴趣，这样，这个组织就要去想法募集资金，同时他们会跟学校讨论开设相关的项目和如何延请相关人员等等。

纽约公立学校放学太早了，下午三点钟就放学了。一般情况下，三点到五点家长还都在上班，孩子们却没事做，这样，家长们就联合起来向外边聘请或许教体操的、教舞蹈的或教电脑的等等老师来给孩子们上放学后的辅导班，这样就很好。有一次他们甚至请到了一个中国人去教中国民族舞蹈和说中国话的课。

我觉得这样很好，这就是家长关心孩子们成长和积极介入他们教育的好事例。

美国的家长也不能统而论之，家长也分三六九等的。

其实，学习不好未必是孩子的错，大多是家长错在了前面。有的族裔的某些家长却是从来不管孩子上学情况的，他们从来不问候孩子在学校的情况，不跟踪、不参与督导。这其实不奇怪，因为他们自己也不懂，他们自己从小就没有受过教育，也没有兴趣参加 PTA 组织。

美国的学校是这样的，他们每过一个时期会有家长会或者跟家长单独交流来讨论一下你的孩子在学校的情况之类。而某些族裔的家长对这个机会根本不重视，从来不去参加这类跟老师交流孩子学习情况的家长会。他们又怎能有效地配合和辅导孩子的学习呢！

我的女儿就经常去学校参加这类的家长会，她经常跟老师交流孩子在校的情况，配合教育。我女儿几乎从不错过这样的活动，因此老师们也知道她是在乎学生学习的家长，教她的孩子也努力、也有劲。如果一个学生的家长从不去开家长会、从来不关心孩子的在校表现，你想想，这样的孩子怎么能够学好呢？这些能够完全怪孩子吗！

**王：**这个我同意。我也有同样的亲身体会，我儿子在纽约上学时我也经常去参加这类会议。其实学校这类会议挺多的。包括交流孩子的学习情况，各种 program 的介绍以及如何针对孩子的情况因材施教和介绍一些方法之类。特别是在孩子升学和面临新的选择时，学校往往很负责任地介绍和引导这些。

**董：**对。一般中国的家长差不多从不错过这样的机会，比如说现在我的女儿经常跟她孩子的老师联络，讨论她孩子学习怎么样、有没有问题或者需要在哪个方面提高、应该注意什么样的问题等等。

了解了这样的情况，妈妈就会有针对性地纠正孩子的问题。比如说我外孙女的老师反映她最近有时不太注意听讲或者喜欢听课时跟别的小朋友谈话。我女儿回来后就要盯住问她并提醒她注意——这些并不需要像虎妈那样严格的妈妈才出此，这是些教育孩子引他们上正道的最起码的套路。

所以，在讨论到家长的作用时我们要严格注意到并不能笼统地说美国人怎么怎么样、中国人怎么怎么样。全人类在很多方面应该是有共识的。

如果说某个族群、某个社会阶层的某些家长因为对他们的孩子要求严格而孩子们有了出息，我们很难说就是这个族群的孩子特别聪明。

比如说，中国的中小学生在美国普遍数学成绩好，能说明中国人在数学方面特别有天才吗？——在现在世界上的数学家和尖端数学领域里中国人好像并不特别占什么优势。其实小时候家长的督促和激励在某些方面的确是起作用的。华裔的孩子即使再不怎么争气，在数学、某种一技之长或会弹奏某种乐器方面都是让人称许的。

人们能根据这些就说华裔和白种人的孩子就一定会比南美裔和非洲裔的儿童聪明吗？前者成绩高未必是他们天资更聪明，而后者的表现不够是没有管教及家长配合不够所致。

说到这，人们应该认识到，教育并不仅仅是学校的事情，它也是一种文化传统和社会氛围。

中国大概不会有不闻不问孩子学习情况的家长吧？也许会有？

**王：**比较少。在中国，绝大多数的家长应该是不会放任孩子们的学习不管或者不跟学校配合。即使是贫困家庭或者经济状况并不出色的家庭也重视教育。穷人家的孩子有可能学习更出色，因为这是他们凭借自己的努力去翻身和出人头地的唯一途径。他们的学习有动力，他们没有特权和其他优势，明白全靠自己努力学习救自己。穷人的孩子有时候比有钱人家的孩子、比“富二代”要努力得多，因而成绩也要好得多，虽然他们学习的条件要差很多。

## 第四节　重视教育是我族的文化 DNA

**王：**在美国也是一样。在大学我看到很多华人子弟出身微寒，有的仅仅是第一代、跟随父母打拼来的，有的甚至是偷渡来的农村子弟。他们来时甚至一句英文不会讲，在极为艰难困苦的境况下，父母在唐人街没日没夜地打工，孩子却争气努力学习——他们的境遇连中国的农民工在城市都不如——在城里打工的农民工虽然地位不高但却至少听得懂中国话。这些含辛茹苦的父母即使在这种困难境遇下也不放弃，即使他们听不懂英文也坚持去学校参加家长会，让孩子给翻译甚至不需要翻译坚持参加活动。他们深知，他们的参与本身就是一种督导、一种榜样的力量、一种不放弃的姿态，这些对孩子是一种鞭策、一种启迪。

唐人街的父母把孩子送到了世界上最高的学堂，送到了常春藤盟校，他们曾经深情地倾诉，有了这，他们一生流过的血和泪就值得！这就是中国的家长，他们虽然贫苦甚或无知、没有受过什么像样的教育，有的甚至不会写出自己的名字，无论是用英文、中文或者这个世界上任何一种文字，他们就是纯粹的文盲。可是文盲的父母却培养出了哈佛、耶鲁、哥伦比亚大学的孩子，这些孩子将创造历史抑或改写我们时代的生活和命运。

就是因为这，世界不敢看不起中国，中国人也不敢看不起穷人家的孩子。一两千年来，穷人家的父母即使穷死也要让孩子受教育，只要能，哪怕勒紧裤腰带也要让下一代受教育，因为他们知道，只有受教育他们才能翻身、才能扬眉吐气。这是他们唯一的希望。谁说中国人没有信仰？中国人的信仰就是读书，就是受教育！

海外华人，特别是海外华人的后代非凡的努力替中国人在全世界争了脸面。美国几乎所有最好的大学都充斥着华人面孔。须知，即使是美国的贵族和家庭收入最高的那一小撮人的子弟想上这些大学都不是容易的事情呵！大概他们怎么也想不明白，这些声音嘈杂、穿着土气甚至气质尚待调理的华裔子弟是凭着什么跟他们坐到一个教室里来的。

凭什么，凭的就是非人的努力，就是一以当十，就是义无反顾人无我有、人有我强、人强我超，人超我绝，会当凌绝顶，抵死奋斗，用我的努力让你发抖。

其实在中国也是这样，或者说更是这样。由于人多资源少，竞争更是激烈。而相对贫穷的乡下孩子和家长们的努力更是让人动容。我每年夏天回国时看到中国电视台上报道的中国贫困地区的孩子们为了考大学、为了翻身而做出的那种卓绝的努力常常使人激动和心疼，使人看得热泪盈眶。

中国的家长，不管是穷是富，大约没有敢忽略教育或不重视教育的。

这大约是所谓中美教育观念根本不同的一个方面。

## 第五节　美国公立私立学校的悖论和童话

**王**：我们刚才谈到的多是美国公立学校的情况，美国私立学校的教育情况应该跟公立是不同的，我们能不能谈谈私立学校的教学情况？

**董**：私立学校当然一般成绩都会比公立学校好。这些在大学也是一样。比如说，像哥伦比亚大学、哈佛、耶鲁这样的大学学生成绩当然要比一般的州立大学和市立大学学生的成绩要好得多。

私立的总归比公立的好得多。因为私立有其独立性和选择的权力，公立则不能。私立学费贵，多是富家子弟入学，从小学就这样了。通过初中、高中到大学，学生来源基本单纯，不像公立学校鱼龙混杂；而且私立学校的家长要求高，因为他们付出了高额学费，会有权要求更好的服务，这样就会刺激更好的管理；另外他们的学生背景也相对单纯，同属上中产阶级，这样，他们的环境就不会像公立那样生源杂乱有时互相有不良影响。这样也就更好从事教学和管理，容易出成绩。

私立大学也是一样的道理。像常春藤盟校要比一般的公立大学强多了。

这里面有个传统、风格和要求等方面的问题在。

我觉得，在美国，有一个现象很独特，那就是越有名的大都会城市教育越差，美国超大型城市的教育我大都不敢恭维。在一般情况下，大城市比小城镇的教育问题要多，而且大城市学生水准也往往差。因为大城市居住人员复杂，城市贫民和中下阶层人口所占比例也比较多。这些影响了总人口的平均状况。

比如，以纽约为例，它的教育水准之差是非常有名的。它的高中毕业生毕业率之低曾经创全美国之最。

**王**：我这里有一个前些年的数据[3]：在 1998 年，美国全国高中生毕业率总体为 74%。其中再细分，白人学生毕业率为 78%，非洲裔学生为 56%，而西班牙语拉丁裔学生毕业率人数是 54%。

根据统计，在全美国，乔治亚州高中生的毕业率全国最低，只有 54%。其次是内华达州和佛罗里达州，第四名的是美国的首都华盛顿特区。

而依据 2006 年 4 月的一份统计表格来看，纽约高中生的毕业率要低于美国的平均水平线。这份报告显示，纽约州是全美第三低。全美的高中毕业生的毕业指数大约在 70% 左右，而纽约市是低中最低，“荣膺”全美城市高中毕业率最低之首，其 2006 年高中毕业生的比率只达 43%，竟然不到一半。

全国性统计白人学生毕业率达到 78%，亚裔是 72%，非洲裔是 55%，拉美裔是 53%。在纽约，这种差异悬殊比例更加显豁：白人学生跟全国水平不相上下，74%，少数民族却是远低于平均水平。亚裔是 62%，非洲裔是 38%，拉丁裔是 33%。

而到了 2008 年，纽约的高中，据声称，创造了“令人瞩目的成就”。纽约州教育署报道，纽约市的高中生历史性地达到了 60.7% 的毕业率，第一次超过了 60% 高中毕业率的底线。

——上面“骄人的”成就在一般中国读者读来可能觉着绝对像是一个笑话，在被称作世界上最强大的国家、有着最好的教育系统和设备完善的纽约，这种统计结果真正是“无厘头”，但这却是板上钉钉的事实。

**董：**我完全同意上面的统计。因为城里的公立学校完全靠地段来选校，所属地区或者住的地方不同学校就会不同，其同学也会不同。所以你说城市教育之所以成问题是因为大城市贫民区太多了，贫民太多了。而乡下或小城市里头人口比较单一。

当然，城市教育其实也是两极分化。因为城市本身并不应该是个致命的弱点，而且在另一种意义上说，城市应该是个优点。因为城市首先是资源多，在城市里的孩子见到的世面当然也大。大城市的孩子如果得到应有的调理、他们有足够的努力，其出息不应该比小城镇差的。——小城镇的唯一好处是生活比较单纯和单调，没有外物的吸引，孩子们只能埋头读书。

还有一个原因是移民、外来的穷人在小城镇根本无法存身或活下来。那里相对闭塞、人口单一大多都是白人，而且工作机会很少，外来人待不住的。

这个完全要靠个人奋斗的。因为新移民的孩子多在城市。我也这样认为，如果真的想有出息有发展一点是要到大城市，小地方根本没法发展的。

但是在美国，小地方相对封闭、情况比较单一。它的好处是平静而规矩。对于孩子而言，他们在这样的环境里都能受到一个起码的环境的影响，那里能相对比较整齐划一地教育孩子。这种单纯的环境，对于即使不争气的孩子也能确保他受到应有的教育。但城里就大不一样了。这里可能促成两极分化，让真正愿学愿意见世面能有潜力出息的孩子更杰出，也能让那些自制力差和倦学的孩子彻底堕落下来、过早成为了问题人物和潜在的社会问题制造者。

这跟家教、家庭出身很有关系的，但虎妈我还是绝对不赞成的，这是走极端。

## 第六节　创造性的培养是中美教育的巨大分歧

**王：**现在我们来总结一下。谈到教育，其实远远不仅仅是学校的责任，而且家长、社会都要投入。一个孩子的教育要牵涉的社会的方方面面。

这里有孩子、家长、社会与学校的合作和互动，同时，我们也讨论了美国教育中的私立学校和公立学校的不同。在孩子的成长过程中家长、学校和社会各自承担着什么样的不同角色等等。

那么，我们换个角度来说。比方说，我是个刚刚从中国来的人或者是个记者，我对美国的教育一无所知。我想向你打听一下中美教育间最大的不同是什么，你应该怎样回答我呢？

**董：**具体指哪些呢？

**王：**比如说，中国式的教育过去较为注重知识性积累，注重死记硬背这些“真功夫”；它的要求很严格，要求学生把教过的知识一定要掌握，不管这些东西他们以后是否用得着。但是这种教育不鼓励你去追根求源式地探讨和思辨，不鼓励讨论、挑战既定的概念和知识。

我在中国大学里教过九年书，那时候我们的学生多是听课做笔记，很少发问，更少挑战老师或者书上的观点。而我在美国教书的情形就很不同。学生喜欢发问，几乎每次上课都要组织讨论甚或辩论。议论越激烈这堂课就越成功。一堂一言堂灌输讲演性的课会被认为是一个失败性的教学个案。

这样，我们似乎可以看出来传统的中国式教育不太提倡挑战和创造性思维、甚至不够重视教与学的互动。

**董：**我认为美国有一样好。美国学校鼓励学生自发提问题，鼓励学生讨论。我的经验是中国学生比较怕问问题，怕举手。比如我自己的经验也是，即使是当年我刚到美国时也是这样，我对美国的教学很是惊讶，我看到美国的学生常常打断老师的讲话提问，而我的学习经验是老师不叫着我的名字“董鼎山，你来回答”时我是不会主动回答问题的。

而美国都是自由发挥，这在中国是没有的。并不是今天才这样，这是有传统的，那时候学生拘拘束束的、中国的传统都要求学生见到老师要恭恭敬敬的。中国的学生好像是不敢发问的，看到教师就怕。美国却不这样，它认为creativity（创造性）最重要，它鼓励你自己的想象力去自由发展，鼓励你去创造。

中国人观念可能是不同的。人们会认为刚开始应该听讲、接受灌输知识而不是发问：你连基本的知识都没有，没有概念、没有基础，连起码的东西都不会，还没有入门，谈何创造性？

应该鼓励思考、鼓励创造性嘛！首先应该刺激和鼓励好奇心，鼓励自发、有了好奇心才能有创造的动力。没有好奇心怎么能学好呢？我认为美国人的从头鼓励是对的。

——中国人往往有一个概念，他们觉得孩子无知，你必须有一些基本的知识和概念以后才能有问题提出来。

学生虽然无知，可还是应该鼓励他们讲话。特别是大学里面，教师和学生是很平等的，学生问问题时还喜欢跟老师辩论一下，这些在国内过去是没有的。这种好奇心和辩论欲刺激了思考，然后才能诱发出成果。你在大学教书，应该很熟悉这些的。

**王：**是的。我在中国和美国的大学里都教过书，知道这方面的不同。其实国内的学生不问问题并不是说他们没有问题，他们往往不喜欢在公众场合问而是在下课的时候或者路上见到的时候问问题。

**董：**你说得一点都不错，他们不喜欢在公共场合举手。中国学生不愿意出头，讲演时也是这样。比如说，我们习惯讲演一些话题，讲一个部分以后往往会有一些提问时间，这时候美国听众往往很踊跃，发问前一般都先自报家门我是某某某，我对前面的讲话有些什么样的看法和评论云云，而中国的学生和听众往往不这样。

他们喜欢递纸条，递上一沓纸条来，没有发问者，躲在一边，这样最安全。可是，他们的创造性却完全限制下来了。

而且他们往往不敢反问和辩论。有时候他们未必同意你，却不愿意深入谈。

这就影响了其创造性和思辨性，这是传统和制度造成的。

王：这些年你大概较少去国内参加这样的活动。近年来学生们倒是敢于问问题了，不过其趋势转向了另一个方面，那就是逢讲必问，而且常常问一些很无知的问题。

有的更是拿无知当勇敢，从一个极端走向另一个极端，从极右到极左；有的东西你明明刚刚讲过，他们根本没有注意听或没有听懂就是咬住问个不休——有的问题他们甚至刚刚问出口观众就报以哄堂大笑了，他们竟不知为何笑。

有的人问问题却是为了出风头、为了逞能他们甚至不惜卖弄无知。这些都让我深思。我们的学生难道不能学会正常的思考和提问吗？其实真的不必这样不是缄默就是粗鲁发飙——不过，我以为眼下的这类情形也属正常，属于转型期的一种现象。诚如你说的，美国这种正常提问和讨论的方式已经有些年头了，从你做学生时到今天至少也不止六七十年了，我们再过六七十年，希望大家都会问问题和讨论问题。

转型期的国内教育，有时候问题形形色色，都值得深思。我们常常是矫枉过正或者是播种龙种收获跳蚤。怕的不是学西方，而是邯郸学步，即没有学会人家的，反而也把自己本来尚可自圆其说的生态环境搅乱了。

另一个我想讨论的话题是，我们在美国高校教书，一般教师们对中国来的学生的总体评价是中国学生的基本功和训练不错。小学和中学的基础都很扎实，比如说数学呀、物理呀、化学、生物等等，知识都很扎实，但是他们较缺乏创造性。

但是，美国的学生呢，却是创造性很强，一肚子想法，可惜基本功受局限，底子不够扎实，这些又反过来影响了他们“创造性”的发挥。

**董**：对，我接触的情况也是如此。中国学生的数理化都很好，特别是数学很好，语言方面的能力差一些，这也可以理解，因为英文毕竟不是他们的母语。中国孩子的数学比一般美国孩子的要强多了。我一直认为中国人的天资是很聪明的。

**王**：可是这儿有一个问题我想跟你讨论：几乎全世界都知道中国孩子的数学好，好像中国人数学天资独特，中国人普遍数学好；但是我也留心了，在当代数学史上，好像国际上第一流的数学家中并没有几个中国人。这就使我产生了疑问，中国人天资聪明几乎多是聪明在对基本概念的把握和了解上。

**董**：那是条件。可为什么有那么好的条件中国人却较少产生数学家呢？这就牵涉到中国人为什么没有得到诺贝尔奖之类的问题了。其实，中国人得到诺贝尔奖很多的，像杨振宁、李政道、丁肇中，还有眼下当美国农业部长的朱棣文。其实这里是个条件关系。中国人不乏聪明，可是中国的大学条件显然不如美国好，这一点你不能否认。

## 第七节　中国基础 + 美国教育 = 完美?

**董：**你老是说中国学生的基础非常好，其实中国学生的基础也没有什么特别的好，一般化吧。跟平常一样的。——在世界范围上跟其他国家比，也不见得多么突出。我这里主要说的是指中小学。何以见得中国的中小学生的水平就比别的国家好呢?

**王：**我这里比较的对象就是我所熟悉的一般美国中小学生的教育而言。据美国教育部统计，美国大城市里中小学生的水平真的让人不敢恭维。就拿纽约来说吧，纽约曾经有百分之四十几的高中生成绩达不到毕业水平，数学有接近一半的学生不及格。甚至于英文也不及格。这些跟中国比显然是落后的。中国的大中城市高中生的毕业水平不应该是如此差。我甚至很少听说过哪个城市有 10% 的高中生数学达不到毕业水平的。

**董：**你去看一下，我曾经用过一个浓汤掺水的理论来作为例子当比喻——譬如说，我是一个优秀的厨师，费尽心力熬了一锅鲜美的浓汤就等着出锅了，可是就在我出锅前，你突然给我加了一瓢凉水。这样，我前面所有的努力，我的优秀食材、我的身怀绝技都一下子泡汤了。这就是眼下美国大、中城市公立学校教育的情形。

在美国的大中城市，本来教育水平并不差，可是有很多新移民的子弟大量涌入。——我这里并不是说移民或者穷人的孩子一定就不是好学生，但是他们毕竟有局限。这些家庭漂泊不定，父母求生艰辛根本无暇顾及或者有暇对子女教育感兴趣。另外孩子本身的素质也是因人而异。

有了这些因素，再好的学校和环境、再多的教育投入也会使其学生成绩良莠不齐。如果这样的流动人群或者不稳定因素形成了势力或者成了某种有决定性意义的力量，比如说，你是一锅汤却兑上了两锅凉水，那这汤还能喝吗？——即使兑上了两碗水这汤的味道也要大打折扣的。真正的好食材和好手艺是一点假也不能掺的。知道了这些，你还能怪美国的教育制度吗？

你去看一下，这些所谓程度低的学校都是那些充斥着所谓少数族裔的，大多是我们前面谈到的那些不注重教育的家长的社区的。

如果不是因为把这些人兑入“浓汤”的话——那会不成问题的。原来学生的学习是不成问题的。我说的甚至不是指好学生，就是一般的学生程度也应该可以的。——我并不是说白人的孩子水平就一定高——我是指家庭的配合，家教一定要跟上。

某些少数族裔或贫穷阶层子弟父母要做苦工养家糊口，而孩子又不争气不学习，再加上某些不太重视教育的文化传统的影响，其家长也没有时间管，孩子们到学校又不努力、出去玩。这样，积累下来问题就越来越多。

咱们这里讨论的都是问题学校和学生。所以美国教育产生了所谓的 affirmtive action（平权法案）去照顾少数族裔和成绩等不够好的某些族群的学生，这些措施使正常没有资格进名校的学生能应用这个法案给他们机会去这样的名校上学。就是这个道理嘛！

其实并非中国的孩子特别聪明或者争气，而是中国家长的配合和投入、中国人重视教育的传统在某种意义上起了拉动和辅助的作用。

我们不能笼统地评议什么一般的美国人和一般的中国人之类，讨论这些时一定要考虑到这些文化和传统的因素以及家长配合与否等等，否则再好的浓汤加上水也不能成其为汤了。你要考虑到浓汤里头如果被掺了水，将标准都给降低了。我是这个理论。

**王：** 好极了。我为什么要跟你讨论这个问题呢？就是因为我常常接触到国内和海外的中国人他们常常持有这样的观点，认为美国的教育是好，但是美国的中小学教育不好，它最棒的是高等教育。有些人甚或自作聪明地举了一些例子，比如有些得到诺贝尔奖的美籍华人他们的早年教育即所谓的基础教育（包括中小学，有的甚至大学教育）是在中国奠定的，而来到美国以后才进入大学或研究生院。这些人学习的是 creativity，是创造性。这两者的结合才是真正创造天才的成功之道。

这些人认为中国的教育虽然有问题，但是中小学教育扎实，所以他们就想当然地设计了这样的一个公式，就是说如果想培养出色的孩子，最好的是让他在中国受"扎实的"中小学教育，再来美国受高等教育，这应该是一个培养"完人"的教育模式。

**董：**事实并不是这样的。有些人认识问题往往比较片面，从上面的事实可以看出，并不是说国内的基础教育就一定好。

有些人往往把问题简单化，思考问题就像放到一个框子里局限着，自己设定原因，认为结果就一定应该是怎样怎样的。

这样的思考和归类太简单化了，就是简单化处理。就像我们前面讨论的有些人泛论中国人、美国人，泛论中西文化的差异一样。考察和研究任何事物，我们必须认真地认识其复杂性才能深切地了解它们。

**王：**你的浓汤淡汤理论很有意思，简单易懂而且形象生动，任何一个人一听就能够理解，而且有说服力。

你的理论的另一个好处是它也能解决一些谜团。因为好多国人往往天真地以为我们自己聪明、我们的基础教育好，我们没有成功在于我们的高等教育——有些人受到了美国的好教育就得了诺贝尔，他们没得到诺贝尔是因为没来美国——这种思维浅化了思路，把复杂的问题简单化了。更何况，持此论者连基本的资讯了解都不够，因为美国的基础教育并不差。

其实，据我多年观察，美国人的基础教育并不差。持美国基础教育不行论者往往是把经过稀释的淡汤和我们的浓汤做比较了。那如果拿美国的“浓汤”和中国的“浓汤 ”做比较的话，也许其结果仍然是美国的基础教育不差甚或有时占上风呢。对不对?

**董：**某些国人老是梦想诺贝尔奖，其实大可不必。

## 第八节　中国大学教育伤天害理?

**董**：我们能不能谈谈中国大学教育的问题呢？前面我看到一份资料上说中国高等教育的确有低潮和水分，资中筠在讨论中国高等教育时说的话蛮让人揪心的[4]。她说中国的某些高校是误人子弟，有的大学简直是伤天害理。

我觉得这话或许有些过分，或许是在一定的语境下说的。记得我们小的时候，北大、清华是不得了的，复旦是后来才出名的。像美国，出名的就是哈佛什么的[5]。我在这方面对新的情况不够了解，特别是对眼下国内的具体情况不知道，不好评论。

还有一点不同的是，美国跟中国的体制有别，美国的私立大学比公立大学好，美国最好的大学都是私立的，而中国的大学都是公立的，没有私立大学，中国所有的学校都是政府办的，对不对?

**王**：这方面我倒是可以向你提供一些新信息。中国现在不是没有私立大学。中国有私立大学，但是私立大学很差，跟公立大学简直没法比，所以人们都要上公立大学，很少人要上私立大学。私立大学的总体水平就不够好。

这里有个原因，那就是中国的私立大学的生源有问题。在美国，是最优秀的学生考私立大学，在中国则是程度较弱的、一般是考不上公立大学的学生才愿意考虑报考私立大学。这样看来，从刚开始私立大学的生源基础就差，它又怎能培养出最杰出的学生来呢？还有另一个原因是学籍问题和毕业证书的认可问题。中国的学位制度是政府批准的，私立学校无权自己发放学位证书，或者换句话说，即使它们发放了，在社会上也未必得到认可和重视。

**董：** 在这方面美国的确不同。比如说，美国的哈佛大学比美国国家的历史还长。

哥伦比亚大学也是，而且它的一些学生就是美国的建国之父。这些学校的历史比美国国家的历史还悠久，它们培养杰出人才的事实已经全世界公认。

中国的所谓现代化的大学却都是在民国时代才开始的，其后又有了教会学校。今天的情况我不太熟悉，这样看来，今天的中国高等教育还会有很长的一段路要走呢。

中国过去有句古话叫做“教书育人”。比如说中国自古以来，老师的责任不止是教书、传授知识，而且也包括示范和培育一种风范和教养，好的老师还在传递一种教养。

**王：** 譬如说，传统上的教育理念“为人师表”，当老师的就是一种做人的模范，他们要以身作则。其实西方和美国的例子你可能更熟悉。比如欧洲的大学像过去的牛津剑桥有导师制，而美国的常春藤盟校强调一种通才教育和对人格的培养等等，有 Core Curriculum（核心课程）等等。像耶鲁、哈佛、哥大、普林斯顿等等都是这样。强调做人的修养等，除了一般的知识，也教世界文明史。

教这些课程虽然不具体教你的行为和操守，但这是一种文明的教养和熏陶，让人温润有礼丰厚。

现在国内的大学不教这些了，不仅国内的大学不专门教，连美国的大学现在一般也都省减了这类的课程。现在大学课程的设计很实惠，很有实践性，完全教跟专业对口的东西。

其实，知识和教养是两个范畴。有学问并不意味着懂道理和有教养，有的学者甚至连一般的生活小事都处理不好。

比如说，我在校园常常见到一些国内的留学生，应该都是非常优秀、国内名牌大学毕业的。他们的聪明才智和杰出应该无可置疑，但是做人的礼貌和气质让人很难恭维。眼下有些年轻的学子都是家中和社会上的宠儿，跟社会的互动交往少，又赶上了好时代。他们活得比较自我，家长和社会更多期待的是学习好、有出息，一俊遮百丑，学习好了别的什么都可以不计。

这样，在校园里就可以看到有些我们的留学生 manner（礼貌、气质）较为欠缺。比如，有些人喜欢成群结队行走横行不礼让，说话声音大甚至喧哗（有时候在图书馆也如此。他们喧哗受到别人侧目时不是自我检点而是非常抵御性地以为外国人“歧视”中国人、把西方人的遵守秩序视为故作清高和虚伪）。

## 第九节　世界公民与公共意识的培养

王：在公共场合他们喜欢抢占先机，比如在地铁和巴士上抢位子占座、排队加塞之类。还有，在游泳池游泳时滞留在池子两端、男女混杂高声谈笑完全不在意自己干扰了别人游泳——因为泳池的两端是游泳者到头换边的地方。如果有人因为太疲累作为紧急情况偶或暂停于此亦无不可，但如果泳者真的需要休息应该自觉爬出泳池到旁边座位上休息而不是在两端长谈影响别人换边。这些起码的道理相信这些学生不会不懂，可他们就是公然不理霸着泳池两端谈笑，使其他的泳者根本无法到头换边转身。

如果不是听到这些人大声喧哗讲汉语，我不会知道他们是中国人，但是即使知道了他们的身份，我并不会为他们的行为感到骄傲。

这些人的素质应该不低，学习更是不坏，而且大都是国内最杰出的大学培养出来的高材生。他们是天之骄子，从小一路成功，但是在做人，至少在懂事和社会公德这个方面，似乎欠缺了一些什么，虽然，有这样的结果并不完全怪他们自己。

或许他们在国内或自己过去的成长经验里并不觉得这些有什么不好，但是在另一个环境里，这样的行为就很扎眼。我敢说，这些骄子并不代表着中国的崛起和站起来了中国人民新一代的风范而只能给人一些负面的印象。——不幸的是，这些印象却可能是很多对中国不了解或没去过中国、感受过中国文明的美国人对一般中国人的印象，换句话说，某些礼貌和公德心上略有欠缺的学生会被误认为是当代中国人的代表，他们的行为误导了舆论和人们对眼下中国的正常判断。

**董：**这样看来，虽然礼貌和性格这些事情说起来都是小事，但它们的确影响着不熟悉中国的外国人对中国的看法。如果我们能够以此反思，这些小事就不仅是些个人和家教之类的芝麻琐事了。

**王：**其实，认真想来，这些并不仅仅表现在留学生身上，而且也表现在国内一般年轻人身上（甚至有些不年轻的人或者游客身上也有这类习惯，比如最近发生在香港的地铁事件[6]）。这是一种社会现象。其实，在美国久了，我们发现这里一般的年轻人并不是这样，而且甚至一般在美国出生的华人子弟、外国移民子弟也并不是这样；社会环境和文化的影响自然会造就一种礼貌和教养的。

这些，我以为，也应该被称作是广义的教育的一部分的。"仓廪实而知礼节，衣食足而知荣辱"，这些年国内经济发展了，文明礼貌等等也应该相应地跟上去。我们有这个能力，也应该有这个信心。

**董：**还有在路上抢来抢去，不让路、拦路，我认为这是家教，跟中学生大学生没有关系。

其实我认为学校对这些不良行为没有责任。对了，我想起来美国有一种贵族学校，培养气质教人如何吃饭、如何待人接物，但这是另一回事。

可是说到年轻人拼命挤巴士、各不相让、不遵守秩序，这些跟学生没有关系，是某些国人的本性，不好的本性。我来美国这么久，几十年了，在各个时期看到来的不同背景、不同时代的国人都是这样，我在一篇文章中写过这事。

我写过我跟一个旅游团回国坐飞机从北京到武汉去，我跟美国的团队好好地排队等了很久，好不容易等到登机口刚开门，一个官服笔挺带着公文包且看样子很文明的人，一声不响地就一个箭步，抢先冲向云梯上机，把我们全部外侨团队惊愕得目瞪口呆，有的摇头叹息，这是一种国人的劣根性！还有，在公共场合、电影院大声讲话之类，这些跟学校教育没有关系的。

**王：**我同意你的看法，但是，我跟你的角度有些不同。国人在日常生活中某些方面的习惯是不敢恭维，但是作为中国受过最好教育的精英学生而且懂得国际惯例和一般礼貌的留学生我认为配得上我们对他们的要求略高于一般老百姓。

如果这些受过最好教育而且人在西方的明白人都做不到或者干脆不想做，我们又如何要求国内一般老百姓向正常的国际惯例和文明礼貌更靠近一步呢？我认为他们受过的教育应该在他们的文明性格的形成中起些作用，而且，学校的教育也应该自觉地把这些纳入它们的视野。这些虽然看上去琐细，但诚如你所言，它们已成痼疾，在某种意义上影响到了国家文明的形象了。

**董：**不顾别人、没有环境意识、高声讲话，这些都是缺家教的表现。尤记得六十年前我在密苏里大学时在图书馆遇到一位中国同学在图书馆里跟我讲话，声音只是自然地大了一些，受到别人注意，就使人觉得非常尴尬，我当时真是觉得无地自容，恨不得找个地缝钻进去。有些人讲话声音高是自动的，是习惯的关系。

**王：**是，但是人是环境塑造出来的动物。如果到了这样大家静谧肃穆的环境，应该适时地调整和有一种自觉遵从礼貌的意识呀。如果一次两次可以被原谅，但永远不改就不十分可爱了。

**董：**当然。还有现在的使用手机。有的使用者在所有的场合都不介意他影响了别人，一味地哇哇哇。有些人不把环境当环境，也没有、或者说不介意私密性，叫嚷的内容别人也听到了。

这或许和他们的生活环境有关，从小就这样养成的，成了习惯。父母不管、没有家教。

但他们来到美国或者来到另一种环境，这些人应该有所留心或者有所改变，我自己就是这样做的。人应该有社会公德和环境意识。还有走路的时候有人穿高跟鞋在教室里咔咔响，其实在这样安静的环境里走进去应该有所收敛，不影响别人，有的人故意啪啪啪地走进去，这些都是个人教养的事情，不干教育。

**王：**受过高等教育的中国人应该先走一步，表示出其所受教育对接近文明、对其融入新环境有帮助。文明虽然不是靠

“教育”来传递，但也是要靠日积月累培养的；在国际和异民族文化交流或展现的场合，一个民族的读书人应该做懂事和优秀一些的中国人的代表。

**董：**我这里有一个故事。别说是一般人，就是知识分子对另一种文化的理解也是很漫长的。我的弟弟董乐山当年在美国待了一段时间，在我家住了半年。他回国后写了一篇文章，后来在美国发表了。文章名字好像是《一个北京知识分子对美国的印象》，文章谈了他对美国的观感，说美国是个“礼貌之邦”——这里的人静悄悄的，美国的人行道很窄，但行人走路静悄悄，说话轻声细语，上公共汽车也是不拥挤的。他还说，在银行取钱时，人们都保持距离，尊重私密。——其实，这在美国是最普通不过的事情，但是那时候他都觉得这些很新奇。

**王：**就是今天在国内这些也还是新奇的。大家上公共汽车仍然拥挤，我去银行取钱在 ATM 机器旁别人仍然挤着看，我不得不一只手捂着另一只手按密码。

**董：**还有更好玩的，我当年领一美国旅行记者团在上海参观新华书店，中旅派了一女导游陪行，我拉开大门，让我团团员鱼贯而入，不料后面一群青年男女都要抢先入门，不但不管我的服务，而且也不道谢，结果那位导游女士大声叫我：董先生，不要再拉门了，他们简直把你当作服务员或看门人了。我的美国友人对这些国人行为的没有礼貌，当作了旅途中的谈资。

我觉得中国留学生来了美国首先应该学习这种礼貌，应该体会，自然而然地改变，如果坚持不改，永远交不到美国女朋友的。

**王**：哈哈，你错了。他们根本不需要交美国女朋友的。现在的情况跟你那时候完全不一样了，现在在美国的中国人多了。就拿我们学校来说吧，这些留学生根本不跟别的族裔或外国人打交道的，中国人多了，他们就自成一体，自己是一个小集团；他们从来就只在自己的圈子里混，基本上不交美国朋友的。出门则呼朋唤友相当自在，不必跟外国人打交道也不必融入当地的文化，他们来这里只不过是换了个地方学习而已，平时吃饭是叫中国夫妻档小馆子送外卖，周末想改善一点就一同跑到唐人街去吃中国饭。他们找男女朋友也在集团内解决，远没有你前面说的那些担忧呢。

你或许以你早年的经验替他们担忧，这完全不必。你当年是要努力融入当地文化、要学习当地的文明礼貌，他们根本不必留心这些，他们根本不跟美国人打交道的。留学两年或多年在气质上是没有任何长进、依然故我；所以，等到他们毕业时想在这儿待下去、到工作面试的时候往往是捉襟见肘无望成功，有的只是羞愤。好在现在国内工作机会渐多，学业好些的留学生回国仍然有不错的前程。

**董**：前面你说的情况我也知道。现在几百个、几千个中国人聚在一起，怎么能学到美国文化呢？他们往往根本就不学美国。在这儿读硕士一两年回去了，除了读了点专业的东西，几乎没有接触任何美国文化，在这儿也都是跟同样背景的中国学友聚在一起，一两年学完，美其名曰镀了金，其实对美国几乎一点不懂，他们回到国内仍然一如既往。这样很吃亏的，在美国做事这样不行的，很难找到理想的工作。

我以为来美的中国留学生都是精英，应该非常敏感，这方面应该有足够的智慧和教养，即使原来有某些不足，对自己身处的一种新文化也应该尽量观察和分析的。我觉得他们都是中国受最好教育的人，应该替中国人挣面子的。

过去一百多年来，来美的中国人多是开餐馆和洗衣店的，现在中国人才辈出、国力昌盛而且受过良好教育的人不应该这样，这里一定有些什么东西缺失。他们应该改善海外中国人在外国人眼中的形象的。

当年我们来美国时，时时想着不要给中国人丢面子。现在中国强大了，却又创造了另一种国人粗鲁的印象。

那时候欧洲背景的白人排华和看不起亚洲人，现在不应该再创造另一种中国人的印象了，它并不代表真正的中国。

## 第十节　工会在美国扮演的角色

**王：**下面我想谈谈美国社会的另一个问题，就是美国的工会在社会中扮演的角色。有人说，美国的工会在社会中起到了不好的作用，更有过激的观点甚至认为工会是美国社会的癌症。有很多人认为美国经济是被工会给搞坏的，仅仅占领华尔街是不够的。

**董：**我觉得这个看法是对的，但工会不是癌症，它是将好事情办成坏事情了。它是好事情开始，最后却腐化了。如果没有工会，美国20世纪40年代50年代就不可能这样富强，那时候美国最大的工会是汽车工会。那时美国汽车工业迅速发展，汽车出的多，但是如果没有人买或者没人买得起，美国就不可能发达富强。那时候工会的作用就凸显了。因为当时工人工资低买不起汽车，而如果没有市场，汽车工业就发达不起来。

你大概看过查尔斯·狄更斯的小说《大卫·科波菲尔》，欧美传统上工人工资非常低，美国那时代工资也很低的。就像德莱塞的小说《嘉利妹妹》描写的那样。

那时候工会就开始组织工人闹工资等等。闹到工人收入多了，消费也就多了，消费多了购买力就强了，购买力强了就进一步刺激了生产，美国的汽车业就这样发达起来，使其很快成了汽车王国。这对美国的现代崛起、成为超级帝国起到了巨大作用。

这也跟我们前面谈到的教师工会性质是一样的。如果没有教师工会，今天的美国老师真的不会拿到这么多的好处和薪水；那时候我们是公立大学，教师的薪水也是跟公立学校挂钩的，工会的福利对全体教师都有好处。

美国中小学教师的工资是很高的，这些都跟工会有关系的。没有工会的话，美国社会是没有中产阶级的，那是贫富两极分化的。现在中国经济的发展跟中国慢慢形成中产阶级阶层是有关系的。

像美国的警察工资都是很高的。现在的情况是，美国的一般工人阶级都是中产阶级，但是现实却是有很多矛盾现象。我这里有一个美国国家统计局的报告，说是美国有接近 50% 的人要享受国家的救济和福利，这让很多一般的美国辛勤劳作的纳税人在感情上很难接受。他们认为这种“大政府”和鼓励懒人的政策会损害国家甚或拖累国家向前发展，当然，这里会有钻政策空子吃福利人群的问题、还有非法移民的问题等等诸多社会因素。但是，毋庸讳言，工会组织在这种现象的形成上起到了某种推波助澜的作用。

对，这些正是它易于被共和党利用和攻击的借口，还有茶党也在尽情地宣扬这种论调。

**王**：同时也包括纵容懒惰问题。有的美国学者认为美国的劳工被娇惯坏了，高工资、高福利、磨洋工，这样使得美国的劳工市场在国际上没有任何竞争力，这样高的薪水付出，再加上工会的强大势力，逼得美国的资本家只好把公司移向国外便宜的劳工市场，以便降低他们的产品成本使之在美国市场上有竞争力，而这样的结果必然造成了美国工人的失业率高，到头来受到伤害的还是美国中下层工人自己。

这样的情形渐渐地已经形成了恶性循环之势，在看得见的时间内几乎已经没有办法解决了。

## 第十一节　是谁让美国陷入恶性循环

**王**：美国的劳工这么贵，怎么能够跟发展中国家竞争呢？比如说，一个美国最基本工人的收入都在五万美金左右。这样的劳动力、薪水和成本必然造成它的产品成本高、价格贵，逼得美国老百姓买进口产品或者 made in China（这样的话题，美国的主流媒体包括《时代》这样的名牌杂志都有过评论）。可是政府又要因此抱怨和宣扬中国的贸易逆差、经济侵略并要制裁中国。

他们根本就解决不了自己国家的经济问题，却想挑动民愤把祸水泼向别国；自己产品缺乏竞争力或者干脆无法生产，要仰赖别国廉价商品又怎么能怪外国向美国倾销产品呢？如果真是如此，为什么美国自己不大量生产向外国倾销赚钱呀——市场是最能说明问题的。

**董**：这的确是个问题。美国的社会生态造成了这种现象，把公司开到了外国，美国人就没有工作了，美国人大量失业，就造成了无钱消费，而不消费就会导致生产下降，这又会形成新一轮的经济衰退。这些完全是共和党的看法。哈哈，你是个共和党吧。

**王**：其实我不懂这些具体的经济问题，我更不是共和党。我是通过阅读得到的上面的信息，你不也读了这些文章了么？

**董**：但是你的观点和想法跟我有些不同。

**王**：其实我没有观点，我是研究文化人类学的，我的学术训练让我只是客观地表现我的所知，我没有具体倾向性的。

**董：**可是你非常强调这几点，而这几点我不是强调得这么厉害的。

**王：**我其实是替眼下的经济担心，我没有观点。我是想探讨美国的问题所在。我是在探讨一些实际问题及这类问题引起的结果。

比如说，现在这儿有个工作，他们在招标，我们两个人都想申请这个工作，你愿意做我也愿意做，你提出做这个活儿要工钱一百块钱，我提出只要二十块钱，如果咱俩都胜任此事，那么招工的人当然会让我来做了，你就很难竞争过我，而如果你也想跟我要相同的工钱来揽这个活儿，工会就坚决禁止你这样做，这样你就永远没活儿干。这是个简单的道理。

你没了工作，国家就要养活你；你不挣钱，还要花国家的钱。如果把劳工的费用涨到这么高的话就会叫老百姓去责备进口、抱怨别国倾销商品；其实，要想让美国产品有竞争力，它就必须把劳工的成本降低，而美国不愿意降低劳工工资、又抱怨别的国家商品价格便宜影响了美国劳工市场的利益；但从另一个角度上讲呢，美国的消费者又不买账，他们并不愿意多花钱去“爱国”和买美国制造的、比进口货品昂贵得多的产品。这里有着多重的矛盾。

**董：**你说的是对的，现在已经变成了这个情况了。美国的劳动力已经变得这么贵，最后就贵得只能失业了。是这个情形，共和党反对的就是这个。

**王**：我未必同意共和党的说法，只是存有这样的担心。

**董**：这完全是事实，你不必担心。It is going to be happening.（正在发生着。）现在经济是世界性的，欧洲已经出现了问题，这些也都会影响到美国。我们个人是无法管的，我们不是经济学家，管不了这些事情的。

但是奥巴马始终振振有词说美国如果花更多的钱、有更多的就业机会、有更多的发展实业计划就会有希望，他是觉得有希望的。我刚开始相信他，现在不大相信了。他想刺激经济，要造公路、造桥梁，认为制造工作机会多了，人们挣钱了就舍得花钱，舍得花钱就会刺激生产，刺激生产就会刺激消费，这是他的算盘。可是共和党就完全反对。

**王**：我也不太相信他这些，虽然我完全不是共和党。道理很简单：现在美国的劳动力这么贵，你再拿出这么多的钱来搞所谓的建设，花了这么多钱；所谓搞“建设”并没有创造出新的产品来卖或者来消费，而刺激和搞这些“建设”的钱又都是借来的，拆东墙补西墙，美国欠了这么多的外债，几乎欠全世界人的钱，再这样欠债搞“建设”，是不是个好点子真的令人怀疑。

**董**：这个方面我不了解。我们不是搞经济的。可就像共和党人说的，减了税之后经济就会发展，这也够荒唐——减了税之后经济怎么就能发展了呢？我真是不懂。

其实，有好多东西是不好比的。比如说，多年前我初次到中国的时候住一个高级宾馆花销大约就是二十几美元，而现在到中国住此类宾馆大约要花好几百美元了。

所以，现在中国也要小心，中国慢慢也会变成这样的情形的。现在人们赚钱多了，工资也会提高的。工资提高是不错的，工人工作辛苦是应该提高工资过上中产阶级的生活。我是理想主义者。

这就是我前面说的，可是对工会问题我们有时候也应该看具体情况而论的。比如说，最近，纽约的教师工会今年跟市政府作了妥协，它同意三年不再增加工资。原来他们要求每年都增加工资，现在面临裁员和其他种种社会问题时，他们做出了妥协。我想，其他的行业也应该会自己理性地面对，想出解决问题的办法的。

我最近就看到一篇新闻，是某个州政府跟它的工作人员宣布的，是我给你两个条件，一个是减低福利和某些花销，另一个是3500人全部革职了，没有工作。这个州政府工会头一次投票的结果是反对，可是，后来州长告诉可以再给他们两天时间让他们细细想一想，想过以后，他们还是妥协赞成了。

这个事情是自然发生的。你说现在美国劳工工资太高在国际市场缺乏竞争力——现在的希腊就是一个例子。国家已经到了这样的地步，面临破产，而那里的人们还在闹福利闹罢工。

我怕美国就会像希腊那样。

**王：**就是一个恶性循环。就像是吹气球那样，拼命吹，吹得越来越大，最后能吹到要爆掉的。

**董：**希腊开头就是跟美国这样的。希腊的开头就是所有的富人都是想法避税的、不付税的；美国也是这样的，现在占领华尔街也是因为这个。这些占领华尔街的人原来都是中产阶级，现在没了工作，变成无产阶级了。

美国不是没有这样的先例。现在新闻时常报道有些小城镇政府破产了，甚至像加州政府这样的大州都破产过。或者是关门，一个星期只能工作几天，因为其他的几天发不出工资来。

若这样，工会也会妥协找退步的。

**王**：有人认为这种情况其实是工会导致的，他们步步紧逼，不断要工资和福利，造成慢性的破产。

**董**：我不能同意这样的观点，你不能怪穷人啊。

**王**：这些人并不穷，他们都是中产阶级。

**董**：可是中产阶级是他们斗争、他们闹出来的呀。

**王**：在他们不穷的时候就不应该再闹了，不必把政府闹垮台最后同归于尽吧。——就像今天的希腊那样。

**董**：人的欲望是没有尽头的，闹成了一点就想着更多，这是人的天性，我们不能责备人们去闹、去争取啊。争取到的东西大家就不愿意放弃。

**王**：董先生还是很激进的。

**董**：我是很激进的呀。

**王**：事实上，我并不反对工会的，我们讨论问题时我只要挑起话头，就想把争论进行下去的。我并不是富人也不是共和党人。

**董**：一般人可能会这样想，嗨！我们现在斗争得可以啦，应该停下来歇会儿了，其实人性不是这样的。但我刚才也跟你举了个例子，就是真正到了紧要关头，他们要被革职时也会妥协的，人性的欲望没有止境。

**王：**我很高兴咱们谈得这么热烈和投机。我觉得你是很激进和很富有自由派色彩的。

**董：**我跟你说过，我是理想主义者。

**王：**看起来，我比你还保守一些呢。在咱们两人里你可是富人，但是你还是偏向穷人的。

**董：**我是受过真正共产主义教育的，完全是理想主义的。

**王：**可我以为工会的这些人并不是穷人。

**董：**我是完全同意工会的，没有工会，他们就不能过上今天这样相当舒服的中产阶级生活的。美国有中产阶级，就是由工会闹出来的。

当然，工会的领导也有贪污的，有各种各样问题的也有。但我们两个讲的问题不是一回事，你说的是现象，我讨论的是理念。工会有问题不应该否认，但工会的想法是好的。

---

**注释**

【1】“虎妈”一词源于美国耶鲁大学具华裔血统的教授蔡美儿的一本新书《虎妈战歌》（*Battle Hymn of the Tiger Mother*），这本书出版后在美国引起了轰动。该书介绍了作者如何以“中国式”教育方法管教两个女儿，她对两个女儿严格管教、诸如要求每科成绩拿 A、不准看电视、琴练不好就不准吃饭等，媒体在某些方面强调和夸大了某些事实将此事造成了轰动一时的新闻。其后，虎妈的教育方法轰动了美国教育界，

并引起美国关于中美教育方法不同的大讨论，随着美国著名的《时代》周刊的参与，这场讨论几乎达到了一个高潮。虎妈的故事登上了《时代》周刊封面。

【2】Jewish mother，“犹太妈妈”或者“犹太妻子”是犹太喜剧角色或犹太作者们在讨论、描述现实中的或虚构角色中的关于他们妈妈或类似妈妈的女性角色的类型化人物。

这种类型化的妈妈往往是喜欢唠叨、过度地保护子女、富有操纵欲、喜欢控制、使人感到郁闷又专横傲慢的妈妈或妻子的典型，她们往往即使在自己的孩子成人以后仍然坚持要干涉他们的生活。丽萨·阿罗森·方特兹描述这种类型化的性格是一个妈妈用“无休无眠的拼命喂食和不懈地挂念她们的孩子或是丈夫的一举一动”来展示她们对夫君和孩子“永无休止的照料和无边无际的自我牺牲”的爱。

【3】这些数据见 2006 年 4 月 19 日纽约州报告《研究发现纽约州高中生毕业率远低于国家平均水平》（“*Study finds New York's high school graduation rate is far below the national average*” April 19, 2006）；另见曼哈顿学院报告 The Manhattan Institute's Report “学英语者提高了毕业率。多于 10% 的黑人学生和南美裔学生称平的跟白人和亚裔学生的差距。”

【4】资中筠在自选集发布会的发言片段：可惜的是他们招来的，真的是全国分数最高的学生。现在的大学，特别是名牌大学，有点招天下英才而毁灭之，这是伤天害理的事情，这件事情常常使得我晚上睡不着觉，这是我忧虑的非常深的问题。

【5】参见《光明日报》2012 年 1 月 30 日文章《学者谈中国大学弊病：管理体制呈官僚化，权钱横行》。此文回顾了中国近代大学的办学历程，并指出在 20 世纪初年中国北大、清华应该跟美国名校差距不大，跟董鼎山先生观点可以互证。此文并对中国大学近几十年的发展和所遇到的问题进行了评述和总结。

【6】香港地铁事件，指 2012 年初发生在香港地铁上因为一个大陆游客儿童吃食物，一位港人制止并发生言语纠纷，孩子家长认为此港人言语涉歧视大陆游客而引起纠纷。此事件后因网络传播甚广，后来纠纷渐渐扩大，大陆众多媒体参与讨论，北大一位教授并以激烈的语言评介此事引起港人抗议并要求道歉。其实事情本身原为一个公共秩序问题，是个普通个案，但因为被不断强调并从不同角度引申而出现歧义。虽然香港人也是中国人，但这个事件似乎被诠释以“民族优越感”的个

案。其实，笔者以为这个个案不涉歧视，而是一个素质和对秩序的态度个案。争议的双方都应该平心静气思考，不必互相理解，但可互相谅解，更不必过度诠释。毕竟，礼貌和习惯的形成应该是一个较为长期的过程和努力才能实现的。

# 附录　至爱兄弟不了情

十五年前，弟弟来信告我，北京一家出版社有意请我们兄弟俩合写一本回忆录。他们的想法很新颖，要我与乐山（我在美国，他在中国）叙写过去五十年来我们各自生活经验，一章一章地对照。我是于 1947 年出国留学的，历年所过的是正常生活，在此期间，他则经受了反右运动与文化大革命时期的二十年入狱、下乡劳动种种苦难。我们的经历当然有天渊之别，惟一相同处是我俩都喜爱阅读与写作。我们继续不断地出版作品，到了后来作总结，他的成就完全超越了我的。我于 1978 年开始，几乎每年回国一次，每次在遇到旧友新知时，总被介绍为“董乐山的哥哥”。他在文化界名气如此响亮，很容易地替我在出版方面打出道路来。

遗憾的是，那家北京出版社的计划没有成功，因为他的忙碌与我的懒惰给拖延下来。直到乐山去世，我才恍然领会到损失巨大。到 2002 年，替我出版《纽约客书坊漫步》的天津百花文艺出版社主编李华敏女士约我写回忆录，我因已没有持久的精力长期写作而谢绝了。

**半世纪分离造成兄弟间思想隔阂**

明年（2009年）1月16日恰好是乐山逝世十周年，我不免细细回忆，要把我的感慨写下来。这十年来我常想，我是比他大了两岁的哥哥，怎么他会先我而去？如果他仍在世，我们间关系又会如何发展？少年时期，我们俩在五个兄弟姐妹中是最亲近的，数十年的隔离，由于我们生活经验的差误，造成晚年的隔膜。而我最感不平和不安的是，他乃是含冤而离开人世。他少年参加革命，出了力，国家不但没有宽待他，反而给予他二十余年苦难。他深感委屈，耿耿于怀，对自己曾出力助成的政府体制终于产生了极度恶感。

在他去世前两年，某次我们在他家谈话，他把对政府的憎恨转移向我这个在美国言论自由、避免偏见的气氛中受熏陶数十年的哥哥。因为我的一篇书评结论（我反驳那书作者认为中美战争不可避免的言论，我以为中美之间或有冲突，但绝不会发生核战），他对我大发脾气，指我为政府张目。我深知他的嫉恶如仇的心理状态，并不与他争论。我渐渐了解到，在极端社会中成长的知识人士，往往会养成一种看事物很极端的态度，不是百分之百的对，便是百分之百的错。有些在国内受过迫害的人，到了美国后就把美国看作什么都好的天堂，但同时又不能体会美国自由气氛中的理性：即凡事都不能视为“非黑即白”。

但是乐山并不一定持有这类“非黑即白”态度。把凡事看得“非黑即白”乃是“文革”时期所遗下的陋习，乐山怎会采纳？我了解他的思想过程，在此纪念他逝世十周年之际我不免回想起我们自童年开始的思想发展。我们相差两岁，在家中我是老二，他是老三。我们兴趣相近，自幼喜欢看书，给我们思想启蒙的最重要一本书是巴金的小说《家》。在那个反对旧礼教的故事中，他自比为较为激烈的觉慧，而我是较为温和的觉民。初中时期，我们狼吞虎咽地看了不少左翼著作。到了我十四岁在宁波的一家日报《时事公报》副刊首次发表文章时，他与我同样惊喜。慢慢的，我们都走上写作之路。七七抗日战争开始后，我家迁往上海，我开始在柯灵所编的日报文艺副刊发表散文（第一个笔名是“坚卫”，因为那时作家多流行笔名），他也开始写诗，在报刊出现，他又学会了木刻，母亲常说他“比哥哥更聪明”。

**乐山中学时代参加中共地下活动**

20世纪40年代的上海所谓“孤岛”时期，是我们思想发展最快、写作最多产期间。我们住在租界，抗日情绪激昂，我想就是在那时期，他暗地参加了地下活动（请注意我们都不到二十岁）。我们在那时向往“延安圣地”，凡有朋友偷偷加入新四军的，我们都很羡慕。同时我们写作的发表也更频繁；尤其是在敌伪统治之下，我们如能在报刊上发表一些指桑骂槐的讽刺杂文，便觉得很痛快。乐山的智慧发展更是迅速，十八岁时他突然成为上海剧艺界最受尊重的剧评家（当时思想进步又未及迁往内地的戏剧界人士都集居上海租界。由于美国电影不能进口，话剧极为兴旺，观众在受租界保护的爱国戏剧中找到一些娱乐与慰籍）。

我至今不能解释，乐山何以正在高中毕业之时，竟能写出对戏剧艺术有那么成熟的见解的评论。今日我重读 2001 年出版的《董乐山文集》（李辉编集）所收的《麦耶剧评》，仍能敬佩他的少年文才。在敌伪统治期间，未去内地留在上海的影剧文化人仍很多。看惯了好莱坞电影的知识民众因没有美国电影进口，苦闷得很，乃去话剧院找寻娱乐。剧艺界人士趁此机会，搬演出许多名剧，卖座不错。剧院生意兴隆，在报刊写剧评者也纷纷出现。乐山用了“麦耶”笔名，在当时销路最大的综合性刊物发表每月一次的剧评，大受文化界人士注意（这本名叫《杂志》的刊物，乃是敌伪机构出资所办，但敢容纳较为大胆敢言的文章，多年后我才知晓，主编人原来乃是中共地下党员）。通过他与艺剧界有名人物的交往，我也结识了一些名导演，名演员如黄作霖（佐临），胡导、石挥、刘琼、乔奇、黄宗英、白文等。

1945 年 8 月世界大战结束，抗战胜利，退居重庆的国民政府迁回南京，大批文化人回到上海，美国电影开始进口，上海文化界也起变化。那年我在圣约翰大学毕业考入《申报》当记者，刚二十一岁的乐山则自著名剧评家降为圣约翰大学二年级生。约大是以学生生活浮华、专爱舞会派对著名，乐山也不免予人以这种印象，但我相信他仍保持地下党关系。

在1945年至1947年的两年中，我在新闻界活跃，喜欢夜生活，也在著名小报《辛报》兼职。我自己觉得那是我整个生活最愉快时间：白天采访（我是外交新闻记者），晚上与朋友们在夜总会相聚，有闲用“令孤慧”笔名写些迎合男女大学生趣味的小说，在朋友所编的畅销杂志发表。那时乐山有了女友，好像兴趣转移，专心学习英文，很少写作，只偶然写些小诗而已。

我于1947年9月离国前的最后职业是国民党所办的《东南日报》本埠新闻编辑（该报原是杭州名报，胜利后移至上海），夜间上班，但每日下午仍有时间去南京路新雅茶室与文化界友人相聚。我们在茶室楼上有个固定大圆桌，朋友们随进随出，喝茶谈天，相互传达文化艺术消息，各自推荐文章找地方发表。由于内地文化人的大批返沪，上海剧艺界也随之变化，麦耶停止写剧评，从剧评家还原为大学生身份。我惊讶一个人在少年气盛时期的充沛精力，以及对知识吸收、精炼、运用的快速。他于十八九岁时所写剧评文字，我今日读了还是觉得十分老练成熟。

## 二十年苦难中仍有优秀译作问世

我离开上海后，乐山接任了我在《东南日报》的夜间编辑职务，后来又一度当过中央社记者。两年后上海“解放”，他恰在美国新闻处任职。这个履历后来就成为他在反右运动与“文革”时期遭受折磨的原因之一。其实，在初期，他的才干颇受新政府赏识，邀请他入新华社主持新闻翻译工作。在二十年（自 1956 年至 1976 年）入狱下放苦难时期中，他没有放弃工作志趣，暗中与几位友人合译并独自编校了美国名记者威廉·夏伊勒所著的德国纳粹历史《第三帝国的兴亡》，获准出版后（先是内部读物）名气大扬。

上述一段是我在后来才知晓的。当我于 1978 年回国之前，《第三帝国的兴亡》巨大翻译工程早已在美国文化学术界对中国有兴趣人士之间引起一阵骚动。那年是我离国三十一年后首次返回祖国，乐山与其他亲属在上海火车站（当时我们是自纽约飞香港、从广州乘火车抵沪）迎接我们一家三口。我立时提出必要到北京去看看，乐山一口应允办到。

在北京皇亭子新华社的一个简陋宿室（是他家三口住所）中，我索看他的译本，乐山在我们挤坐的小木床（房中没有座椅，只有两个木床，一个小桌）床褥下抽出三集破破烂烂的《第三帝国的兴亡》译本，我不禁一阵辛酸，一面敬佩他在艰难环境中的成就，一面悯怜他们生活条件的苛刻。那时，落实政策后的他已被调至外国语学院教授英文，而且也是社会科学院美国所专家、新闻研究所教授。我马上看出其间的讽刺意义：他因熟悉英文与懂得美国而遭清算，他又因同样原因而被重用！

通过他与知友冯亦代，我于 1979 年开始在新出版而且内容开放的杂志《读书》上写个介绍美国文化与文学的专栏。他也开始不断出版不少近代美国文学名著的译本（在 20 世纪 80

年代间，他是中国名气最响亮的翻译家）。从此，我几乎每年回国一次，应邀讲学或探亲，每见到他，我总觉得他好似有种有苦难言的神态，他的愁眉苦脸好似已经成型，笑颜难开。1981 年我邀他来纽约我家住留三个月，谈话机会多得很，但一提他的受折磨经历，他就闭口不谈。他对美国的新奇也似乎没有兴趣，不时在客厅踏方步深思。某次我说要带他到纽约文化界出名的格林威治村散步，他竟没兴趣。

**享有盛名仍郁郁寡欢无限苦闷**

次年他应康奈尔大学之邀（福特基金会资助）担任访问教授一年。那年经我介绍，他在文学杂志《巴黎评论》发表了由我所译的短篇小说《傅正业教授的颠倒世界》（原文曾在上海《文汇报》获得征文头奖），并附了我为该杂志所写的《董乐山访问记》与《当代中国文学近况》。我可说那是美国文化界首次读到中国作家形容“文革＂时期知识分子受折磨的作品，恐比所谓“伤痕文学”传到美国还早。

1989 年夏，乐山夫妇被获准出国，我大为惊喜。此次乃是应哥伦比亚大学之邀（鲁斯基金资助）前往担任访问教授。在机场去迎接时，我首次看到他的解愁笑颜。一年任期完后，我问他要不要我帮助申请绿卡，在美国留下来。他说不，他要回去“享受应得的养老金”，一句话说出他的执拗性格。虽然他欣赏美国自由空气，他还是要赌气地回去。

他的复杂情绪是容易了解的。他憎恨自己的理想主义竟被落空（成年后又受迫害），他钦服美国的民主自由、宽容公正。但同时，由于他在国内压抑气氛中受到长期影响，竟不能容忍我在美国自由发表意见的习惯。我们在民主自由世界的人，尽可能的保持言论真实，即有错误，至少可以表达自己的忠实立场。“你非我友、即是我敌”的绝对态度乃是极端社会空气所造成。我伤心的是，我的嫉恶如仇的弟弟，竟也因受“文革”的恶毒气氛熏染，成为不容异见的顽固者。

**最后见面竟是不欢而散**

1997 年 4 月，我在香港《开放》杂志发表了一篇讨论名记者理查·伯恩斯坦新著《即将来临的中美冲突》的书评。我的结论是，中美或会冲突，但不会发生核战争。5 月我去北京看乐山，谈到此文，他对我的意见不以为然，厉声把我大骂一顿，斥我是帮政府讲话。而我只不过是发表读后感而已，预测未来核战不可能发生，不然全球毁灭，同归于尽，甚么善恶、甚么爱恨都没有了。对他的责骂我闷口不言。不料那次竟是我们最后一次会面。两年后，他因肝癌逝世。他的儿子亦波曾自美赶去送终，回来后我问他爸临终时有没有给我留言，他说没有，我听了非常伤心。

《开放》杂志 2001 年 8 月号发表了主编金钟对我的访问记，我也提到我们兄弟最后不欢而散的一场。不料有人看到此文，在网络上发表文章把我骂得狗血淋头。他显然也曾受过折磨，但在思想上仍保留了那种气氛的熏陶，现在到了美国，他可自由发挥，他对那时的迫害嫉恶如仇，犹如乐山。他说他很敬重董乐山，我当然听了高兴；他指我所发表的文章持有“许多左倾观点”，不值我弟弟的敬慕。由于他在文中作人身攻击，我不屑作答。但我认为这类“亲我者友，逆我者敌”的态度，乃是“文革”所余下的遗毒。那位显然自己吃过苦头的人，在进入自由环境下竟不能去除如此骂人态度，令我可惜。

乐山是个聪明人，某次我们讨论在思想与行为上，左右两派若走极端会产生的结果。我们同意，到了极端的终点，都是一样的不容自由思想的发挥。这是真正的乐山，我的弟弟。

董鼎山

2008 年 12 月 9 日于纽约

**图书在版编目(CIP)数据**

董鼎山口述历史 / 董鼎山口述;王海龙撰写. --南京:江苏凤凰文艺出版社,2016

ISBN 978-7-5399-8959-4

Ⅰ.①董… Ⅱ.①董… ②王… Ⅲ.①回忆录—作品集—中国—当代 Ⅳ.①I251

中国版本图书馆 CIP 数据核字(2016)第 171172 号

书　　名　董鼎山口述历史

---

口　　述　董鼎山
撰　　写　王海龙
责任编辑　黄孝阳　汪　旭
出版发行　凤凰出版传媒股份有限公司
　　　　　江苏凤凰文艺出版社
出版社地址　南京市中央路 165 号,邮编:210009
出版社网址　http: //www.jswenyi.com
经　　销　凤凰出版传媒股份有限公司
印　　刷　北京通州兴龙印刷厂
开　　本　880 × 1230 毫米　1/32
印　　张　11.5
字　　数　220 千字
版　　次　2016 年 12 月第 1 版　2016 年 12 月第 1 次印刷
标准书号　ISBN 978-7-5399-8959-4
定　　价　46.00 元

---

(江苏文艺版图书凡印刷、装订错误可随时向承印厂调换)